我国语言教育的两次转向研究

王丽波　著

语文出版社
·北京·

图书在版编目（CIP）数据

我国语言教育的两次转向研究 / 王丽波著. -- 北京
: 语文出版社, 2013.4
ISBN 978-7-80241-764-9

Ⅰ. ①我… Ⅱ. ①王… Ⅲ. ①语言教学－教学研究－
中国 Ⅳ. ①H09

中国版本图书馆CIP数据核字(2013)第075654号

责任编辑 张夏放
装帧设计 刘姗姗
出　　版 语文出版社
地　　址 北京市东城区朝阳门内南小街51号　100010
电子信箱 ywcbsywp@163.com
排　　版 语文出版社照排室
印刷装订 北京市兆成印刷有限责任公司
发　　行 语文出版社　新华书店经销
规　　格 890mm×1240mm
开　　本 A5
印　　张 12.375
字　　数 245千字
版　　次 2013年6月第1版
印　　次 2013年6月第1次印刷
印　　数 1–2,000
定　　价 25.00元

010–65253954（咨询） 010–65251033（购书） 010–65250075（印装质量）

序一

山西师范大学教授　卫灿金

丽波是我的硕士研究生，我想借这个机会先说说他的学术成长之路。

丽波 1999 年来到山西师大文学院汉语言文学专业学习，2003 年又以总分第一（专业和英语成绩均第一）的优异成绩考上了山西师大文学院语文课程与教学论专业统招硕士，成了我的研究生。硕士三年他博览群书，勤奋好学，学习成绩优异，思想上积极要求进步，在研二时光荣地加入了中国共产党。

丽波在读硕期间，对在语言学背景上探讨我国语言教育的历史走向发生了浓厚的兴趣，2006 年他完成了硕士毕业论文《我国语言教育的两次转向及未来走向研究》，获得评审专家的一致好评，毕业时顺利通过答辩并获得了硕士学位。

毕业后他到山西晋中学院文学院任教。虽然教学、科研尚处起步阶段，但由于能沉下心来专注研究，对课改实践敏于观察和思考，五六年的时间，便在《语文建设》《语文教学通讯》等刊物发表了 10 余篇学术论文，其中有 3 篇为全国中文核心期刊论文，有1篇还被中国人民大学复印报刊资料全文转载。近年来他作为主要成员参加了全国教育科学“十一五”规划教育部重点课题的研究工作，取得了一系列研究成果，还主持了几项省级和校级课题。我心想，丽波也如小荷初露，相信会逐步展现出他科研方面的才华。

今年，丽波在北京师范大学师从郑国民先生做访问学者。令我没想到的是，前些天，他给我打电话，说想请我为他撰写的著作作个序。谈话中得知，这本著作是他毕业后继续沿着硕士学位论文的研究方向辛勤研究写成的。我听之后，作为他的导师，心中真为他的快步成长感到特别高兴。

在语文教育上，我是一个语言、思维、人文三位一体，三者统一的教育论者。多年来，我一直侧重于语文思维培育学的研究，这方面的研究越深入，就越感到语言教育的重要。自1904年清政府颁布《奏定学堂章程》以来，语言教育可以说是语文教育研究范畴的一个最基本的问题，因而一直是语文教育研究一个热点问题。在20世纪，我国语言教育比较重视语言知识教学及语法教学，20世纪90年代后，特别是21世纪以来，语言教育趋向于语感的培养。近年来，由此而引发的有关语言知识、语法、语感关系的种种争议，也给广大语文教师带来很大的困惑，这就使语言教育再次成为一个热门话题，受到了语言学界和语文教育界的广泛关注。正因为如此，丽波硕士论文选这个题是极具学术价值和实践意义的，但我深知作为一个硕士生这块硬骨头是不好啃的，而我之所以同意并支持他做这一块的研究，并不在于他的论文能够达到多高水平，更主要的是想在毕业前夕给他能初步确立一个相对长久而稳定的研究方向。工夫不负有心人，当我拿到他的书稿一页一页翻阅的时候，就好像看到一个新生的婴儿呱呱坠地，这是一个导师面对自己弟子的成果难有的一种独特的感受。

书中的第一章《我国传统语言教育概述》，翔实的资料和深入的解读，使我们看到了我国几千年传统语言教育中语感教学一脉相承的历史源流，这一史料的梳理与所得结论，使我们自然感受到作者所得出的20世纪90年代以来“语感教学的回归”这一推断的合理性。

第二章《结构主义语言学》和第三章《结构主义语言学思潮下我国语言教育的第一次转向》，在介绍、分析和评价西方结构主义语言学的基础上，着重历史地叙述了西方结构主义语言学对我国20世纪语言教育所发生的深刻影响，并由此得出第一个重要结论：“就我国语言教育而言，以章士钊1907年出版《中国国文典》作为中学堂、师范学堂的教科书和以黎锦熙1924年出版《新著国语文法》作为学校语法教材为标志，我国语言教育从过去的传统语言教育开始了向结构主义现代语言教育的第一次转向。”从中我们可以看出经过西学东渐促使我国语言教育由经验型的传统语感教学向语言结构分析科学化历史转向的必然性，同时作者也客观地论述了新中国成立后汉语文学分科教学以及语文教学中语言分析过度化的弊病。

第四章《解构主义语言学》和第五章《解构主义语言学思

潮下我国语言教育的第二次转向》，进而介绍、分析和评价了西方结构主义语言学之后解构主义语言学思潮的兴起和发展，重点论述了20世纪80~90年代，在解构主义思潮下引发的我国关于语法教学和语文学科性质的大讨论，对结构主义语言教育观缺陷的反思与批判。“这也预示着语言教育将迎来一场新的、更大的变革，即我国现代语言教育的第二次转向——由结构主义语言教育观转向解构主义语言教育观。”

第六章《语言教育未来走向分析》，则是作者在上述历史分析的基础上对未来语言教育发展的预测：在21世纪，语言学将是“结构—解构”的一个全新的研究时代。基于对语言学未来发展的如此认识，同样，语言教育的未来发展也将必然走向一个“结构—解构”语言观下的结构主义语言教育和解构主义语言教育相统一的全新时代。这个对我国21世纪未来语言教育走向的预测，因为是基于历史唯物主义的分析与推论，所以所得出的结论应该是合乎时代发展逻辑的，是科学的。这一章也是体现作者著述意图和全书的重心所在。

总之，这本著作从语言学与语言教育、语言学发展与语言教育发展的关系切入，论述了我国几千年来，特别是近一百年来语言教育的发展和演变轨迹，在历史与现实的交汇点上预测了未来语言教育总的发展趋势和走向，这对我们能够站在历史的高度清醒地认识当前所出现的各种语言教育思潮和对未来语言教育发展的研究是具有重要学术价值的。正因为如此，我希望这本著作能够得到广大读者的关心和喜爱。

丽波的这一成果使我欣喜，作为导师，我祝贺他；马克思曾说：在科学上面是没有平坦的大路可走的，只有那些在崎岖小路的攀登上不畏劳苦的人，才有希望到达光辉的顶点。我希望他能够在今后的学术生涯中，沿着既定的方向，耐得住寂寞，扎扎实实，不断开拓，勇于创新，攀上一座又一座新的高峰。是为所盼。

2012 年 12 月 8 日于天津寓所

序二

北京师范大学教授、博士生导师　郑国民

从语言学角度来研究语文教育发展历程，无疑是语文教育研究领域的重要课题。自从西方语言学开始传入我国，很多学者把语言学研究和语文教育结合起来，试图解释或解决语文教育发展过程中的问题，因此产生了很多研究成果，并深刻地影响了语文教育的发展与变革。

在20世纪末，人们反思语文教育百年发展经验和教训的过程中，有人曾对语言教学提出尖锐的批评意见。有的学者认为语文教育之所以出现严重偏差和失误，就是照搬了西方语言学理论和语言教育理论，将其硬套到汉语言研究和汉语言教育中。如在语文教科书中编入系统的语法、修辞等知识，教师对这些概念性知识进行详细讲解并要求学生进行记忆，在此基础上进行反复、大量的操练。在日常评价和中小学毕业考试的语文试卷中，这样的试题也占据了重要的比例。在这样的背景下，生动、鲜活并富有生命体验的文学作品被肢解成了毫无生命力的语言碎片，教师进行分析、分析再分析，学生模仿老师的套路进行操练、操练再操练。因此，语文课成了语言分析课、语言操练课，学生宝贵的时光和青春湮没在了无休无止的试题卷子中。因而也就没有时间读书，没有机会互相交流那些经典课文的神韵、意义，更谈不上探讨文章中所蕴含的对自然、社会和人生的典型体验和智慧。在学生眼中，优美的文章不再焕发着亲和力和生命力，只是进行语言分析和操练的例子而已。

暂且无论这样的批评是否符合事实，或者类似的批评是否太言过其实，但是发挥的警醒作用较为显著，提醒并促使人们重新思考、认识语言教学在语文教育的功能与价值。有的学者认为，近现代以来的西方语言学理论很难适用于汉语言研究和语文教育，不应在这条路上继续前进，这是一个方向性的错误。而应改弦易辙，从我国传统语言研究着手，充分吸收和运用传统语言教学理论，再造当下语言教学。也有的学者认为，可以沿用原来的语言学理论和语言教学理念，但要改造原来的语言教与学的过程与方法，不是要求学生死记硬背那些语言概念，而是让学生从大量鲜活的语言现象和语言运用中逐渐总结、概括语言特点和规律，从而提升自己的语言能力。当然，也有的学者和老师认为应保留原来的语言教学，因为淡化语法、修辞知识等语言教学，使教学没有抓手，无法操作。特别是在重点词句的教学以及作文修改中，学生如没有这方面知识，教师讲这些内容时学生听不明白。还有人认为，当下的语言教学不是多了而是少了，不是淡化的问题而应大力加强，可借鉴我国20世纪50年代的作法和外国语言教学经验，把文学和语言教学分开，专门编写语言教科书。

坦率而言，面对这些观点和争论，很难做出简单的判断。因为如果没有深厚的语言学修养，不熟悉西方语言学理论在我国传播和研究发展历程，以及中小学语言教学历史，是无法做出深入的分析和恰切的判断。至少于我而言，这个问题令人敬畏。也正如我曾经感慨的那样，站在语文教育“大象”前，除了深感敬畏和渺小之外，只能是如盲人般将自己摸着的象腿或象鼻都认为是大象的全部。

难能可贵的是，广大的语文教师和学生，从他们自身教与学体验中总结出来的认识，为我们提供了研究的基础和视角。如很多老师和学生曾感叹，在中考和高考准备阶段，如果带领学生集中练习修改各种各样的病句200道试题，这时给出一个正确的句子，大多数学生也迅速断定这是一个病句。同时，也有一个非常有趣的现象，有的老师在为学生讲病句类型时分析得头头是道，但是自己写出来的文章却病句连篇，正是自己讲过的那些病句。因此，语言知识到底发挥什么作用，怎么学才有用，成为探讨语言教学的本源问题。

在语言学面前，我是门外汉，只是曾经读过乔姆斯基等学者写的一些书。除此之外，我指导研究生做过一些简单的探索。如病句修改与中考、高考中学生阅读与写作能力相关性分析，以及小学三四年级学生作文中的病句、修辞、错别字的量化分析，一些研究结论非常令人寻味。例如，在小学三四年级学生作文中常见的修辞方法如比喻、拟人、排比等大量出现，并且得体恰当。学生说不出来使用了什么修辞方法，但可以很熟练地使用。另外，在初中和高中阶段，如果让学生判断是什么修辞方法很容易出现错误，但是如果让学生从表达效果的角度进行表述却很容易。还有一个令人深思的现象，那些阅读量多、写作能力高的学生，往往在基础知识部分如字音、字形、字义和修改病句方面容易出现错误并丢分。我们试图从这样的角度去解释、探索语言教学问题，但深知其复杂与艰难，有时令人望而却步。

王丽波老师是山西晋中学院文学院的教师，2012 年 9 月受教育部资助，来北京师范大学做高等院校青年骨干教师国内访问学者，我有幸成为他的指导教师。近日，丽波老师说他的专著《我国语言教育的两次转向研究》就要在语文出版社出版了，想请我为他的专著作序。我当初不敢答应，一是因为我觉得还没有为别人的著作写序的资格，二是我在这方面的确没有什么研究故不敢妄加评说。但是，丽波老师恳切之情难却，只好从命。

我认真阅读了全部书稿，认为丽波老师专著中的观点和论述对当下的中小学语言教育改革具有一定的启发性和前瞻性，非常值得语文教育研究者和中小学语文教师认真研读。在此，我也想借这个机会，汇报自己的一些认识和作法，以求和丽波老师的专著一起就教语文教育界同仁。

2013 年 5 月 28 日

目录

前　言

1904年，清政府颁布《奏定学堂章程》，规定学校实行分科教学，从此语文开始成为一门独立的学科。到今天，现代语文教育走过了一百多年的历程。

进入21世纪，2001年《全日制义务教育语文课程标准（实验稿）》、2003年《普通高中语文课程标准（实验）》和2011年《义务教育语文课程标准（2011年版）》三部课程标准的颁布，在语文新课程实施的过程中，广大语文教师对语文学科的性质、语言教育与文学教育的关系、语言的知识教学与语感培养的关系、多元理解、多元评价等一系列问题产生了不少新的疑问。于漪老师曾指出："人类文明发展史上，任何一门科学的成长，总是与'自身到底是什么'的争论相伴随。"① 在语文新课程实施伊始出现种种困惑与疑问是十分正常的，这些问题的提出与解决正预示着课程改革的不断突破与进展。

在诸多问题中，语言教育可以说是语文教学的一个基本问

① 于漪．弘扬人文，改革弊端——关于语文教育性质观的反思［J］．语文学习，1995，(6)：4.

题。比较研究20世纪的历次教学大纲和这次颁布的三部语文课程标准，从中不难发现：自1956年《暂拟汉语教学语法系统》的颁布，我国语言教育开始有了一个可以遵循的、权威的汉语教学语法系统，在其后30多年里我国的语文教学大纲都十分强调语法知识的教学。进入20世纪90年代，语言知识教学及语法教学的力度明显减弱，尤其是三部新课程标准的颁布，更显示出语言教育趋向于语感培养的重心转移。近年来，由此而引发的有关语言知识、语法、语感关系的种种争议，使语言教育成为一个热门话题。

语言学与哲学的关系是非常密切的，正如语言学家伍铁平所说："语言理论往往从当时占主导地位的哲学思潮获得思路的启发，评价语言理论不能脱离它的哲学思潮的背景。另一方面，当代西方的好些哲学流派都十分重视语言的分析和阐明，认为只有通过语言分析，才能澄清或解决哲学问题。"① 而语言教育又与语言学思潮的影响有着直接的关系，可以说语言教育的种种理论的提出都是语言学思潮影响的产物。因此，面对当前语言教育的种种问题，本书力图能够运用辩证唯物主义和历史唯物主义认识论对西方结构主义语言学与解构主义语言学以及我国的文化语言学对我国语言教育两次转向的影响，尤其是对当前语文新课标的重大影响进行总结与反思，并由此对语言教育未来发展的基本走向作出分析，以期对语言教育能够有一个科

① 伍铁平．普通语言学概要［M］．北京：高等教育出版社，1993：35.

学的认识。

一、问题提出的缘由

随着新课程改革的实施，关于语文教育的讨论，也变得越来越热烈，尤其是语文新课程标准关于语言教育的规定，可以说见仁见智，褒贬不一。语文新课标在实施的过程中，语言教育中的一些尖锐的问题已经开始暴露出来，语法、修辞、逻辑知识到底讲不讲，讲多少；语感教学应不应该成为语文教学的中心，语感教学的可操作性如何把握；如何测量，如何保证语言教育的质量，这些都成为目前困扰语文教育，尤其是语言教育的难题。许多语文教师感到了前所未有的迷茫和彷徨，他们觉得“语文越教越不知道该怎么教了”。

我们首先从语文学科名称的由来谈起。

“语文”这一名称始于新中国成立前夕，对此，叶圣陶有过如下的说明：“平常说的话叫口头语言，写到纸面上叫书面语言。语就是口头语言，文就是书面语言。把口头语言和书面语言连在一起说，就叫语文。这个名称是从一九四九年下半年用起来的。解放以前，这个学科的名称，小学叫‘国语’，中学叫‘国文’，解放以后才统称‘语文’。”①

由叶老的论述可以看出，“语文”的名称，正确地概括了该

① 中央教育科学研究所编．叶圣陶语文教育论集［M］．北京：教育科学出版社，1980：138.

学科进行语言全面训练的特征。它不仅吸收了“五四”以来国语和国语教育运动的成果，而且体现了老解放区国语、国文课充分重视口语教学的经验，更重要的是这一名称明确规定了从小学到中学都必须充分重视口头语言和书面语言全面训练的重要任务，并以此来确定学科的主要教学目标。①

语言教育是中学语文教育的核心。语言教育贯穿于听、说、读、写教学的过程中，在一定的意义上，可以说一个人的语言水平决定着他的语文水平，所以，从1963年以来的语文教学大纲在“教学目的”里首先要求学生能够“正确理解和运用祖国的语言文字”，这一规定表明了语言教育在中学语文教育中所应具有的核心地位。

回顾历史，从20世纪初到20世纪80年代，我国的语言教育长期受西方结构主义语言学的影响，注重的是语言知识教育的系统性和科学性，强调的是语言的系统训练。20世纪80年代之后，受西方解构主义语言学思潮的影响，我国的文化语言学思潮也以不可阻挡的势头蓬勃发展起来。结构主义语言观与解构主义语言观的冲突引发了20世纪90年代我国关于语文学科性质的大讨论，在这一讨论中人文性与工具性相对峙，受人文性的影响，“淡化语法”“培养语感”的呼声也随之而起。新课标正是在这种两种语言观、两种语文性质观和两种语言教育观

① 李杏保，顾黄初. 中国现代语文教育史［M］. 成都：四川教育出版社，1997：340.

的尖锐对立的情况下步入前台的。正因为如此，新课标实施中语文教师出现上述的迷茫与彷徨也就成为一种必然。本人选择这一论题开展研究，正是基于目前新课标实施中语言教育出现的种种认识问题，试图以语言教育观切入以看出问题的实质，找出问题的症结，对语言教育的未来走向做出一个宏观的分析和判断。

二、问题的意义

本问题研究的意义主要是：

第一，正确认识语文新课标关于语言教育的问题。

2001 年、2003 年和 2011 年，教育部相继制定和颁布了《全日制义务教育语文课程标准（实验稿）》《普通高中语文课程标准（实验）》和《义务教育语文课程标准（2011 年版）》。随着语文新课标的颁布和逐步在全国范围内的全面推开，在语言教育的理论和实践上都出现了这样或那样的一些新问题。

语文新课标突出强调了语感的培养。语感虽是语言教育的一个重要的方面，但语感中心论片面强调了语感的作用，忽视了语言知识教学的重要性。如何正确把握语感教学与语言知识教学的关系成为摆在广大语文教师面前的一道难题。通过本论题的研究，笔者试图从决定和影响语言教育变化的最根本的因素——语言学思潮的变迁来找到答案，通过科学的分析对新课标有一个较为客观的评价，以使我们能够客观地、辩证地看待新课标的语言教育观。

第二，认清和把握语言教育未来的发展方向。

进入 21 世纪，在解构主义语言思潮的影响下，就语言教育而言，人文论、语感论、文本的多元解读理论等新的理论可谓层出不穷。在这样的形势下，语言教育如何正确理解结构主义语言观和解构主义语言观，是全盘否定结构主义语言观，是全盘接受解构主义语言观，还是另有选择？这是一个关系语言教育的方向性的重大问题。本书试图从现代语言学历史发展的高度，运用辩证唯物主义和历史唯物主义认识论和方法论来审视和分析传统语言教育和新中国成立后的语言教育以及新课程标准下语言教育的发展历程，重新审视与反思影响我国语言教育的结构主义语言观与解构主义语言观，以能够树立语言教育的新理念，即“结构—解构”语言教育观，并以此去正确认识和处理语言教育中的基本关系，正确把握语言教育发展的未来走向。

第一章

我国传统语言教育概述

我国传统的语言教育是偏重于多读多写的语感教育。

我国传统语言教育的第一个要点是读。因为读是明经悟道和写作的前提，古人特别看重读，包括诵读与默读、精读与博览等。古人虽未提出“语感”一词，在语言教育实践中却非常看重语感的作用。大教育家朱熹强调说：“大抵观书，须先熟读，使其言皆若出于吾之口；继以精思，使其意皆若出于吾之心，然后可以有得尔。”① 清代在教育方面颇有见解的曾国藩，对诵读的好处就说得更加形象、透辟。他说：“李杜韩苏之诗，韩欧曾王之文，非高声朗读则不得其雄伟之概，非密咏恬吟则不能探其深远之趣。二者并进，使古人之声调拂拂然若与我之喉舌相习，则下笔时必有句调凑赴腕下，字觉琅琅可诵矣。”② 古人如此重视语感，就是因为他们认为没有语感就谈不上对语言的理解，更谈不上对语言的运用——说和写。特别是与口语差异很大的文言语感更需要通过诵读来培养。因此，几乎所有的古代语文教育家都强调“熟读成诵”，靠多读来达到意会的境

① 引自《朱子大全·读书之要》。

② 引自《曾文正公全集》。

界。古人不管学生是否理解文章内容，常常是先让学生把文章读得滚瓜烂熟，直到流畅背诵。读，是感悟的前提，是理解的过程；读，是继承的开端，是写作的基础。古代的语言教育，重视读的做法虽是经验式的，但它有着内在的合理性。传统语言教育的另一个要点就是写。古代的写有两个方面的内容：一是练习写字，二是练习写文章。就汉字的字形和字义来说，都只有通过反复书写才能增强识记和理解，也只有书写流畅，才能思维运动与手书运动同步，适应作文的需要。关于文章写作，从史料来看，汉代就有了明确的写作教学。古人在四五岁启蒙时就一面让读《急就篇》《三字经》《千家诗》等识字课本，一面炼字、炼句、属对、叶韵，进行写的基本训练。这种训练，类似于今天小学的造句和写话，但比今天的训练层次要高得多。七八岁开始学文章时，作文与阅读就同步进行了。方式由抄写和模仿开始，随着阅读的深入逐步过渡到独立创作，写的内容和形式日趋丰富。从语感培养的角度看，古人重视读为基础，以读促写，又以写促读，使语感能力通过读写不断提高，又以语感能力促进读写，这一宝贵经验仍然值得今天借鉴。传统语言教育的语感训练，更多地从整体上着眼，强调语言能力的整体性发展。在教育过程中，读，着重诵读整篇文章和对意义的整体感悟，从完整的作品中反复体味、涵泳、咀嚼文章语言的情意内涵。古代私塾先生授课先让学生读书，由初读而熟读，再由熟读而成诵，这就是“书读百遍，其义自见”“熟读唐诗三百首，不会作诗也会吟”的读书方法。这种方法可以激活思维，引发联想，调动情感，增强语感，陶冶性情，正是体现了整体性语言感悟的思想。这种重视语感积累的诵读方法，对于提高学生的言语能力具有重要的基础作用。传统语言教育的训练方法是通过读写的实际操作使学生获得读写能力。语言能力的培养和提高的过程是一个不断积累、体悟和实践的过程。以读反复体味、整体感悟是语感训练的要求，它反映了我国古代语言教育重综合、重整体、重实践、重感悟的总体倾向。

第一节　先秦时期的语言教育

先秦时期的语言教育主要内容是语言、文字的产生与古言、文教育。

众所周知，语言、文字既是语言教育的内容，又是语言教育的工具。研究语言的产生和文字的创造，对我们研究古代语言教育的发生和发展是至关重要的。

从历史上看，言语总是产生在语言之前。人类由古猿分化出来，从猿到人经过了若干万年。人作为个体在获得言语的过程中，也是经过了一段不短的时间的。人与动物不同的地方，就因为人能用嘴说话，即人能言语。中国人学会说汉语，包括汉族人学会说汉语以及其他民族学会说汉语，也有一个不短的过程。我们的祖先学说话，开始由简单的有声言语，到复杂的有声语言，乃至语声的种种组合（词、词组的合成），日积月累，渐渐形成了比较稳定的语言。有声语言在人类历史的演进中是帮助人们脱离动物界的重要标志。我们祖先在早期的生产、生活活动之中，一方面改造了自然，同时也改造了人本身。人们有声语言（语声）的发声机能在这样的活动中也一天天进化起来；人们的思维、心理、智力也随之不断地被开发。正如恩格斯在《自然辩证法》里所说：

语言是从劳动中并和劳动一起产生出来。

首先是劳动，然后是语言和劳动一起，成了两个主要推动力。在它们的影响下，猿的脑髓就逐渐变成人的脑髓。

脑髓的变化，就使语言和思维得到了进一步的发展。语言和思维的发展，又进一步推动了人类社会的进步。而人类社会的进步，一刻也没有离开过教育，同时，也一刻没有离开语言教育。

我们祖先有声语言的发声机能，也是在参加社会生产、生活之中不断进化的，不是一天两天十年八年就能变成我们现代人这个样子的。现代人的发声器官，一般分为三部分：呼吸器官；喉头和声带；咽腔、口腔和鼻腔。在整个语言的习得过程中，人们自觉地或不自觉地改变或发展了人的种种发声器官。所以有的语言学家说，人一生出来就落入了一个现成的语言巨网，从此之后，人就不能不顺应它、学习它，并在这种顺应、学习过程中，不仅接受别人的语言教育，不断提高自己的语言质量，而且还用语言影响教育别人。人人学语言，人人教语言，互相交流思想。之所以人言并非鸟语，也非兽语，就是这个原因。《礼记·曲礼》里说："鹦鹉能言，不离飞鸟；猩猩能言，不离禽兽。"这些动物之"言"绝非人言，它发挥不了交流思想的社会作用。

由此看来，原始社会，我们祖先有声语言的发生发展过程是如此艰难而漫长。那么，原始社会的语言教育也是经历了一个艰难而漫长的过程的。这个过程，在那个时期可以说尚带有自然形态的性质。我叫一声"咿"，并同时招手示意，表示"请你来一下"。这"咿"，可以说是一种意念语言，包括体态语，是"活语言"，属于自然形态的东西。听人说话也好，说我想说的话也好，都是任其自然的，不如今天的听、说、读、写有明确的目的。那时，人与人、群体与群体之间的呼唤交际，不是经过各民族（部族）互相学习吸收并共同创造之后才来呼唤交际的，但是，它是民族共同语，即母语教育的最原始的基础。

但是，单靠有声语言（语音）交流思想是不够的，因为声音受距离远近的影响，所以文字的创制就显得非常迫切。近处听到的，用文字记下来，在远处虽没听到，一看文字就如同听到一般。早晨听到了，用文字记下来，晚上再看，如同早晨听到的一般，而且可以据此引出一些新的思考。既然如此迫切地需要记录那些有声语言，我们祖先就想方设法创造了文字，并以此来向先民进行最原始的文字教育。

从语言文字发展史来看，文字的出现是在语言之后的。从神话传说中的“结绳记事”起步，原始人类就开始了漫长曲折的文字创制过程。

上古结绳而治。(《易·系辞》)

结绳为约，事大，大结其绳；事小，小结其绳。

用绳子打结记事是个不错的办法，但什么是大事，什么是小事，过久了记不得了；事多了，光靠结绳来记是很难记清楚的。于是古人就另找出路，“依类象形”“契木为文”。到了新石器时代，出现了陶器刻画符号。郭沫若考证，“彩陶与黑陶上的刻画符号应该就是汉字的原始阶段”（《古代文字之辩证的发展》）。彩陶上的多种花纹和几何图形，可能就是先民表达思想意念的早期文字符号。这样算来，中国的汉字起码已有6 000余年历史。但符号毕竟不是文字，按许慎《说文解字》的说法：

古者庖牺氏之王天下也，仰则观象于天，俯则观法于地，视鸟兽之文，与地之宜，近取诸身，远取诸物，于是始作《易》八卦，以垂宪象。及神农氏，结绳为治而统其事。庶业其繁，饰伪萌生，黄帝之史仓颉，见鸟兽蹄迒之迹，知分理之可相别异也，初造书契。

从这段文字看，由抽象性的象征符号，逐步向汉字转变。文字是否起源于八卦，这是文字学家研究的问题，此处只介绍有此说法。《易经·系辞下》：“上古结绳而治，后世圣人易之以书契。”开始结绳记事，后来改结绳为刻契。所谓“黄帝之史仓颉，初造书契”，就是说，文字是仓颉创造的，仓颉大概就是所谓的“圣人”。鲁迅认为“仓颉不止一个”，大家口口相传，文字就多了。[1] 书契，可能就是符号与象形结合而造成的初期文字。

《说文解字·序》说：

仓颉之初作书，盖依类象形，故谓之文。其后，形声相益即谓之字。

前面所谓“观鸟兽之迹”，即根据鸟兽之足迹而象形，创造文字；所谓“依类象形”，即根据事物的形状而创造象形字；所谓“形声相益”，即根据形、声结合的方法而创造形声字。这就说明，文字初创是依类象形的，后来又发展了形声字。

中国汉文字的基础是象形，鲁迅在《门外文谈》里说：

象形，“近取诸身，远取诸物”，就是画一只眼睛是“目”，画一个圆圈，放几条毫光是“日”，那自然很明白，便当的。但有时要碰壁，譬如要画刀口，怎么办呢？不画刀背，也显不出刀口来，这时就只好别出心裁，在刀口上加一条短棍，算是指明这个地方的意思，造了“刃”字，这已经颇有些办事棘手的模样了，何况还有无形可象的事件，于是只得来“象意”，也叫做“会意”。

随着人类社会生活的复杂化，记录语言的符号不仅光靠结绳不行，而且光靠画画也不行，于是象形字之外，还创造了象事字、象意字、象声字。比如表示上下二字，就以一横线为标志，在横线上面画一短杠者为“上”字，在下面画一短杠者为

---

① 鲁迅. 门外文谈［M］. 北京：人民出版社，1974.

“下”字；表示采摘意义的字，就画一只手在树上摘东西；表示声音之不同的同类事物，用象声的办法，如江、河、湘、渭（即长江、黄河、湘江、渭水）。既不能象形，又不能象事、象意、象声的，后来就造出了假借字和转注字。这也就是许慎在《说文解字·序》中所概括的“六书”：象形、会意、指事、形声、假借、转注。许慎又说：“周礼八岁入小学，保氏教国子，先以六书。”可见“六书”是识字的书，是学习语言入门的书，是古代语言、文字教育的最基本材料。

“六书”所概括的这几类造字的结构规则，也是借鉴了殷商的甲骨文和商周的金文的。从殷墟出土的甲骨中，考古工作者发现这些甲骨上刻有文字。这些文字不仅只有象征事物一类的字，如日、月、上、下，还有形声字、引申通假字（同声相借、形象通转、形声形义通转）。形声字，如表示流水的“河”，住在江浙的称“江”，住在武汉的称“汉”，住在安徽和江苏的称“淮”。引申通假字，如“无祸”借为“无火”，“鳳”借为“凤”等等。除此之外，还有专门用作指示词或单位、品类词的文字，如甲、乙、丙、丁，一、二、三、四、五，百、仟、万之类。

这些甲骨文（龟甲兽骨文字），总数在16万片以上，单字字数多达4 500个。这个数字，相当于我们今天所常用的汉字字数。就各个时代通行的官方正式字体而言，由甲骨文到金文（青铜器铭文），汉字结构的基本框架就已经定型化了。战国的竹帛（竹简布帛文字）、秦代的小篆、汉代的隶书、魏晋的楷书、唐代的行书等，大体上都没有离开过殷商西周的汉字字体结构。不管这种字体结构的科学程度如何，至少它已经流传使用了好几千年，一直教育影响着我们中华民族子子孙孙。这些谈字的书，对我国文字教育的功劳，是不可抹杀的。郭沫若在《殷契粹编·考释·序》中举了一个古代文字教育的例子，很能说明问题。他说，殷契第1463片有从“甲子”到“癸酉”十天代日的文字，一行字由教者刻之以为范本，旁边几行则是生徒的仿照习刻。所谓“为之师范者，从傍捉刀助之”的“捉刀助之”，就是指导学生学习刻契；“为之师范者”，就是指导习字的教师。教学生在骨片、龟甲上刻契文字，如同今天老师叫小学生在石板和纸片上练字描红一样，有时还要手把手地教。学书契，就是学书写、学雕刻、学语言文字，类似于今天的习字课和写字课。由此可见，文字书契不仅是古人卜吉凶祸福的记录，而且也是进行文字教育的材料。

第二节　秦汉时期的语言教育

一、秦汉篇章与识字写字教学

战国时“言语异声，文字异形”。秦统一后，丞相李斯用小篆来统一文字。小篆是从西周大篆（籀文）简化而成的。这时为了应付官狱多事，又通行隶书。隶书也是从大篆简化而来。它比小篆简化得更多、更彻底。小篆的笔画以线条为主，笔画轨道以圆转为主。隶书则点画的姿态增多，轨道以方折为主。比较起来，隶书的书写要省事省时一些。

许慎《说文解字·序》说："秦书有八体。"那就是大篆、小篆、刻符（刻在符节上的）、虫书（书幡信用的）、摹印（摹写在玺印上的）、署书（题在封签匾额上的）、殳书（写在兵器上的）、隶书。其中，大篆已经很少用，刻符、虫书、摹印、署书、殳书也只在特殊场合偶一使用。用得多的是小篆和隶书。小篆一般用在比较庄重的场合（如秦刻石），隶书则广泛用于日常生活和事物中。东汉蔡邕《圣皇篇》云"程邈删古立隶文"（《说文解字》段注引），其实与隶体相近的简笔字并不是秦始皇统一中国时才有，出土的战国时期秦国兵器、漆器、陶器上，笔画减省、直多弯少的简体字，都出自工匠之手，已是隶书的雏形。到秦始皇时，程邈只是对照大篆把他熟悉的简体字加以整理罢了。①

汉代的字体也很多。汉初和秦代一样，有八体。到了王莽时，有六书，即古文（孔子壁中书）、奇字（古文而异者）、篆书（小篆）、左书（秦隶书）、缪篆（用来摹印）、鸟虫书（用来书幡信）。另外，汉代还有草书、真书、行书。草书据东汉赵

① 《中国大百科全书·语言文字》"隶书"条。

壹的《非草书》一文说是起于秦末。许慎《说文解字·序》说："汉兴，有草书。"从出土的汉简来看，西汉武帝时字画省简的隶书已经不少，到昭、宣时期草书就流行了。① 汉代的草书，还带有隶意，字与字不相连，人们叫它"意草"，和后来的"今草"不一样。真书起于汉末，是隶书趋向简易而成的书体。出土的东汉永和二年（137）木简已经基本上是真书书体。《史记·三王世家》中有褚先生"谨次其真草诏书"的话。褚先生是西汉元、成间博士，这"真"指的是隶书。至于蔡琰对曹操说："乞给纸笔，真草唯命"②，说话时已是汉献帝建安十年（205）以后，她的所谓"真"大概是指当时已经通行的真书了。行书在东汉中期就已经出现。世传东汉末颍川刘德升实为此体，这可能是他在这方面做了许多整理工作的缘故。

秦汉的书体虽然多，但社会上通行的主要是隶书。在这段时期，隶书的形体和笔势有很大的变化。张政烺把它分为三期：

1. 秦隶，如云梦竹简，字形较方，杂有竖长形，少波势，略存篆意。

2. 汉隶，如西汉武帝到东汉光武帝时期的居延汉简和敦煌、新疆各地出土的汉简，字形横向发展，竖短横宽，波势极大。

3. 八分，如《熹平石经》，形体方正，笔画匀称，波势

---

①《中国大百科全书·语言文字》"草书"条及《于豪亮学术文存》，中华书局，第242页。

②《后汉书》卷八四。

工整。①

秦隶和汉隶又叫古隶，这是对八分而言的。隶书又叫史书。段玉裁说：

汉人谓隶书为史书。故孝元帝、孝成许皇后、王尊、严延年、楚王侍者冯嫽、后汉孝和帝、和熹邓皇后、顺烈梁皇后、北海敬王睦、乐成靖王党、安帝生母左姬、魏胡昭史皆云善史书。大致皆谓适于时用。如《贡禹传》云："郡国择便巧史书者，以为右职。"又苏林引胡公云："汉官假佐取内郡善史书者，给佐诸府也。"是可以知史书之必为隶书。②

那时社会上下各阶层都在学习和使用隶书，学童自然也不例外。

秦代既禁私学，又不设官学，所以学校教育没有什么成绩可言。但是那时社会上对识字写字教学还是相当重视的。秦统一中国前大概就有这个传统。《睡虎地秦墓竹简》的秦律中，有准备书写用具的专门规定。以文书为职务的"史"，每每世代相传，要从小受读写的训练。这些都是秦始皇统一以前就有的规定，说明战国时秦国已有学书的传统。《史记·项羽本纪》载："项籍少时，学书不成。"《史记·卢绾传》载："及高祖、卢绾壮、俱学书，又相爱也。"项羽在秦二世元年（前209）是24岁（《史记·项羽本纪》），秦统一中国时（前221）是12岁。按一

① 《中国大百科全书·语言文字》"隶书"条。

② 《说文解字·叙》段注。

般情况8岁开始学书，他的学书大约在秦统一中国以前。刘邦在秦二世元年是48岁（《史记·高祖本纪》），秦统一中国时是36岁。他的学书在壮年，大约也在秦统一中国前。项羽、刘邦都是楚人，他们学书的事实，说明六国在秦统一前也有学书的传统（那时学的是“文字异形”的六国古文）。到秦统一后，这个传统仍然继承下来，识字写字教学仍然在各地进行。

秦始皇做了一件加强识字写字教学的基础性工作，就是编写字书和识字写字课本。丞相李斯作《仓颉篇》，中车府令赵高作《爰历篇》，太史令胡毋敬作《博学篇》。这些书既起了使文字规范化的字书的作用，也起了进行识字写字教学的课本的作用。这些书都是用小篆书写的。大概当时统一的要求是学习这种小篆。湖北云梦睡虎地出土的约为秦始皇三十年的1 200枚竹简，写的都是规则熟练的隶书，可见那时隶书使用的普遍。既然社会上广泛应用的是隶书，学童在书馆恐怕也是学隶书。近代发现的汉简中，有《仓颉篇》简，其中最早的一简离秦代不过50年，它的字体不是篆而是隶。[①] 这是汉代初期合《仓颉》《爰历》《博学》而成的本子，书写者当是汉初闾里书师或学书者。汉初的五六十年，基本上沿用秦制。

识字写字教学到了汉代进一步得到重视。汉初萧何草律，明文规定：太史试学童能讽书九千字以上乃得为史。讽书就是背诵默写，要能够背写九千字以上才能当上郡县史。还要用各

① 《中国大百科全书·语言文字》“《仓颉篇》”条。

种书体进行考试，考得最好的用作尚书御史史书令史。汉代吏民上书，字写错了，尚书令史有责任检举揭发。这些规定，促使大家更加重视识字写字教学。

汉代的学校有官学和私学之分。私学又有不同层次。有时私学相当于官学中的太学，那就是经师大儒自立的“精舍”。也有的私学是属于小学程度的。这又可分为两段：一段是蒙学，主要是学书即学习识字写字，这种学校叫“书馆”。这一段学完，进入第二段，学习《论语》《孝经》。当然，这种划分也不是固定的。王国维就把这第二段说是相当于中学阶段。也有的第一阶段同时学书并学《孝经》《论语》的。学完《孝经》《论语》和一些律令文字，就可以出任小吏，或在社会上谋职业。另外，少数人入太学或投私家经师深造，专攻一经或兼习数经。

“书馆”，也称“学馆”，教师叫“书师”。① 教学内容主要是识字写字教学，教材主要是《篇章》（即《三仓》《急就》一类字书）。入学的是八九岁至十四岁的儿童。东汉崔实《四民月令》：

正月，砚冻释，命幼童入小学，学书《篇章》。十一月，砚冰冻，命幼童读《孝经》《论语》《篇章》《小学》。

这就是说，农历正月以后，天气暖和，学童以临帖写字为

① “学书”“书馆”“书师”，这里的“书”都是“书写”的意思。“学书”是学习写字（包括识字）。“书馆”是教学写字的地方。“书师”是教学写字的老师。

主；十一月以后，砚池结冰，学童以读书识字为主。书馆大的有学童一百多人。书师对学童的要求也颇严。东汉王充《论衡·自纪篇》说：

建武三年（27）充生。为小儿与侪伦遨戏，不好狎侮。侪伦好掩雀搏蝉，戏钱林熙，充独不肯。诵奇之，六岁教书……父未尝笞，母未尝非，闾里未尝让。八岁出于书馆，书馆小僮百人以上，皆以过失袒谪，或以书丑得鞭。充书日进，又无过失。手书既成，辞师受《论语》《尚书》，日讽千字。经明德就，谢师而专门，援笔而众奇。

这段文字反映了当时书馆的规模和书师教学的一些情况。

这时识字教学已经知道采用分析的方法。譬如将汉字分为若干类，同类的字放在一块教。《仓颉篇》《急就篇》中，多是按事物分类，将意义相近的字编在一起，有时也按字形分，将偏旁相同的字编在一起。像《仓颉篇》中的“赏勦向尚”是声旁相同的字编在一起，这就分析得更细了。还有，把汉字按形体和使用分为指事、象形、形声、会意、转注、假借等几大类，这也是分析的方法。这种分析方法，在汉以前就有了，不过到汉代运用得更加熟练罢了。

除了书馆教学童写字外，东汉灵帝光和元年（178）设立的鸿都门学（一种研究文学艺术的专门学院）也有“工书鸟篆”的学生，不过，这已经属于书法艺术的范围了。

下面再谈谈学书用的篇章。

“篇章”是秦汉识字写字用的教材，这种教材大都取名叫

“篇”或“章”。[①] 这样取名的来源相当早，周宣王时，太史作大篆十五篇，用来教学童，就叫《史籀篇》。

秦代的识字写字教材有《仓颉篇》《爰历篇》《博学篇》。下面作简要介绍。

《仓颉篇》 作者李斯，楚上蔡（今河南）人，曾从荀卿学。后入秦，说秦王并六国，拜为客卿，助秦灭六国。始皇称帝后，李斯为丞相。定郡县制，下禁书令，统一文字，他都出了不少力。后被赵高害死。《史记》有传。李斯《仓颉篇》七章是用小篆写的。这种本子已亡佚，一些语句保留在汉代《仓颉篇》中。

《爰历篇》 作者赵高，秦宦官。秦始皇时为中车府令。赵高的《爰历篇》六章，也是用小篆书写的。书已亡佚，一些语句保留在汉代的《仓颉篇》中。

《博学篇》 作者胡毋敬，秦始皇时，为掌天时星历的太史令。他的《博学篇》七章，也是用小篆书写的，已亡佚，一些语句保留在汉代的《仓颉篇》中。

《仓颉》《爰历》《博学》，虽然是三人分工编写，可内容却互相连接，即《爰历》是顺续《仓颉》的，《博学》是顺续《爰历》的，正像后来扬雄的《训纂》顺续汉代的《仓颉》一样。秦时学童学书，可能三者都要学，学了《仓颉》接着学

---

① 《隋书·经籍志》：“其字义训读，有《史籀篇》《仓颉篇》《三苍》《埤苍》《广苍》等诸篇章。”这里的“篇章”即指《史籀篇》《仓颉篇》诸书。

《爰历》《博学》。《汉书·艺文志》载：

《仓颉》一篇，上七章，秦丞相李斯作。“爰历”六章，车府令赵高作。“博学”七章，太史令胡毋敬作。

这里把三者合成一篇，统叫《仓颉》，就反映了上述情况。“爰历”六章，是对“上七章”而言，意思是“爰历”二字以下的六章。“博学”七章也是一样，是指“博学”二字以下的七章。这三者合成一篇的《仓颉》，共20章，每章大概不止60字。到了汉代，闾里书师断60字为一章，又增加改换了一些语句。这样，就成为55章3 300字的汉代《仓颉篇》。

汉代的识字写字教材有《仓颉篇》《凡将篇》《急就篇》《元尚篇》《训纂篇》《滂喜篇》《劝学篇》等。下面作简要介绍。

《仓颉篇》 汉代闾里书师合秦代的《仓颉》《爰历》《博学》三篇编成的本子，用隶体书写。共55章，每章60字，合3 300字。这就是汉代主要的识字写字教材。它一直流行到东汉，后来被保留在《三仓》中，唐以后才亡佚。近代出土汉简，有书写这种《仓颉篇》的。有一支简写《仓颉篇》首章的前40字：

仓颉作书，以教后嗣。幼子承昭，谨慎敬戒。勉力风诵，昼夜勿置。苟辑成史，计会辨治。超等轶群，出元别异。①

① 转引自《中国大百科全书·语言文字》第31页。“幼子承昭”，许慎《说文解字·叙》作“幼子承诏”。

“幼子承昭”指二世胡亥继位，在李斯作《仓颉》之后，可见李斯《仓颉篇》收入汉代这本教材中已经有改动。汉简中又有“爰历次贻，继续前图”等语，这是《爰历》开头的几句。另外，罗振玉考释敦煌汉简中有“游敖周章”等40字出《仓颉篇》。这本教材，每四字为一句，每二句为一韵，易读易记。编法大体是将事物性质相近的字编在一起，也便于学习。后来许多蒙学书都仿效它的这些做法。

《凡将篇》　作者司马相如，字长卿，蜀郡成都人。景帝时为武骑常侍。后游梁，为梁孝王门客。武帝时以善辞赋受知，任为郎。他写了很多赋，《汉书·艺文志》说有29篇，现在可以看到的有《子虚》《上林》等6篇。他是位有名的赋家，《史记》《汉书》都有传。写赋需要铺张辞藻，在文字上夸奇炫博，这就要多识字，掌握大量词汇。司马相如具有这方面的条件，这也是他写《凡将篇》的基础。《凡将》已亡佚。《汉书·艺文志》说《凡将》无复字。从一些引文中可以看出《凡将》是七字为句的，如：

淮南宋蔡舞嗙喻（《说文》口部引司马相如说）

黄润鲜美宜制禅（《文选·蜀都赋》注引）

钟磬竽笙筑坎侯（《文艺类聚·乐部》引）

当然，也有可能多数是七字句，还夹杂有三字句、四字句，像后来的《急就篇》一样。①

---

① 任大椿《小学钩沉》卷五，载唐陆羽《茶经》卷下所引《凡将篇》，就不是七字句。

《急就篇》　也叫《急就章》，作者史游，元帝时为黄门令。

《元尚篇》　作者李长，成帝时为将作大匠，负责修作宗庙、路寝、宫室、陵园等工程。《元尚篇》已亡佚。据《汉书·艺文志》载，《元尚》和《急就》里的字都是《仓颉》中的正字。正字有常用字的意思。《仓颉》多古字，宣帝时已经有许多字认不得，所以宣帝派张敞找认得的人请教（《汉书·艺文志》《说文解字·序》）。《元尚》和《急就》，都是在这种情况下，选用一些常用字作童蒙识字教材。二书的体例，比较接近。

《训纂篇》　作者扬雄（前53～18），蜀郡成都人。字子云。少好学，口吃，好深思，长于辞赋，多模仿同乡司马相如。成帝时以大司马王音荐，献《甘泉》诸赋，拜为郎。王莽时为大夫，校书天禄阁，因刘棻事株连，治狱使者来逮捕他，他投阁自杀，几乎摔死。著作现存者有《太玄》《法言》《方言》三书。《训纂篇》已亡佚。①《汉书·艺文志》云：

至元始中（1～5），征天下通小学者以百数，各令记字于庭中。扬雄取其有用者以作《训纂篇》，顺续《仓颉》，又易《仓颉》中重复之字，凡八十九章。臣复续扬雄作十三章。凡一百二章。无复字。六艺群书所载略备矣。

从这段话可以看出以下几点：1. 扬雄接着汉初55章的《仓

---

①《颜氏家训》引《仓颉篇》："汉兼天下，海内并厕，豨黥韩覆，叛讨残灭。"章太炎和黄侃均疑为扬雄《训纂篇》中语，见章太炎《论篇章》、黄侃《〈说文〉略说》。

颉》续写了34章，名叫《训纂篇》。因为是续写，所以体例和《仓颉》一样，也是四字为句，两句一韵，60字一章。2.《训纂》是集体讨论的成果，是从当时百来位小学专家所记的字中选出有用的字（不限于常用字）编写而成。3. 不但顺续34章的字与《仓颉》中的字不重复，连《仓颉》原有重复的字也都换了出来，做到89章无复字。4. 班固又接扬雄续写了13章①。所以总共有102章，仍无复字。于是《六经》和群书中的字几乎全部都收了进来。

《滂喜篇》 作者贾鲂，和帝时为郎中。《滂喜》作为永元中（89~104），是顺续《训纂》而作的。后来晋人以《仓颉》55章为上卷，《训纂》34章为中卷，《滂喜》34章为下卷，合称《三仓》。（也有人说下卷34章包括班固的13章在内。）《滂喜》体例和《仓颉》《训纂》一样，书已亡佚。

《劝学篇》 作者蔡邕（132~192），字伯喈，东汉陈留（今河南开封）人。灵帝时拜郎中，与杨赐等奏定《六经》文字，立碑太学门外。博学，好辞章，工书画。著有《独断》等。《后汉书》有传。《劝学篇》对后世影响颇大。晋魏南北朝曾是一本流行的童蒙课本。书已亡佚。《玉函山房辑佚书》辑有数则，多是四字为句，如：

周之师氏，居虎门左，敷陈六艺，以教国子。

---

① 段玉裁《说文解字·叙》注，谓《隋书·经籍志》载班固《太甲篇》《在昔篇》，“盖即在十三章内”。

内容侧重学习态度等思想教育，与《急就》等书不大一样。

另外，章太炎、黄侃还认为东汉崔瑗的《飞龙》、灵帝的《皇羲》、蔡邕的《圣皇》《女史》、朱育的《幼学》等，都是童蒙课本之类的书。查《后汉书·崔瑗传》没有提到《飞龙》。《蔡邕传》说灵帝自造《皇羲篇》55章，又说蔡邕著有《劝学》《女训》等，没有提到《圣皇》。《隋书·经籍志》说《飞龙》《圣皇》《女史》《幼学》已亡佚。总之，关于这些书都无法知道详细的情况了。①

从上述情况看，汉代篇章大致可以分为三类：

第一类，如《凡将》《训纂》。作者是辞赋家、学者。书中收集的字要求全备，有用（但不限于常用字），无复字。既可作为学子识字之用，又可供词赋作者选词炼字参考。

第二类，如《急就》《元尚》。作者不一定有很多学问。书中的字是常用字；字数较少，不求全备；可以有少量重复字。专供学童识字写字之用，同时还教给一定的知识。

第三类，如《劝学》。作者是作家、学者。书中的字是常用字，不求全备，可以重复，对象是蒙童，除了教识字外，还侧重学习态度等方面的思想教育。

汉代篇章这三种不同的编写方法都对后世产生过影响。

---

①《后汉书·志第二十四》："故新汲令王隆作《小学汉官篇》。"《后汉书》注引《小学汉官篇》的话有："调均报度，输曹委输。"（《志第二十六》）"豹尾过后、罢屯解围"（《志第二十九》）。这些书可能也属于蒙学教材。

二、现存最早的习字课本《急就篇》

秦汉时期的识字写字教材，到现在完整地保存下来的，只有《急就篇》。该书大约编写于公元前40年左右，成书之后，即已传播，到了东汉尤为盛行。陈直《汉书新证》说："居延汉简释文560页，有《急就篇》8简，8简写开首数句者，占有4简。《流沙坠简考释・小学类》3页，有《急就篇》6简。《汉晋西陲木简汇编》二编，有《急就篇》3简，又杭州邹氏藏有《急就篇》草隶砖，仅写第一章4句。望都汉墓壁画题字，亦写《急就篇》数句。"从这些零碎材料，可以反映出《急就篇》在汉代风行的情况。到唐代初期，《急就篇》被广泛采用为童蒙课本。

现存的《急就篇》有34章。前32章每章63字，后两章每章64字，合计2 144字。这34章中，史游写的有31章，每章都是63字。每句字数以七字、三字为多，也有四字为句的。三字句的，每章21句。七字句的，每章9句。只有第一章和第32章有些特别。第一章是：

急就奇觚与众异，罗列诸物名姓字。分别部居不杂厕，用日约少诚快意，勉力务之必有喜。请道其章。宋延年，郑子方。卫益寿，史步昌。周千秋，赵孺卿。爰展世，高辟兵。

这一章前五句是七字句，后八句是三字句，这就要夹一个四字句（"请道其章"），才能凑足63字。

第32章是：

汉地广大，无不容盛。万方来朝，臣妾使令。边境无事，中国安宁。百姓承德，阴阳和平。风雨时节，莫不滋荣。灾蝗不起，五谷熟成。贤圣并进，博士先生。长乐无极老复丁。

这一章史游原本属31章，全章14个四字句，这就需要一个七字句，才凑足63字，所以有最后一句“长乐无极老复丁”。

现存34章的《急就篇》，有三章是东汉人续写的。这就是第7章、第33章、第34章。第33章、第34章，宋王应麟等都认为是东汉人所续。

《急就篇》的体例，就是所谓“类而韵之”，把一些事物相近的字，以类相从，编在一起，并且押韵，便于记诵。这是《仓颉》以来的传统做法。在开头几句之后，接着是姓名，然后是各种事物的名称，再就是百官的名称和与吏治有关的事情。最后是上面引述的“汉地广大”一章。

作为一种儿童识字课本，《急就篇》的使用时间竟达六百余年之久。这种现象，在世界教育史中是极少见的。这固然是由于长期停滞的封建社会的政治经济条件所致，而《急就篇》本身的切合实用，符合教学需要，也是一个重要的原因。

从语言教育的角度看，《急就篇》具有以下的一些特点。

第一，集中识字。《急就篇》34章2 144字，据王国维统计，只重复335字。生字的密度是很大的。学童在不太长的时间内，通过读写两方面的训练，学完这本书，就可以掌握近两千个生字。这对于工作和进一步学习是很有好处的。

第二，整齐押韵。用三字、四字、七字句，句式整齐而又不呆板。三字句和四字句隔句押韵。七字句每句押韵。“诸物尽讫五官出”一句，句中押韵（“讫”与“出”押韵）。《急就篇》由于句式整齐而又押韵，读起来朗朗上口，容易记忆。正如章太炎说的：“详儿童记诵，本以谐于唇吻为宜，故古人教字，多用此种体制”（《论篇章》）。

第三，注重实用。《汉书·艺文志》说，《急就篇》中的字都是《仓颉篇》中的“正字”。“正”有“常”义。所谓“正字”，就是常用字。汉代的《仓颉篇》有3 300字。史游从中选了2 000来个比较常用的字，编为《急就篇》。这些字在当时都是常用字（绝大多数到现在仍然是常用字）。《急就篇》不收的23字，多数是比较罕见的字。《汉书·艺文志》说：“《仓颉篇》多古字，俗师失其读。”这说明《仓颉篇》中的一些生僻的字在汉代已经不大用，造成书师教学上的困难。《急就篇》和《仓颉篇》比，一是生字总数减少，由3 300字减为2 000来字，二是常用字的比率高。《急就篇》中，姓名器物等常用字，有点像后来的日用杂字。章太炎说：“《急就篇》之文，泛施日用”（《论篇章》），就是说它的这一特点。这也是《急就篇》能够取代《仓颉篇》并流传下来的一个原因。

第四，知识面宽。正如颜师古《急就篇注叙》说的，这书“包括品类，错综古今”。全书都是实词，把当时各种知识的有用词汇都收集进来，知识的密集度和容纳量都是比较大的。里面有100多个姓，400多种器物名称（包括布帛、衣服、粮食、肉食、蔬菜、金属工具和器皿、竹木瓦器、化妆用品、乐器、兵器、车辆车具等等），100 多种动植物，60 多种人体部位器官，70 多种疾病药物名称，还有官名、法律知识、地理知识。2 000 多字容纳这许多事物，简直够得上一本日常应用小百科全书。

第五，进行思想教育。《急就篇》主要是为了让学童学习识字写字，获得一些名物知识，但也没有忽视思想教育。如提倡勤俭节约（“老菁蘘荷冬日藏”“园菜果蓏助米粮”）；鼓励努力学习，砥砺品行，做到“智能通达”；告诫要“谨慎”，不要触犯刑律，不要贪污（“不肯谨慎自令然”“依溷污染贪者辱”）。“汉地广大，无不容盛”一章，反映了汉代武帝以后恢宏的政治局面，向学童进行了爱国主义教育。《急就篇》在谈到“宦学”时，说做到“丞相御史”等大官，都是“积学所致非鬼神”。这固然是读书做官、学优则仕的思想，但它不承认鬼神的作用，这在谶纬迷信盛行的汉代，仍然是可贵的。由于时代和阶级的局限，作者在《急就篇》中也宣传了一些封建道德观念和轻视劳动人民的思想。

第六，读写结合。从现代教育心理学的角度看，读和写二者有区别又有联系。恰当地把二者结合起来，可以互相促进，提高学习效率。《急就篇》既是识字教材，又是写字教材，读什么就写什么，读和写紧密结合。这是它的一个显著特点。

《急就篇》的这些特点，对后代童蒙课本有很大的影响。唐宋以后盛行的《千字文》《三字经》《百家姓》，都和《急就篇》

有一定的渊源关系。

《急就篇》的作者是最早把通用字书和童蒙课本加以区别的人。秦代的《仓颉篇》《爰历》《博学》，既是字书，又是识字课本。字书要求搜集的字尽可能齐备，而童蒙课本的字又不宜太多太难。这两方面有时不容易统一起来。所以到汉代闾里书师使用的《仓颉篇》已经有 3 300 字，并且有许多古字，教学已经感到困难。后来扬雄续《仓颉篇》作《训纂》，字数增加到 5 340 个，这就更多了（见《说文·叙》段玉裁注）。扬雄又是能识奇字的，《训纂》中难字想必不少。这就脱离了童蒙课本的轨道，向字书的方向发展。《急就篇》却向另一个方向发展，它收集的字数比较少，只有 2 000 来个，又都是日常应用的字，它的对象是学童，它的目标是“用日约少”而又令人满意。这样，本书作者明确规定，它是作为应急用的识字课本，而不是网罗该备的字书。把识字写字课本和通用字书区别开来，分开编写，这在我国字书编写史和语文课本编写史上，无疑是一个进步。因此，《急就篇》在研究我国语言学史和中国传统蒙学教育的时候，经常会被提到。

三、第一部语言教学专用词书《尔雅》

《尔雅》在汉代是一部重要的语文教学专门用书。它是秦汉之间学者撰辑的经师讲经的故训汇编，是我国最早的一部词书。最初成书时间大约在汉武帝时代以前。成书后可能陆续有人增补。范围也逐步扩大，不限于《经》书。现在《尔雅》里面收集的词语，属于《五经》的不到十分之三四，另外一半多取自其他书籍，有属《楚辞》的，有属《庄子》的，有属《列子》的，有属《穆天子传》的，有属《管子》的，有属《吕氏春秋》的，有属《山海经》的，还有取自《尸子》《国语》等书的。可见词语来源相当广泛。《尔雅》的作用，一是作为教学用书。秦汉间教师讲解古籍中的词语都有师承，开始是口授，后来有人把它汇集起来，加以整理，成为“词语手册”，用作教学依据。汉代的教师学生都要用它。先是用作教学参考书，以后用作教材。《汉书·艺文志》把《尔雅》列入《孝经》类，因为二者是在同一学习阶段用到的书。西汉平帝元始四年征“以《五经》《论语》《孝经》《尔雅》教授者”，可见这时已有专教《尔雅》的教师。汉代士人读《尔雅》，实际上是读经的语文方面的准备。宋邢昺《尔雅疏叙》说：

夫《尔雅》者，先儒教授之术，后进索隐之方，诚传注之滥觞，为经籍之枢要者也。

这就是指的《尔雅》在教学方面的作用，也是它的主要作用。《尔雅》在另一方面的作用，是作为写作的“词语手册”。汉代喜欢写辞采华赡的辞赋，这需要运用大量的词汇。《尔雅》恰好能满足这种需要。所以晋郭璞说《尔雅》是“摛翰者之华苑”（《尔雅·序》）。

《尔雅》是解释词语的书。词语解释需要正确。“尔”是“近”的意思，“雅”是“正”的意思。书名“尔雅”，就是解释以近于雅正为主。《汉书·艺文志》："《尔雅》三卷二十篇。"现存的《尔雅》只有19篇。清王鸣盛说，那是因为《尔雅》原来还有"序篇"，后来亡佚了的缘故（《蛾术篇》卷八）。

《尔雅》19篇的内容：前三篇《释诂》《释言》《释训》，是解释普通词语的。以下接着是：《释亲》《释宫》《释器》《释乐》《释天》《释地》《释丘》《释山》《释水》《释草》《释木》《释虫》《释鱼》《释兽》《释鸟》《释畜》。这《释亲》以下16篇是解释各种专门名称的。现分别举前四篇为例。

《释诂》第一，罗列古语中的许多同义词，用当代的词加以解释。如：

卬、吾、台、予、朕、身、甫、余、言，我也。

《释言》第二，有沟通古今和各地语言的意思，有时以古语证今言，有时以通语释方言。这里被释的往往只是一两个词。如：

殷、齐，中也。

庶几，尚也。

《释训》第三，着重描写事物的形貌、状态，解释的对象多为叠词。如：

明明、斤斤，察也。

《释亲》第四，解释亲属有关的名称。如：

父为考，母为妣。父之考为王父，父之妣为王母。

从上面介绍的《尔雅》有关的内容来看，这部书虽然在汉代被人们放在《经》书一块学习，但它和《五经》不一样。那些《经》书的作用，是为了帮助封建统治者宣传封建思想以巩固他们的统治。正如《汉书·儒林传》说的：

古之儒者博学乎六艺之文，六学者，王教之典籍，先圣所以明天道，正人伦，致至治之成法也。

儒生学习六艺（即《易》《礼》《乐》《诗》《书》《春秋》）就是学习巩固统治的“成法”。可是《尔雅》的作用不同，它只是古典书面语言中一些词语解释。汉代儒生学习《尔雅》，是为了扫除读《经》的语言文字障碍。所以《尔雅》的教学，实际上是完全属于语言教学的范围。这也是我们在这里专门加以介绍的原因。

从《尔雅》中，我们可以看出秦汉经师进行语言教学的一些经验。

首先，用综合比较的办法解释词语。汉代经师讲经往往是一个人专讲一经，对一些难懂的词语，只能是随着它的出现个别地加以解释，难得有综合比较的机会。《尔雅》则把各种经书中的同义词综合在一块，加以解释，这样，学习的人可以收到举一反三、融会贯通的益处。如《诗经·匏有苦叶》里有句话：“人涉卬否。”经师教到这里就解释说：“卬是我的意思。”又《尚书·汤誓》里有句话：“非台小子敢行称乱。”经师教到这里就解释说：“台是我的意思。”如果不读《尔雅》，学《诗》的经生就要等到有机会读《尚经》，听经师讲解，才知道“台”也是我的意思。学《尚书》的经生也一样。读了《尔雅》就不同了。《尔雅》说“卬、吾、台、予、朕”等都可以作“我”

解。经生读到“人涉卬否”或“非台小子”，即使没有听经师讲解，通过上下文的寻绎，也可以揣摩出“卬”或“台”的含义来。这是综合比较的好处。这样就可以增强学习的主动性，提高自学能力。

其次，在解释词义的方法上也有创新。如《释亲》等把内容有关的词放在一起，分别加以解释，以便比较。如解释“妻党”（妻有关的亲属）中的“外舅”“外姑”两个名称时说：

妻之父为外舅，妻之母为外姑。

解释词语的形式，有“×、×，×也”，被释的词在前，这在《释诂》《释言》中很多，前面已有举例。有“× ×为× ×”，被释的词在后，如：

鸡栖于弋，为榤。凿垣而栖，为埘（《释宫》）。

有“× ×谓之× ×”，被释的词在后，如：

牖户之间谓之扆，其内谓之家（《释宫》）。

有“× ×曰× ×”，被释的词在后，如：

秋祭曰尝，冬祭曰蒸（《释天》）。

解释词语的方式，有二字互训的，如：

宫谓之室，室谓之宫（《释宫》）。

有用双声叠韵为训的，如：

毂，履，禄也（《释言》）。

“毂”和“禄”是叠韵字，“履”和“禄”是双声字。也有相反为训的，如：

徂、在，存也。（《释诂》）。

“徂”本义为“往”，这里指的是和它的本义相反的用法。当然，最多的方式是直言为训，那就是对被解释的词直接加以说明。

再次，有些解释就押了韵，语句也力求整齐。如：

子子孙孙，引无极也。颙颙卬卬，君之德也。丁丁嘤嘤，相切直也。蔼蔼萋萋，臣尽力也。噰噰喈喈，民协服也。佻佻契契，愈遐急也。宴宴粲粲，尼居息也。哀哀悽悽，怀报德也。儵儵嘒嘒，罹祸毒也。晏晏旦旦，悔爽忒也。（《释训》）。

这样就更容易读、容易背诵了。学生读了《尔雅》，不但懂得先秦古典书面语言许多词语的意义，还学会一些简单的句法，这就为进一步读经打下基础。

四、《方言》和《说文解字》

这里介绍汉代人编写的两种语言学习工具书，即《方言》和《说文解字》。这两部书有很高的实用价值和学术价值，标志着汉代语言学和语言教育已经达到了一个新的水平，对后世影响也很大。

《方言》 战国时，各国“言语异声”，方言差别很大。秦统一后，“同书文字”的工作比较好做，方言问题就难办一些了。尽管有人提倡读经用“普通话”（《论语》：“《诗》《书》执礼，皆雅言也”），但是伏生还只能用他的山东腔传授《尚书》。西汉武帝时政治上统一，经济繁荣，国内交往更加频繁，客观上产生了推广“普通话”的需要。而秦汉的几次大移民对于民族共同语的形成和“普通话”的推广则起了促进的作用。据顾炎武《日知录之余》卷四所载秦汉移民情况推算，这段时期移动人口有数字可考的至少有100万。特别是几次从关东迁徙大量人口到关中京师一带来，咸阳成为五方杂处的大都会，这就进一步促使民族共同语的形成。镐京为周西都，秦以咸阳为京师，所以这一带的话在当时被认为是标准语，也就是“雅言”（即“正音”的意思）。周秦时，每年8月要派使者到各地搜集方言。到了西汉，咸阳仍是京师。国家的统一，经济的繁荣，交通的发达，使来咸阳的人越来越多，加上大量移民，带来各地方言，也学习京师的话，于是语言的融合更加快了。这样就逐渐形成大家听得懂的“普通话”。这种“普通话”和各地方言同时存在，有的人既说“普通话”，也说方言。在这种情况下，人们自然会提出要求：编写一本方言和“普通话”互相对照的书。同时，也只有在这种情况下，这样的词书才有条件编写出来。这就是扬雄《方言》产生的基础。《方言》的成书对民族共同语的形成和推广是有好处的。

关于《方言》的作者，东晋郭璞《方言注》说是扬雄。但因为《汉书》的《艺文志》和《扬雄传》都没有提到这本书，所以有人对《方言》作者产生怀疑。不过大多数学者仍然认为是扬雄所撰。《方言》是我国第一部比较方言词汇的重要著作。据说作者利用前人的资料，并亲自做实际调查，花了27年时间，才写完这部著作，可见研究态度是严谨的，研究方法也是比较科学的（见汉末应劭《风俗通义·序》）。

《方言》今本有13卷。各卷大致分类编次。每卷又分若干条。把意义相同而属于各个不同方言的词，汇集在一起，用一个常用词解释。有时在总的解释之后再分别指出某词属某地方言。书中使用了一些专门术语，如“通语”（当时通行的语言），“某地语”（当时的某地方言），“转语”（由于时地不同而语音发生变化的词）等。

《方言》以当时活的语言为记录对象，在研究方法上有创新。直到现在，学术界还给予很高评价，说：“《方言》以它突出的成就，不仅在中国方言学史上，而且也在世界方言学史上成为一部不朽的著作。”①

《说文解字》 《说文解字》又叫《说文》，作者东汉许慎，汝南召陵（今河南郾城县东）人。曾为郡功曹，举孝廉，再迁，除洨长，入为太尉南阁祭酒。他于和帝永元十二年（100）写成这书的初稿，安帝永初四年（110），他以诏书校书东观，继续补充修订。到安帝建光元年（121）许慎病了，才将书定稿，由他的儿子许冲进上。这书从创稿到写定用了20多年时间，这中间作者博问通人，特别注意听取他的老师贾逵的意见，完成了一部很有价值的学术著作。

《说文》是我国第一部字典。它广泛搜集先秦以来典籍中的9 353个字，加以解说。正文用小篆写，解释用隶书写。有些字

---

① 见《中国大百科全书·语言文字》“《方言》”条。

小篆和古文、大篆形体不同，就将古文，大篆作为重文附在正文后面，这样的重文有 1 163 个。解说共有 13 万多字。许慎把 9 000 多字按字形分为 540 部，每部有个部首字。如“一、元、天、丕、吏”为一部，“一”是部首字。“正、乏”为一部，“正”是部首字。部与部之间也大致有形体或意义的关联。

汉代书体很多，但通行的是隶书。那时儒生读的书都是抄写的。经书有古文今文的不同。即使同是今文本，有时一个字也有不同的写法。社会上用字更为混乱。加以一些人不懂装懂，对文字的解释出现不少奇谈怪论，正如许慎在《说文解字·序》中指出的：

诸生竞逐说字解经谊（义），称秦之隶书为仓颉时书，云父子相传，何得改易。乃猥曰：马头人为长，人持十为斗，虫者屈中也。廷尉说律，至以字断法，苛人受钱，苛之字止句也。若此者甚众。

这说明解字用字的混乱已经严重影响到学习和生活。《说文解字》就是为了改变这种混乱状况而编写的。

许慎认为文字是“经艺之本”，学习经籍必须正确理解文字。他撰《说文解字》首先考虑的是学子读经的需要。这书里引用了不少经书上的语句，“六艺群书之诂，皆训其意”。书的初稿写成后，他还用来教过小黄门孟生、李喜等人。可见《说文解字》从编撰时起就是一部语言教学用书。到了后来，有些人把它作为语言学习的教材，有些人把它作为语言教学的工具书，一直受到重视。

著名语言学家王力先生在《中国语文学史》中指出，《说文》在字义的解释上有极其重要的创造。许慎解字抓住字的本义，这是从根本上解决训诂的问题。因为由本义找引申义比较容易。

第三节　魏晋南北朝时期的语言教育

一、《开蒙要训》和《千字文》

《开蒙要训》 作者马仁寿，生平不详。日人藤原佐世《日本见（现）在书目录》小学类把它列在晋顾恺之《启蒙记》、王羲之《小学篇》后，梁周兴嗣《千字文》前，由此推知，它的成书大约在东晋与齐梁之间。书原已亡佚，后来从敦煌石室中发现三十来种唐五代写本（有三个是完本）。刘复将其中的一种（五代时抄本）印在《敦煌掇琐》中。全文 1 400 多字。开头几句是：

乾坤覆载，日月光明，四时来往，八节相迎。

中间是一些名物器用等杂字。语言质朴，不像《千字文》那样讲究辞藻声律和用典使事。它的文风和南朝文章不同，倒有点接近那时北方的作品。作者也有可能是北朝人。张志公在《传统语文教育初探》里说：

这本《开蒙要训》虽然没有像《千字文》那样风行，但直到五代还在传抄，又能完整的保存下来，并且不只一本，说明它还是流行过相当长的一个时期。再从以后产生的各种杂字来看，好些地方都能看出它的影响。比如，收入日用的俗语俗字，注重实用，分类编排等。研究古代蒙书，《开蒙要训》是很值得重视的一种。

敦煌还发现有《开蒙要训》的藏文注音抄本，可能是8世纪下半叶至9世纪前叶，吐蕃人占领河西敦煌时，藏族儿童学习汉语用的课本。可见《开蒙要训》在当时流行是十分广泛的。

《千字文》 我国使用时间最长的一本识字写字教材。它的成书在公元6世纪初（南朝梁天监初年），直到19世纪末（清朝末年），我国农村还用它来教儿童。作为蒙学课本，这书一共使用了将近1 500年。这不能不算是一个奇迹。

《千字文》的作者周兴嗣，字思纂，陈郡项（今河南境内）人，世居姑孰（安徽当涂）。博学，善属文。梁天监初，他因献赋受到武帝赞赏，拜员外散骑侍郎，进直文德、寿光省。梁武帝以三桥旧宅为光宅寺，敕周兴嗣和陆倕各作一篇碑文，结果选用了周兴嗣的。“自是《铜表铭》《栅塘碣》《檄魏文》《次韵王羲之书千字》，并使兴嗣为文。每奏，帝称善，赐金帛。（天监）九年（510），除新安郡丞。秩满，复为员外散骑侍郎，佐撰国史”（《梁书·文学传》）。

当时编撰的《千字文》不止周兴嗣这一本。《陈书·沈众传》:“是时梁武帝制《千字诗》,众为之注解。”《梁书·萧子范传》载“子范制《千字文》,其辞甚美”。可见至少同时另外还有一本《千字文》和一本《千字诗》。这两本书都已亡佚,只有周兴嗣的书留传下来。

周兴嗣的《千字文》编出后,就有些感到难懂,需要有人作注解。《隋书·经籍志》载“《千字文》一卷,梁国子祭酒萧子云注。《千字文》一卷,胡肃注”。萧、胡两人都是给周书作注的。这些注解本都没流传下来。

王羲之是书法大师。周兴嗣次韵王羲之书千字,是用作临写的范本,同时也可讽诵识字。后来,一些书法家就用各种书体来书写,为学习书法的人提供范本。《隋书·经籍志》有《篆书千字文》一卷,《草书千字文》一卷,就是这类范本。《千字文》原是供宫廷习字用的,过了不久,逐渐流传开来。到了隋代,据说书法家智永曾经写过800本,分赠给江东诸寺。可见这时已经流传得相当广泛了。智永有真、草《千字文》传世。后世有不少书法家写过《千字文》。《千字文》能够长期流传,历代书法家的书写也是重要原因之一,这一点和《急就篇》有点相似。

《千字文》每四字为一句。开头18句写天象、岁时和名贵物产。

天地玄黄,宇宙洪荒。日月盈昃,辰宿列张。寒来暑往,秋收冬藏。

金生丽水，玉出昆冈。剑号巨阙，珠称夜光。

接着18句歌颂古代帝王。接着66句写一个人应有的品行修养和伦理道德。接着30句写都城长安、洛阳的宫殿豪华、文物盛美：

都邑华夏，东西二京。背邙面洛，浮渭据泾。宫殿盘郁，楼观飞惊。

既集坟典，亦聚群英，杜稿钟隶，漆书壁经。

高冠陪辇，驱毂振缨。世禄侈富，车驾肥轻。策功茂实，勒碑刻铭。

接着20句写历史人物和历史事件。接着10句写地理常识。

九州禹迹，百郡秦并。岳宗泰岱，禅主云亭。雁门紫塞，鸡田赤城。昆池碣石，钜野洞庭。旷远绵邈，岩岫杳明。

接着6句写农事。接着32句写士人的出处进退和隐居的田园乐趣。接着40句写饮食起居，家庭日常的学习和生活，以及有关的人和事。接着14句是结尾，勉励士子爱惜时光，抓紧学习。最后两句是语气助词举例，进行语文知识教育。

年矢每催，曦晖朗曜。璇玑悬斡，晦魄环照。指薪修祜，永绥吉劭，矩步引领，俯仰廊庙。束带矜庄，徘徊瞻眺。孤陋寡闻，愚蒙等诮。谓语助者，焉哉乎也。

《千字文》的内容，虽然没有前面的《急就篇》那样切合实用，也没有后来的《三字经》那样丰富具体，但还是相当广泛的。仅仅一千个字能容纳那么多的内容，也算很不容易了。

《千字文》有以下的一些特点：

其一，四字为句，句法整齐。这是沿用《三仓》的做法。全文125句，1 000字，也跟《三仓》一样，没有重复字。

其二，押韵，讲究声律。每两句为一组。每组双句都押韵。开头一组和最后一组的单句也押韵，这两组是：

天地玄黄（韵），宇宙洪荒（韵）。谓语助词（韵），焉哉乎也（韵）。

全文押韵的字127个。

《千字文》已开始注意平仄。除了第一组和最后一组，因为押韵，所以同一组的两句末一个字都为平声或仄声外，其他各组的末一字，一般双句为平声，单句就是仄声；双句为仄声，单句就是平声。

日月盈昃（仄），辰宿列张（平）。

存以甘棠（平），去而益咏（仄）。

有的组全组8个字注意平仄相同。

云腾致雨，露结为霜。

（平平仄仄），（仄仄平平）

这种对声律的追求，和律诗、骈文简直一样了。

其三，讲究对仗。全文125组，对偶句有85组，占68%。多数是组内两句自为对偶，如：

金生丽水，玉出昆冈。

剑号巨阙，珠称夜光。

也有两组互为对偶的，如：

推位让国，有虞陶唐；吊民伐罪，周发殷汤。

仁慈恻隐，造次弗离；节义廉退，颠沛匪亏。

其四，强调用典使事，追求文采辞藻。文中使用典故的地方很多。如：

墨悲丝染，诗赞羔羊。

存以甘棠，去而益咏。

文中大量使事，是受当时隶事风气的影响。文章色彩浓丽，辞藻华美，如：

宫殿盘郁，楼观飞惊。图写禽兽，画彩仙灵。丙舍旁启，甲帐对楹。肆宴设席，鼓瑟吹笙。升阶纳陛，弁转疑星。

渠荷的历，园莽抽条。枇杷晚翠，梧桐早凋。陈根委翳，落叶飘摇。游鹍独运，凌摩绛霄。

这些语句，即使放在六朝骈文名篇中，也是毫不逊色的。

《千字文》的这些特点，明显地表现出它是受永明文风的影响。《千字文》的编撰时间在永明之后10多年，周兴嗣在梁武帝时又曾与沈约（永明体倡导人）相承撰录梁史。所以《千字文》受永明体的影响是很自然的事。

《千字文》中的字，大多是常用字。但因字数只一千个，又是从王羲之墨迹中选的，材料来源十分有限，所以不少日常应用的字并没有选入。拿它和《急就篇》比较，这个缺陷就显得更加明显。

二、南朝的“官话”教学和北朝的“双语”学习

在南北朝时期有两种特殊的语言教育现象值得注意，那就

是南朝的“官话”教学和北朝的“双语”学习。

（一）南朝的“官话”教学

金陵本是三国孙吴建都的地方。东晋时，司马睿又在这里建都。这时，“洛京倾覆，中州士女，避乱江左者十六七”（《晋书·王导传》）。这些侨人掌握了东晋朝政大权。为了巩固统治，必须与南方上层人士合作。《世说新语·方正》谓王导“初在江左，欲结援吴人，请婚陆太尉”（陆太尉是吴人）。说话也要学吴语。

《晋书·简文三子传》载司马道子听了谢重的话，颔曰：“侬知，侬知。”“侬”也是吴语词。司马道子（364～402）是晋元帝司马睿的孙子，祖先是北人，可他生长在南方，所以语言有变化。北来侨人语音不变的，如王敦（266～324）“语音亦楚”（《世说新语·豪爽》），刘裕（363～422）“楚言未变”（《宋书·庾说等传》），刘道怜（368～422，刘裕弟）“言音甚楚”（《宋书·宗室传》）。这些都有原因。王敦是武将，到南方来时年龄已经很大，语音改变较难。刘裕兄弟虽说是“累叶江南”，但他们的曾祖父刘混过江时居京口，这里是侨人集中的地方，自然是乐于用乡音了。史书既然对这些乡音无改的侨人特别指出，那么，多数侨人（尤其是在朝廷做官的人）的语言必然是有所变化了。《世说新语·言语》云：“桓玄问羊孚：‘何以共重吴声？’羊曰：‘当以妖而孚。’”桓玄（369～404）和羊孚都是侨人，他们的问答反映出北方士人对吴音的重视。另外，南方上层人士为了做官，也在积极学习北来仕宦世族的洛阳话。东晋葛洪（284～363）《抱朴子·讥惑》云：

余谓废已习之法，更勤苦以学中国之书，尚不可须也；况于乃有转易其声音以效北语，既不能便良似，可耻可笑，所谓不得邯郸之步，而有匍匐之嗤者。

葛洪是吴人，他在这里讥笑的是东晋初年那些学洛阳话学得不像的人。《宋书·顾琛传》云：

先是宋世江东贵达者，会稽孔季恭、季子灵符、吴兴丘渊之及（吴郡顾）琛，吴音不变。

这就说明那时江东其他贵达者，普遍都已改变了吴音。洛阳是东汉以来的旧都，作为“帝王都邑”，到西晋末已有将近300年之久。洛阳话是那时北方的“官话”。到了东晋，由于南北上层人士互相学习语言，洛阳话和金陵话融合起来。周一良《南朝境内之各种人政府对待之政策》一文云：

盖扬州之侨人不自觉中受吴人熏染，于中原与吴人语音以外，渐形成一种混合之语音。同时扬州土著士大夫（江东甲族尽出会稽、吴、吴兴诸郡，皆属扬州）求与侨人沆瀣一气，竞弃吴语，而效侨人之中原语音。然未必能得其似，中原语音反因吴人之模拟施用，益糅入南方成分。此种特殊语音视扬州间里之纯粹吴语固异，视百年未变之楚语亦自不同。

唐长孺在《魏晋南北朝史论丛》（三联书店，1955）里说这是一种“不南不北的吴化洛阳话”，并说：

这种吴化洛阳语相当于兰青官话，因为是官话，所以只行于世族间（《读〈抱朴子〉推论南北学风的异同》）。

这种“官话”因为是在贵族间使用的，所以比较文雅。和方音土语相对而言，当时士人认为说这种“官话”的是“辞论清雅”，说方音土语的是“音辞鄙拙”。那时又有人把这种“官话”叫“夏”言，意思就是“雅言”。梁武帝（萧衍）《观钟繇书法十二意》云：“譬犹楚音习夏，不能无楚。”这是说，北方说楚地方言的人学金陵“官话”，仍然可以听出保留着的楚音。

这种“官话”在官场普遍采用。《南齐书·王敬则传》云：“敬则名位虽达，不以富贵自遇……接士庶皆吴语，而殷勤周悉。”王敬则是晋陵（今江苏武进）人，他用吴语和士庶接谈本来是很自然的事，但因当时一般做官的南人都使用金陵“官话”，所以他的做法就显得特别，史书才郑重提出来。

这种“官话”在南朝也是教学用语。《南史·儒林传》：

时（梁武帝时）北来人儒学者有崔灵恩、孙详、蒋显，并聚徒讲说，而音辞鄙拙。唯（卢）广言论清雅，不类北人。

又同《传》载陆倕与仆射徐勉书，推荐吴兴人沈峻到国子学里教《周官》，书中云：

北人孙详、蒋显亦经听习，而音革楚夏，故学徒不至。唯助教沈峻特精此书，此日时开讲肆，群儒刘喦、沈宏、沈熊之徒，并执经下坐，北面受业，莫不叹服，人无间言。弟谓宜即用此人，令其专此一学。

《南史·儒林传》的前面一条，将梁时北来学者崔灵恩、孙详、蒋显只能用北方方音教学，“音辞鄙拙”，只有卢广（范阳人）学会金陵“官话”，“言论清雅”，能用“官话”教学，所以他“兼国子博士，遍讲五经”。后面一条，讲孙详、蒋显学习《周官》时用的是北方方音，现在到南朝来要用金陵“官话”的语音教《周官》，“音革楚夏”教学效果不好，所以“学徒不至”。沈峻是南方人，金陵“官话”说得好，又“特精此书”，所以陆倕建议让他来教。可见这种“官话”较为普遍的用于官场和教学。

（二）北朝的“双语”学习

南北朝时期，北朝政权掌握在鲜卑贵族手里。北魏拓跋氏于公元398年建都平城（今山西大同），次年称帝。公元439年统一中国北方。这时军容号令都是用鲜卑语，汉人在拓跋魏王朝做官，也要学习鲜卑语。到了魏孝文帝迁都洛阳后，下令朝廷禁止使用鲜卑语及其他各族语，而只许用汉语。《北史·魏咸阳王禧传》载孝文帝对群臣说：

今欲断诸北语，一从正音（指汉语）。年三十以上，容或不可卒革。三十以下，见（现）在朝廷之人，语音不听仍旧。若有故为，当降爵黜官。所宜深戒。

《魏书·高祖记》载太和十九（495）诏云：

不得以北俗之语，言于朝廷，若有违者，免所居官。

这样一来，鲜卑族及其他族的官员除了学习本民族语言外，都得学习汉语。他们在朝廷使用汉语，在家里及其他非正式场合则使用本民族语言。《北史》卷三一载：高欢“每申令三军，常为鲜卑语；（高）昂若在列时，则为华言。”这就是说，那时东魏、北齐有的将士既懂得鲜卑语，又懂得汉语。《隋书》卷四二载，周武帝尝于云阳宫作鲜卑语语群臣。可见平常在朝廷是用汉语，只有这次用鲜卑语，所以特别指出。也可以看出北周君臣既会汉语，也会鲜卑语（不管是鲜卑人还是汉人）。《颜氏家训·教子》云：

齐朝有一士大夫，尝谓吾曰："我有一儿，年已十七，颇晓书疏，教其鲜卑语及弹琵琶，稍欲通解，以此伏事公卿，无不宠爱，亦要事也。"

这位 17 岁的汉族少年已经学了汉语，还要学习鲜卑语，以便服侍公卿，取得一官半职。这可能反映了当时不少汉族家长的心态。那时，学鲜卑语也是汉人得官的一条门路。（《颜氏家训·省事》把学鲜卑语和学医药、音乐、弓矢、天文、绘画等同样看作一种技艺。）孙搴因为善写文章，又能通鲜卑语，所以高欢署为相府主簿，专典文笔，"兼宣传号令，当烦剧之任，大见赏重"（《北史》卷五五）。

上述情况说明，在北朝有一个"汉语"教学的事实存在。鲜卑人和其他族人不但要学习本民族母语，还要学习汉语；汉人不但要学习汉语，还要学习鲜卑语。这种"双语"学习的详细情况已经无从了解。关于鲜卑语的教材，我们仅可从《隋书·经籍志》的记载窥见一二。《隋志》云：

又后魏初定中原，军容号令，皆以夷语。后染华俗，多不能通，故录其本言，相传教习，谓之"国语"。

三、《玉篇》和《广雅》

魏晋南北朝还没有印刷术的发明，文字的应用都靠手写。这就免不了出现许多异体字、错别字。为了减少文字书写的混乱状况，需要树立标准。汉末蔡邕书写的《石经》，就是一种标准字体。三国魏邯郸淳又建《三字石经》（古文、小篆、隶书三体）作为书写标准。当时很受到重视。北齐书法家张景仁，儿时学书就专门到洛京摹《石经》。士人识字写字正确无误的，人们也称他作“石经”。另外，一些学者还撰写字书，也起到正定文字的作用。三国魏初，张揖著《古今自诂》《难字》《错误字》，周氏撰《杂字解诂》。晋世，吕忱著《字林》，李彤撰《字指》，葛洪撰《要用字苑》。北朝，江式撰《古今文字》，阳承庆撰《字统》，李铉撰《字辨》，颜之推撰《训俗文字略》。南朝，谢康乐撰《要字苑》，殷仲堪撰《常用字训》，邹诞生撰《要用字对误》，阮孝绪撰《文字集略》，顾野王撰《玉篇》。这些，但是都是作为正字用的语文工具书编写的。江式的《古今文字》，本来打算编40卷，但没有编写成功。《古今字诂》《字林》《常用字训》《要用字苑》分别被《颜氏家训》的《勉学》《书证》《音辞》等篇引用，可见当时是比较流行的。颜书《书证篇》还谈到服虔的《通俗文》，说这本书的作者可能不是汉代的服虔，而是魏以后的人，因为书中引用了魏时人苏林、张揖的话。这书的编辑有所创新，他着眼于通俗日用，因此为民间所欢迎，流行十分广泛。《颜氏家训》说："河北此书，家藏一本。"可惜这书现在已经亡佚。清代任大椿、马国翰等人辑佚书，收集了一些，还可以大致看出它的编写体例来。

魏晋南北朝人编写的上述这些字书，对后世影响最大而现在仍然存在的，只有顾野王的《玉篇》。顾野王（519～581）字希冯，南朝梁陈间吴郡人。幼好学，7 岁读《五经》，略知大旨。9 岁能文，曾作《日赋》。12 岁随父到建安（当在广西境内），撰《建安地记》二篇。及长，博通经史，识虫篆奇字。初仕梁，为太学博士。陈天嘉中（561～565）补撰史学士。太建六年（574）为太子率更令，寻领大著作，掌国史。他的《玉篇》撰于梁武帝大同九年（543）。书成后即经过萧恺等删改。到了唐代和宋代，又经过孙强、陈彭年的补充修订，这就是现行的《玉篇》（《大广益会玉篇》）。另外现行的还有《玉篇零卷》，是清代从日本找回来的。那可能是顾野王的原本，不过只有几卷，已经残缺不全了。今本《玉篇》（《大广益会玉篇》）共分 30 卷。体例大致沿用《说文解字》，稍有变动。全书共收正文 22 500 余字，比《说文解字》收字多出一倍。正文用楷书，为我国现存的第一部楷书字典。每一正文下先用反切注音，然后解释意义，解释一般比较简略。卷末附《分毫字样》，收形近易混的字 248 个（如"刀、刁"，"袖、柚"等），目的是为了使学书的人防止写错别字。这也更说明了这本书的工具性。

以上这些字书，多半在正文下面附有解释，同时，还收入了不少异体字、后起字和俗字。这些书的作用，一方面是帮助书写的人写字正确，减少错别字；另一方面是帮助阅读的人识字和了解词义，扫除读书的障碍。所以，这些书既是字书，也是词书。不过这时还有一种专门供阅读时使用的工具书，那就是沿用《尔雅》体例的《广雅》。《尔雅》已在前面介绍过，本来是一部帮助读经的词典，可是在汉代和后来都把它作为语言学习的教材使用。《广雅》是续《尔雅》编写的，用意在补《尔雅》的不足。这是一本供阅读时使用的语文工具书。

《广雅》作者张揖，清河人，三国魏初博士。这书现仍存在，共10卷，篇目和《尔雅》一样，分19类。解说体例也和《尔雅》相同。但内容作了不少补充，体现了“广”的特点。

第四节　隋唐五代时期的语言教育

隋唐五代的语言教育文献资料相对较少，其中最为著名、流传范围较广和流传时间久远且对后世影响深远的当属《太公家教》《蒙求》两部语言教育教学教材。

一、《太公家教》

《太公家教》作者未详。宋王明清（1127～?）《玉照新志》

认为“当是有唐村落间老校书为之”。这书的得名，王明清说：

太公者犹曾高祖之类，非渭滨之师臣明矣。

王国维不同意太公是曾高祖的说法，他根据书中有“太公未遇，钓鱼渭水”等四个历史故事，认为后人就用第一个故事的“太公”二字来作书名。

《太公家教》在史志和宋人书目中均未著录。唐人李翱（772～841）曾在文章里提到过它，说：

义不必深，不主于理，言不必信，不在于教劝，而词句怪丽者，有之矣，《剧秦美新》、王褒《僮约》是也；其理往往有是者，而辞章不能工，有之矣，刘氏《人物志》、王氏《中说》、俗传《太公家教》是也。（《答进士梁载言书》，转引自《文苑英华》卷六八一）

李翱把这书和《人物志》《中说》相提并论，可见对它是比较重要的。《太公家教》是中唐到北宋初（750～1000）普遍流行的一本童蒙课本，到宋代（公元11世纪以后）才在中原亡佚。不过，它仍然为中国北部和东北的辽、金、高丽、满洲各民族内说各种语言的儿童所诵习，翻译成几种文字，一直用了四五百年。另外，据安南国传所言，明季安南尚用此书，可见这是一本影响很大的书。

有些语句和口语接近，搜集了当时一些俗谚格言，如：

他篱莫越，他事莫知，他贫莫笑，他病莫欺，他财莫取，他色莫侵，他强莫触，他弱莫欺，他弓莫挽，他马莫骑，弓折马死，偿他无疑。

罹网之鸟，悔不高飞；吞钩之鱼，悔不忍饥。

男年长大，莫听好酒；女年长大，莫听游走。

含血噀人，先污其口；十言九中，不语者胜。

款客不贫，古今实语。

近朱者赤，近墨者黑；蓬生麻中，不扶自直。

凡人不可貌相，海水不可斗量。

勤是无价之宝，学是明月之珠。积财千万，不如明解一经；良田千顷，不如薄艺随躯。

香饵之下，必有悬钩之鱼；重赏之家，必有勇夫。

向达称此书是当时“一部格言谚语汇海”。这确是它的一个特点。后来的蒙学书《增广贤文》就是沿着它这个路子编写的。

二、《蒙求》

《蒙求》是中唐至北宋最为通行的童蒙课本，作者唐代李翰。唐有两李翰，一为文人李翰，赵郡人；一为宗室李翰，尝为金吾卫大将军。《蒙求》作者疑为文人李翰。

《蒙求》成书大约在公元746年以前不久。它继承六朝以来隶事的传统做法，隶事的书，开始大概只是把典故分类纂集在一起，不标故事题目。后来有的将典故分类，加上标题，但标题不要求对仗，如《北堂书钞》属这一类。有的将典故分类，加上标题，并将标题组成偶俪语句，如《编珠》《琱玉集》属这一类。《蒙求》是继《琱玉集》等类书之后编写的一本供童蒙讽诵的集事书。《琱玉集》在公元747年已有日本抄本（见《古逸丛书》），可见它的李氏撰写《蒙求》时已经广泛流行。从《蒙求》中可以明显地看出《琱玉集》的影响来。《琱玉集》“聪慧”门前八句的典故，《蒙求》中采用了六个。

从编写体例来看，《蒙求》有如下的一些特点：

其一，篇幅不多，内容丰富。全书只两卷（有的本子作一卷或三卷），正文596句，2 384句，共搜集典故590多个，基本上是一句一个典故，只有最后四句结束语不包含典故。李氏原著对每句正文都自作注解。唐李华《蒙求序》里说：“每行注两句”（见《敦煌古籍序录》第207页）。注解就是所集的事，正文是每件事的题目。后又有徐子光注。如“同嵩狼抗”，《晋书·周嵩传》作“抗直”，《蒙求》注除了引《晋书》外，还引《世说新语》本作“狼抗”来作说明。注文都写明出自何书。这样，学童读这句正文，知道一个故事，还懂得“抗直”“狼抗”等词语的意义和用法，又初步接触记载这典故的书籍。当时学童用这书，有的连正文、注解一起读，有的只读正文，注解由老师讲。所以敦煌写本的《蒙求》，有的有注解，有的没有注解，只有白文。后来用白文的很多，这就不像集事的书而纯粹是蒙童读的四言诗了。

其二，属对类事，整齐押韵。通体是四字句，多是主谓结构。每两句为一组，互为对偶，包括两件性质相近的故事。逢双句押韵，每八句押一个韵。如开头的16句为：

王戎简要，裴楷清通。孔明卧龙，吕望非熊。杨震关西，丁宽易东。谢安高洁，王导公忠。

匡衡凿壁，孙敬闭户。郅都苍鹰，宁成乳虎。周嵩狼抗，梁冀跋扈。郗超髯参，王珣短簿。

一句记载一个典故，有时一个人身上有两个典故，就分作两句，编在两处，如“陶潜归去”“渊明把菊”。

其三，组成篇章，不分门类。《蒙求》以前的集事书，都是分门类的，如虞世南的《兔园册》纂古今事为48门。《蒙求》却不分门类，把五百多个典故组成一篇完整的四言诗。这是一种创新，对于学童记诵也许更方便一些。自然，事实上也只能这样，因为用2 000多字记下500多个典故，组成篇章，要四字一句，还要对仗、押韵，如果再要分门类，确实不易。

《蒙求》成书不久便开始流行。宋陈振孙《直斋书录解题》说：

《蒙求》三卷，唐李翰撰。本无义例，信手肆意杂袭成章，取其韵语易于训诵而已。遂至举世诵之，以为小学发蒙之首，事有甚可晓者（卷十四）。

为了押韵易读，不分门类，看上去好像“信手肆意杂袭成章”，其实是花了不少组织工夫的。这是本书的一个特点，大概也是它“遂至举世诵之，以为发蒙之首”的一个原因。

集事读本《蒙学》对后来的蒙学书产生很大的影响。宋以后沿用这种体例并以“蒙求”命名的书更多。除了各种名称的“蒙求”书外，宋代的《幼学须知》，以及后来的《幼学故事琼林》《龙文鞭影》等，也都是以集事为特征的蒙学书。

第五节　宋元时期的语言教育

一、蒙养教育与“三”“百”“千”

蒙养教育，是古代小学（与今天的小学不全是同一概念）教育，因为它是一种启蒙教育，所以称为“蒙养”教育。《易·蒙》云“蒙以养正，圣功也”。易经的蒙卦，蒙，具有亨通的特性，就是在儿童智慧蒙开之际，施以“圣人之道”的教育。蒙，是蒙者求教于我，不是我训之以蒙。

“三”“百”“千”泛指古代的蒙学课本《三字经》《百家姓》《千字文》。宋代的蒙学教育是很发达的。宋代的蒙学教材，在继承前代的基础上，也有新的发展。宋项安世在《项氏家说》中说：“古人教童子多用韵语，如今《蒙求》《千字文》《太公家教》《三字训》之类，欲其易记也。”陆游在《秋日郊居》诗后注明：“所读《杂字》《百家姓》之类，谓之村书。”又如《童蒙训》《千家诗》《名物蒙求》《性理字训》等，也都是蒙养教材。这些蒙养教材，在宋代是相当流行的，它是小学阶段最基本的语文教材。

使用这类语文教材，主要目的是为了识字，兼及初步的道德行为教育和最基础的文化知识学习。

“三”，这里指的是南宋王庆麟的《三字经》（也有说是宋末区适子编）。今通行本共1 248字，约分五部分：教育的重要性；幼学的次序，三纲五常十义；读书的先后，四书五经；勤学的典型事例，十余例；为学的效果，“显亲扬名，光前裕后”。三字一句，押韵，便于学童诵读。它把识字、历史知识和封建伦理训诫融为一体，概括性强。从宋，经元、明、清，直至近代仍广为流传。后来，各种仿《三字经》体例编写的童蒙教材还有多种，如清人编写的《弟子规》《女三字经》《太平天国三字经》，以及章炳麟的《重订三字经》等等，但这些都流传不久，可见宋编本《三字经》有许多可取之处。

这本《三字经》，先讲教育和学习的重要性。开头二十句：

人之初，性本善。性相近，习相远。苟不教，性乃迁。教之道，贵以专。昔孟母，择邻处；子不学，断机杼。窦燕山，有义方；教五子，名俱扬。养不教，父之过，教不严，师之惰。

头两句讲人性善，三四句讲学不学，差别大（习相远）。五至二十句讲教之道，贵专一，并用孟母择邻、窦燕山教子的事例说明要有合乎正道的方法。养子要教，为师当严。提出可引为鉴戒的历史人物近百个。

其次讲幼学的内容：亲师友，习礼仪。随即举了一个孝子温席的例子和一个对兄弟友爱的例子。归结起来说，孝悌为首，见闻其次。它所宣扬的自然是封建的伦理关系。

再次讲幼学的知识及其顺序：数学（一至十、百、千、万），三才（天、地、人），三光（日、月、星），三纲（君为臣纲、父为子纲、夫为妻纲），四时（春、夏、秋、冬），五行（金、木、水、火、土），五常（仁、义、礼、智、信），六谷（稻、粱、菽、麦、黍、稷），六畜（马、牛、羊、鸡、犬、豕），七情（喜、怒、哀、惧、爱、恶、欲），八音（匏、土、革、木、石、金、丝、竹），九族（除本身以上的高祖、曾祖、祖父、父，本身以下的子、孙、曾孙、玄孙，共九代人），十义（父义、母慈、兄友、弟恭、子孝、君敬、臣忠、夫倡、妇从、友爱）。文字简约，概括性极强，它概括了许多社会常识和自然知识，涉及“经书”18种，“子书”5种，“史书”22种。而且句句有韵，读起来也朗朗上口。

第四讲训蒙顺序，即具体讲教育学童学习语文的顺序：详于训诂，明于句读。训诂，就是解释汉字的意义的；句读，就是汉文的断句、标点。小学毕业，要学论语20篇，孟子7篇，以及中庸、大学和孝经。四书读熟之后，才可以读六经。六经，包括易经（夏易、连山、殷易、归藏、周易），书经（典谟、训诰、誓命）、礼经（大、小戴）、诗经（风、雅、颂）、春秋经（公羊、左氏、穀梁）。六经读完之后，才可以读子书（包括荀子、扬子、文中子、老子、庄子）。经书和子书读通了，然后读历史。接着用468字来讲述中国几千年历史（从三皇五帝讲起，一直讲到元灭金）。

第五讲发愤勤学的10多个故事，共240字。

这本《三字经》，作为识字教材，编者煞费苦心，有可借鉴之处。但它所渗透的封建伦常观念必须加以剔除。

“百”，这里指的是北宋人编的《百家姓》，作者已佚名，共收集507姓，其中单姓446个，复姓61个。复姓大多由汉以后少数民族的姓名演化而来。这是全然没有什么意义的姓氏名称的排列。如：

赵钱孙李，周吴郑王……

为什么用“赵”姓开头？因为“赵”是当时宋朝的国姓，即所谓“尊国姓也”。后世有不少改编本，较著名的如明吴沉、刘仲质编的《皇明千家姓》，以“朱”姓打头，因为明朝是朱姓人的天下。清朝编的《御制百家姓》，“孔”姓打头，因为康熙皇帝尊重孔子。这《百家姓》是作识字用的课本，长处是四字一句，句句叶韵，好读好记，易于流传。它叫学童在一个不长的时间里，集中认识一大批汉字，并学会在日常生活交际中使用这些姓氏名称。

“千”，这里指的是南北朝梁周兴嗣所编的《千字文》。这个本子全本250句，1 000字，基本上不重复，每句四字，隔句叶韵。如“天地玄黄，宇宙洪荒……”它与《百家姓》不同，每句都有一定的意义，不是字的堆积。先谈“天”，再说“地”，然后介绍一些天文、地理知识，历史、生物知识，以及修己、处世、务农、读书、起居、饮食、园林、祭祀等方面的知识。

二、读文训练与“诗话”“词话”“文话”

读文训练，主要指宋元间的阅读训练。古人学语文很讲究“读”。

南宋史学家、教育家吕祖谦在《古文关键》中谈读书时说：“第一看大概主张。第二看文势规划。第三看纲目关键，如何是主意首尾相应；如何是一篇铺叙次第；如何是抑扬开合处。第四看警策句法，如何是一篇警策；如何是下句下字有力处；如何是起头换头佳处；如何是衔接有力处；如何是融化屈折剪截有力处；如何是实体贴题目处。”这是一般的读文步骤，即所谓浏览—概要—鉴文—析句（包括析字）。浏览，可以说是对文章的扫描，用跑读法；概要，可以说是对文章要点的概括，用跳读法；鉴文，可以说是对文章的首尾、开合、段落、层次的鉴赏，用唱读法；析句，可以说是对文章字、句精华的深究，用吟读法。

苏东坡在《又答王庠书》中却说：“卑意欲少年为学者，每一书皆作数过尽之。书富如入海，百货皆有，人之精力，不能兼收尽取，但得其所欲求者耳。故愿学者每次作一意求之，勿生余念。又别作一次，求事迹、故实、典章、文物之类。亦如之，它皆仿此。此虽迂钝，而他日学成，八面受敌，与涉猎者不可同日而语也。”这种读书法，讲的是每读一遍应有一遍的特定目的，不可毫无指向的随意读书。

古人读书，很注意动笔圈笔，后来，才有评点。所谓圈点，就是把文句“点”断，好的在旁边加“圈”。所谓评点，就是点断文句，评论佳句妙句，或评论结构、意境上的佳处妙境。宋代的标点读书法，包括点和标两方面，与五四白话文运动之后的新式标点符号的“标点”含义不同。“点”，指句读，把没有断句的文句点断；“标”，指书中重要的或特殊的内容，用各种符号突出出来，使“义显意明”。清代的王鲁斋读书用“点抹法”，与宋代的“标点法”相似。“点”，有朱点、墨点；“抹”，有朱抹、墨抹。朱点墨点者，即用朱红色或墨黑色点断文句，以表明句读；朱抹墨抹者，即用朱红色或墨黑色作种种记号，以突出重要之处或特殊之处。元代有五色标点读法。评点，则着重在“评”，以表明读者对文章词句、结构、意境，乃至主题的独特感受或看法。大都三言两语，画龙点睛；或者“评”个别句段，一语中的。蒙学教育阶段，开始只作“点读”，即所谓“点书”。点书，首在点出句读。自然含有读和讲。点书，不可能只告诉学生断句，而不讲不读的。不过，不是由教师包办代替，一讲到底，有时由教师领读一句，就点断一句，学生跟读一句，就领会一句；跟读不正确，可能是由于字音不准，或字义不明，就略加讲解，以便接续读下去。有的先读后讲，有的先讲后读；有时边讲边读，有时边读边讲。读到一定程度，然后领读一段，跟读一段；或唱读、或吟读、或诵读、或背诵，师生配合默契，心领神会，读到入情入理乃止。读诗、读词、读曲、读文章大都如此。诗、词、曲、文注重韵律，因之读法上更讲究韵读、吟唱。文章，品种繁多，一般作教材用的，大多是散文，包括记叙性散文和论述性散文，可归类读，取善本读。读得自然流畅，如行云之来去；读得清新自然，如雨露之滋润。比较高一级的“读”，属文学批评、文艺鉴赏之类的“品读”“评读”。诗话、词话、文话（文章例话之类）等等，都属这一类。而此处着眼于宋元之间的文学作品（包括宋诗、宋词、宋文、元曲）的阅读训练。前文已谈过蒙学中“读书法”，即一般通俗语文读物，如“《三》《百》《千》”等的“读”法。

下面从阅读的指导和方法上，简略地谈谈宋元时期的阅读训练。

宋代的教育是很发达的，教学方法也五彩纷呈。所谓的“读书穷理”“学贵有疑”“熟读精思”“记诵积累”“多闻阙疑”等等。从比较高一级的“诗话”“词话”“文话”来说，也有指导学习读诗、读词、读文的作用。如宋叶梦得的《石林诗话》里有一段品诗的体会：诗语固忌用巧太过，然缘情体物，自有天然，工妙虽巧而不见刻削之痕，老杜“细雨鱼儿出，微风燕子斜”（《水槛遣兴》），此十字殆无一字虚设；雨细着水面为沤（水泡），鱼常上浮而淰（音审，闪动），若大雨则伏而不出矣；燕体轻弱，风猛则不能胜，唯微风乃受以为势，故又有“轻燕受风斜”之语。

这点体会就十分亲切、深入。宋晁补之、胡仔的《词评》有一句：“秦少游如‘斜阳外，寒鸦万点，流水绕孤村’。虽不识字，亦知是天生好言语。”这话看似平淡，但却能把词句之美妙，一语道破。宋真德秀的《文章正宗》：“故今之所辑，以明义理切世用为主。其体本乎古，其指近乎经者，然后取焉。”这说明他选作读本的基本要求。他自己认为这里所选的文章才是正宗。读正宗文章，首要的就是把握它的义理，要经世致用了。除《文章正宗》外，还有《文章精义》（宋李涂撰），它以先秦、两汉、唐宋的名家名作为例，评点其文章写作的精到之处。《古文关键》（宋吕祖谦编），收辑了韩愈、柳宗元、欧阳修、曾巩、苏洵、苏轼、张耒等人的文章60余篇，逐篇说明作者写文章的关键所在。《文章轨范》（宋谢枋得编）收辑了汉、晋、唐、宋的文章69篇，分“放胆文”“小心文”两大类加以评点，提示初学者先写放胆文、再写小心文的道理。以阅读大量散文为目的，这些散文选本，对指导学生阅读、提高学生阅读水平大有好处。当然这些所谓“关键”“轨范”“正宗”也常囿于评点者的成见，而约束学生的思想，也应注意纠正。清《四库全书总目提要》评《文章正宗》曰：“四五百年以来，自讲学家外，未有尊而用之者，岂非不近人情之事，终不能强行于天下矣。”由此可见，这类评论，也只能作一个参考。

三、习字训练

习字，即写字练习，是传统蒙学的一个重要内容。凡儿童入小学发蒙，重要的一步是练习楷法写字。所谓楷法，即用楷书写字的方法。楷，有楷模、楷式的意思。遵循法则，可供作者楷模的标准字体，即曰楷书。楷书之产生，约在汉末魏初。后来官方文书所用的叫正楷。数寸见方的叫大楷，径寸见方的叫中楷，半寸以下的叫小楷。又有细如蝇头的叫蝇头小楷。

楷法写字，须经“描红”“影写”“临帖”几个阶段，讲作字四法、把笔四要等。这是一项非常重要的语文教育的基本功训练。

所谓“描红”，就是指在老师用红笔写的字体上依样一笔一笔地用墨笔描写（现在有印刷的描红字帖）。当时也有用“一去二三里，烟村四五家，亭台六七座，八九十枝花”这样通俗而又包含一至十的基本数目、韵律自然的诗歌作描红材料的。

所谓影写，就是古人所谓“影摹”，写影本。选择透明度较强的棉纸或薄皮纸（一种薄而透明的竹纸、荆川纸）覆盖在范本上进行书写练习。练习时，可用毛笔直接摹写，也可用铅笔顺着字体笔画先作间架性的细线勾勒，然后再用墨笔照铅笔勾勒的笔路摹写成字。影摹，便于体会前人字体的间架结构，做到大、小、高、低的规范化。

所谓临帖，就是使用字帖作摹写的范本。有两种临法：一是对临，即作范本字帖立着放在前面，看一个字写一个字，逐渐地看几个字写几个。切忌看一笔写一笔。二是背临，即先看字帖，再进行背临练习。这就要求在书写过程中心中想到所临字体的结构和笔法、字形特点等。经过这些基础训练之后，然后开始习作，即如同练习作文一样，先练造句，分段、布局，谋篇等训练之后，然后作文。在写字的“习作”过程之中，先要“小心”，然后“放胆”。

需要特别指出的是，习字与书法不是一回事。习字，是学生学习语言的一种基础练习；书法则是讲求字体结构和规律的一种实践与理论结合的法式训练。书法艺术，则是更高一级的创造性写字艺术。两者有联系，又有区别。不能要求小学低年级就作书法艺术训练。开始要学会写字的姿态、握笔的方法和腕肘的运用，其次要讲求汉字的笔顺、熟悉汉字的结构特点，然后学习读帖和临帖。大多数的汉字的笔顺，有一定的规律和顺序，习字训练一定要循序而渐进。

四、《朱子读书法》

《朱子读书法》是朱熹谈读书方法的书。前后分为四卷，约4万余字。乾隆四十六年校刊本“提要”上说：“其书本朱子门人辅广所辑……后洪与熙又因而补订之，以辅氏原本为上卷（即一、二卷）；而以所续增者为下卷（即三、四卷）。”就是说，这本书不是朱熹的原著，而是根据朱子“读书之要”，裙拾抄撮、归纳汇集而成。原本系由其弟子辅广（字汉卿）集编，新本系由张洪与齐熙增补。

元程端礼在《程氏家塾读书分年日程》里记载：“朱熹门人与私淑之徒，荟萃朱子平日之训而节取其要，定为读书六法：曰循序渐进，曰熟读精思，曰虚心涵泳，曰切己体察，曰着紧用力，曰居敬持志。”现分条加以略述，以利今人借鉴。

《编定朱子读书法原序》（四库全书·子部15卷）引晦庵（朱子别号）《观书有感》：

半亩方塘一鉴开，天光云影共徘徊。

问渠那得清如许，为有源头活水来。

昨夜江边春水生，蒙冲巨舰一毛轻。

向来枉费推移力，此日中流自在行。

书读得多，自然心明眼亮；如池塘有了源源不断的活水，水面就清亮得如明镜一般；如同一夜春水生发，蒙冲（即艨艟，古代战船名）巨舰，也好似一叶扁舟，不费一点力气地自由自在地在江中行驶。《原序》称赞朱子读书道：“秦汉以来知读书者众矣，然皆不足以与闻斯道之传。”“古圣贤非不言读书也，而每教人读书以穷理则至文公（即朱熹）而愈切。”陈希周问朱子读书修学之门径：“先生曰所谓读书者，只要理会这个道理。治家有治家的道理，居官有居官的道理，虽然头面不同，然只是一理。如水遇圆则圆，遇方而方，小处小，大处大，然只是一水尔。”这话说得十分通透。读书穷理，读书明道，算是朱子读书法的纲领。

第一，循序渐进。

这一条指读书必须按照次序，逐步推进。其“序”有二：一是群书先后缓急之序，一是每书诵读考索之序。他说：“群书先后缓急失其序，则迂回艰苦而不切于其身；每书诵读考索失其序，则匆遽急迫而无得于其心，皆非读书之法也。”他在二者之中，尤其重视每书诵读考索之序。群书之中，先《大学》，而后《论》《孟》，然后《诗》《书》《礼》《乐》《春秋》。看史先看《史记》《左传》，次之《汉史》，《三国志》，再次《资治通鉴》。每书诵读之序，他以答问的方式，回答读某书用某法，强调必须字斟句酌，仔细玩味。以《论语》《孟子》而言，朱子曰：

以二书言之，则先《论》，后《孟》，通一书而后及一书。以一书言之，则其篇章句字，首尾次第，亦各有序而不可紊也，量力所至，约其程课而谨守之。字求其训，句索其旨，未得乎前，不敢求乎后；未通乎此，不敢志乎彼。如是循序而进焉，则志定理明，而无疏易凌躐之患矣。

凡读一件便精这一件，一件看得精，其他书亦易看……大率学者喜博，而尝病不精，泛滥诸书，不若精熟于一也。有余力，然后及诸书，则涉猎诸篇亦得其精。盖以我观书则处处得益，以书博我，则释卷而茫然。

这段话，表明了读群书和读一本书的次序，特别是对如何读一本书，他有明确的态度。先弄懂字句，次了解旨意，再次明理定志，层层深入，有条不紊。所谓“博”与“精”，先读“精”，精了才能举一反三，“博与精”这也是一个次序问题，学者尚且病于“不精”，何况一般读书人。所谓“我观书”与“书观我”，意在强调读书要读进去。《朱子大全·读书之要》里说：“君子教人有序，先传小者近者，再后教以大者远者。”

又说："如攻坚术，先其易者而后其节目，如解乱绳，有所不通，则姑置而徐观之，此读书之法也。"在讲课时，也常常说："急不得，也不可慢。所谓急不得，功效不可急；所谓不可慢者，功夫不可慢。"《朱子语类》（卷七）要按部就班地读下去。

第二，熟读精思。

这一条指读书既要读得熟，又要精于思考。朱子曰：

凡读书且要熟读，不可只管思。读得通贯后而义理自出，读书须是成诵方精熟，今所以记不得，说不出，心下若存若亡，皆是不精不熟之患。看文字须入里面猛滚一番，要透彻方能得脱离。若只细细地看过，恐终久不能得脱离。此心又自不能放下也。大凡看文字若有晓不得处，须著下死功夫，直要见得道理是自家底方住。为学读书，须是耐烦细意去理会……去尽皮，方见肉，去尽肉，方见骨，方见髓，粗心大意不得。读书始读未知有疑，其次则渐渐有疑，中则节节是疑。过了这一番，疑渐渐释，以至融会贯通，都无可疑，方始是学。大疑则大进，小疑则小进。无疑者须要有疑，有疑者却要无疑。关了门，闭了户，把断了四路头，此正读书时也。

这段话，说明熟读之重要。不熟就无法活用。熟不熟，又往往与精思有密切关系。所谓精思，就是要把书读通。朱子要求学者读书要读到通透处，如同自己做出的一般。他在《读书之要》里说："大抵读书，须先熟读，使其言皆若出自吾之口；继之以精思，使其意皆若出于吾之心，然后可以有得尔。"所谓有得，就是得"理学"之要。

第三，虚心涵泳。

这一条指读书时要虚怀若谷，反复咀嚼，不能穿凿附会。朱子曰：

读书须是虚心平气，优游玩味。观圣贤立言本意，所向如何，然后随其远近浅深轻重缓急而为之说。大抵读书须是虚心，方得圣贤说一字是一字，自家只平着心秤他，都使不得一毫杜撰。

读书须虚心熟读，久之自有所得，亦自有所疑。今先寻个疑便不是。今人读书，多是心下先有个意思，却将圣贤言语来凑合，有不合，便穿凿之使合，如何见得圣贤本意。

这段话，先说读圣贤书不能杜撰，不能想当然。要像用秤去秤东西一样。次批评今人读书的穿凿附会和不虚心。他在《学规类编》里又说："读书之法无他，惟是笃志虚心，反复详说，为有功耳。近见学者，多是卒然穿凿，便为定论，或即信所传闻，不复稽考，所以日诵圣贤之书而不识圣贤之意，其所诵说，只是据自家见识，杜撰成耳，如此岂复有长进？"这段话的内在意义：读圣贤书，继圣贤志。不管他所崇拜的"圣贤"的标准如何，其"虚心涵泳"的修养功夫，总还是有可取之处的。

第四，切己体察。

这一条指读书穷理，当体之于身。就是说，读书穷理，要体现在自身的修养之上，要用切身的体会去读所有的书。朱子曰：

入道之门，是将自身入那道理中去，渐渐相亲，与己为一。而今人之道理在这里，自家在外面，原不曾相干涉。学者读书，须要将圣贤言语，体之于身。

读书不可纸上谈兵，要躬行践履。这是儒家传统的为学方法。他在《朱子语类辑略》里说："说诚意，直要意诚，修身齐家，皆非空言。今之学者说正心，但将正心吟咏一饷；说诚意，又将诚意吟咏一饷……如此为学，却于自家身上有何交涉。""切己体察"这段话的落脚点在："克己复礼，主敬行恕。"即所谓克制自己，恢复礼仪，内省心察，恭敬和顺，使人合乎封建的人伦道德标准。这是糟粕，我们应剔除。但读书要联系实际，特别是要联系自身的思想实际是正确的。

第五，着紧用力。

这一条指读书要抓紧时间，不能松垮。朱子曰：

宽着期限，紧着课程。为学要刚毅果决，悠悠不济事。且如发愤忘食，乐以忘忧，是什么精神，什么筋骨？今之学者，全不曾发愤，直要抖擞精神，莫要昏钝，如救火治病然，岂可悠悠岁月。为学如撑上水船，一篙不可放缓。

这段话，首明读书要抓紧，次说态度要坚决。说坚决时，举了两个例子：一是读书如救火，一是读书如撑上水船。救火就不能慢，要急着去办；撑上水船就不能松劲儿，要有咬劲，咬住不放，才能逆水而上。比喻生动、深刻。

第六，居敬持志。

这一条指读书要专静纯一，全神贯注，同时要有远大志向，不能瞎读书。朱子曰：

程先生（颐）云“涵养须用敬，进学则在致知，此最精要。方无事时，敬以自持，心不可放入无何有之乡，须是收敛在此。及应事时，敬于应事；读书时，敬于读书，便自然该贯动静；心无不在”。今学者说书，多是捻合来说，却不详密活熟，此病不是说书上病，乃是心上病。盖心不专静纯一，故思虑不精明，须要养得虚明专静，使道理从里面流出方好。

所谓居敬，就是收放收，精神专一。他又说：“收敛此心，这便是敬。”朱子首先引程颐的话，突出表明“致知”的重要，次从无事时与应事时（即学时与未学时）的两种不同情况，分别采取静时当静、动时当动的态度，即读书时就要专心纯一的读书，一字一句、处处留心。再次以今之学者读书的心病，劝告后人要虚明专静，深刻体会出书中道理。他在《朱子语类》卷十、十一里又说：“人做功课，若不专一，东看西看，则此心先已散了，如何看得道理出。须是一棒一条痕，一掴一掌血，看文字要当如此，岂可忽略。”这一条，他认为最为根本。他说：“为学之道，莫先乎穷理；穷理之要，必在于读书，读书之法，莫贵于循序而致精，而致精之本，则又在居敬而持志。”

总之，朱子读书法，是他作为一个理学家读书的切身体会，在语文教育史上有一定的价值。

第六节　明清时期的语言教育

一、幼学教材略说

随着私学、义学、社学的普遍发展，幼学教材也便多种多样。过去所广为流传的《三》《百》《千》，以及《诗经》《蒙学》《神童诗》和《四书》，仍然是幼学的重要教材，不过明清时期又有《三》《百》《千》的改编本、续编本。这些本子，或流行于某地，或流行于某时，但都不及原来的流行广。

《三字经》改编本，有清初黄周星的《新编三字经》，道光年间连恒的《增补注释三字经》，光绪年间蕉轩氏、王晋之、张谐之重订的《广三字经》，同治年间余懋勋的《三字鉴》，光绪年间江翰的《财务三字经》以及后来章炳麟的《重订三字经》等。

《百家姓》改编本，有明初洪武年间吴沉、刘仲质的《皇明千家姓》，收单姓 1 768，复姓 200，共 1 968 姓，2 168 字。它是以“朱”姓打头的四言韵语：把原来打头的“赵钱孙李，周吴郑王”，改为“朱奉天运，富有万方”。康熙年间张瑜笺注的《御制百家姓》，改用“孔”字打头：“孔师阙党，孟席齐梁”。

《千字文》的改编本，有周履靖编的《广易千字文》，李登编的《正字千文》，清何桂珍编的《训蒙千字文》。还有一种汉文、梵文、日文对照的《梵语千字文》等。其中《正字千文》，顾名思义，在于正字，如戉、戊、戍、戌，胄、冑，母、毋，折、拆小异，析、柝微分。

明清时期流传的杂字书种类很多，如《益幼杂字》《鳌头备用杂字元龟》《群珠杂字》等，四言、五言、六言的都有。这些杂字书，与宋元时期的杂字书，也有渊源关系。

清王相编《女四书》（包括《女诫》《女论语》《内训》和《女范捷录》）；清李毓秀编的《弟子规》；清无名氏的《昔时贤文》（又称《古今贤文》《增广》）；明吕得胜、吕坤父子编的《小儿语》《续小儿语》；明萧良有撰、夏广文注、杨臣诤增订的《龙文鞭影》（包括李晖吉等编的《龙文鞭影二集》）；明程登吉编的《幼学须知》（又名《成语考》《故事寻源》）；清邹圣脉增补注释的《幼学琼林》；明末清初许遁翁编的《韵史》；明孝廷机编的《五言鉴》（又称《鉴略妥注》）；清王仕云编的《鉴略》（又称《鉴略四字书》）；清张应鼎著、柯龙章注的《纲鉴咏略》；清王筠的《文字蒙求》等。其他还有《名物蒙求》《算学歌略》《地球韵言》等。总之，一切为了好懂易记，有利儿童学习。自然，这些幼学教材，就其思想教育意义来说，封建糟粕是很多的。历史学家周谷城在《传统蒙学丛书》序里说：

“产生和流传于封建社会的蒙学书，同样属于封建文化的范围，其局限性和落后性自不能免；但无论如何，它们绝不比庙堂之文，大雅之作更加局限和落后。有的蒙学书能够长久流行，为社会长期接受，在传授基本知识，进行道德教育，采取易于上口易于记忆的形式等方面，确实有其长处和优势，是不能也不应一笔抹杀的。”

下面简略介绍几本幼学教材，作为我们研究的借鉴。

（一）《弟子规》

《弟子规》是以学规、学则形式向蒙学儿童进行封建伦理道德教育的启蒙课本。这本书对《论语》中孔子的一句话“弟子入则孝，出则弟，谨而信，泛爱众而亲仁，行有余力，则以学文”作了通俗的解说。这是清朝中期以后流行最广、影响最大的三言课本，共1 080字，比原《三字经》还要受欢迎。

全书分为五部分：总序；入则孝出则弟；谨而信；泛爱众而亲仁；行有余力则以学文。对每一部分所作的解释，都比较通俗易懂，字数少，易记忆，而且语句和谐流畅。自然，那些解释，大都本于孔孟的封建伦理道德，毒害童子的思想心理。但其中也还是有某些可取之处。例如在解释“入则孝出则弟”时，有这样的话：“事虽小，勿擅为，苟擅为，子道亏。物虽小，勿私藏，苟私藏，亲心伤……亲有疾，药先尝，昼夜待，不离床……或饮食，或坐走，长者先，幼者后……称尊长，勿呼名，对尊长，勿见能。”对父母、对长者，要有礼貌；不要做亏心事，今天仍应如此。在解释“谨而信”时，有这样一段关于言谈的："凡出言，信为先，诈与妄，奚可为？说话多，不如少，惟其是，勿佞巧。刻薄语，秽污词，市井气，切忌之。见未真，勿轻言，知未的，勿轻传。事非宜，勿轻诺，苟轻诺，进退错。凡道字，重且舒，勿急疾，勿模糊。"说话要真诚，不要虚妄，是可取的。关于"泛爱众而亲仁"的，有如下几句："凡是人，皆须爱。天同覆，地同载。行高者，名自高，人所重，非貌高。才大者，妄自大，人所服，非言大。"要相敬相爱不要妄自尊大，是可取的。关于"行有余力则以学文"的，有这样一段："读书法，有三到，心眼口，信皆要。方读此，莫慕彼，此未终，彼勿起。宽为限，紧用功，工夫到，滞塞通。心有疑，随札记，就人问，求确义。房屋清，墙壁净。几案洁，笔砚正。墨磨偏，心不正，字不正，心先病。"这些读书用功、磨墨习字的方法，还是可取的。

（二）《龙文鞭影》

《龙文鞭影》是明朝蒙学读物，到清朝中叶以后更为流行。原书名为《蒙养故事》，是介绍自然知识、历史典故的蒙学读本。书名取其象征意义。"龙文，良马也，见鞭影则疾驰不俟驱策而后腾骧也。"意思是：学童学好了，有如骏马，不待老师鞭策，可以一日千里。杨臣诤在增订的《龙文鞭影》叙中说："《蒙养故事》（即《龙文鞭影》）取古事之相类者，摘而成偶，又各谐之以韵，聪慧者日可数十事，迟钝者亦可日数事，不似声杂无伦者之难可强记也。"例如，卷一的"一东"前四句："粗成四字，诲尔童蒙，经书暇日，子史须通。""蒙""通"是谐“东”韵；叙编本书的宗旨：海蒙，即教导幼童学习经、史、子诸书，接着从古到今，选择一些有名的人物或事件来说，人物如周公、孔子、管仲、晏婴、孙武、诸葛亮、司马迁、李白、华佗、岳飞、包拯、海瑞……事件如孟母断机、欧母画荻、毛遂自荐、荆轲刺秦、鹬蚌相争、红叶题诗、董永卖身……几乎涉及政治、军事、文艺、儒林、方术、怪异等多方面的人物和事件，是一本无所不包的百科全书。

（三）《幼学琼林》

《幼学琼林》，顾名思义，也是一本幼学用书。琼，比喻美玉；琼林，比喻美好如玉的书库。书名由原来的《幼学须知》《成语考》转变而来。可见其重视程度。此处所采用的是清邹圣脉增补的本子《幼学故事琼林》。人们常说：“读了《增广》会说话，读了《幼学》会看书。”这话有一定道理。所谓“会看书”，就是看得懂，看得快。要懂、要快，就非有一些基本知识和基本能力不可。这本《幼学》，涉及的知识面就相当广泛。全书分为四卷。卷一包括天文、地理、岁时、朝廷、文臣、武职。卷二包括祖孙子女、兄弟、夫妇、叔侄、师生、朋友宾主、婚姻、妇女、外戚、老幼寿诞、身体衣服。卷三包括人事、饮食、宫室、器用、珍宝、贫富、疾病死丧。卷四包括文事、科第、制作、技艺、讼狱、释道鬼神、鸟兽、花木。共三十余类，带有很大的综合性，是一本以两两相对的骈语形式介绍自然、社会、历史、伦理等常识的知识性课本。例如卷一的天文篇开头几句：

混沌初开，乾坤始奠，气之轻清，而上浮者为天，气之重浊，而下凝者为地。

意思是：宇宙的元气开始分阴阳以后，天地才有确定的位置，元气轻而且清新的，往上浮便构成了天，元气重而且浑浊的，则往下凝结便构成了地。这就是自然现象表现出的东西。阴阳乾坤上浮下凝，都是属于天文知识范围的东西。又如时序篇开头两句：

爆竹一声除旧，桃符万户更新。

相传用火烧竹，有“毕剥”声，可以驱鬼，后来借用燃放爆竹，点缀喜庆盛况。桃符，是桃木做的两块木板，上画神荼和郁垒二神像，相传是压邪的。这是一个新年故事，点出《荆楚岁时记》，后来就把门前贴的春联作为“桃符”。这是有关社会风俗、人情世态的典故。它一直流传到今天。还有许多有关神话传说、历史故事、人物掌故的对句，如“以蠡测海喻人之见小，精卫衔石比人之徒劳”；“刎颈交相如与廉颇，总角好孙策与周瑜”；“苻坚自夸将广，投鞭可以断流；毛遂自荐才奇，处囊便当脱颖”。这些对句，就是后来流行的成语典故：“精卫填海”“刎颈之交”“总角之好”“投鞭断流”“脱颖而出”。有的释文，比较简洁，如无言曰“缄默”，息怒曰“霁威”，大笑曰“绝倒”，众笑曰“哄堂”，彼此不合曰“龃龉”，欲进不前曰“趑趄”，受人牵制曰“掣肘”，不知羞愧曰“汗颜”，赞襄其事谓之“玉成”，分裂难完谓之“瓦解”，“管中窥豹”所见不宽，“坐井观天”知识不广，事先败而后成曰“失之东隅收之桑榆”，事将成而终止曰“为山九仞，功亏一篑”。称教馆曰“设帐”，又曰“振铎”，谦教馆曰“糊口”，又曰“舌耕”。弟子称师之善教曰“如坐春风”，学业感师之造成曰“如沐化雨”。

（四）《鉴略妥注》

原称《五言鉴》。这是一本用五言韵语叙述古今历史的蒙养教材，也可以说是一本浓缩了的纪传体初级历史课本，分上、中、下三卷。上卷包括：三皇纪、五帝纪、陶唐纪、有虞纪、夏后氏纪、商纪、周纪、春秋纪、战国纪、秦纪。中卷包括：西汉纪、东汉纪、三国纪、西晋纪、东晋纪、南朝宋纪、南朝齐纪、南朝陈纪、隋纪。下卷包括：唐纪、下唐纪、五代纪、梁纪、唐纪、晋纪、汉纪、周纪、宋纪、南宋纪、元纪、明纪。例如秦纪，就把秦朝许多历史事实，浓缩在72句话，360个字之中。

秦始皇登基，并吞为一国。更号皇帝名，言词称曰诏。
焚书坑儒士，欲把儒风灭。孔道被伤残，孔墓被毁掘。
北塞筑长城，预备防胡贼。西建阿房宫，势与天相接。
后被楚人焚，烟火连三月……
二世登帝基，蒙蔽多昏愚。赵高内弄权，李斯被其垓。
腰斩咸阳市，宗枝皆族灭。指鹿以为马，群臣畏莫说。
由此坏朝纲，国败于胡亥。秦欲万世传，未及三世撤。
……
项羽与刘邦，两意相交结。共立楚怀王，举兵攻帝阙。

……

项羽力拔山，一怒须如铁。恃己多勇才，不用谋臣策。

唯有一范增，见弃归田宅。垓下被重围，楚歌声凄切。

起舞于帐中，泣与虞姬别。非不渡乌江，自愧无颜色。

拔剑丧其元，兴亡从此决。

以上这一段五言鉴，包括了不少故事：始皇吞并六国、焚书坑儒、火烧阿房宫三月不绝、收天下兵器筑十二金人；二世登基赵高专权、指鹿为马；楚项之急、鸿门之宴、张良纳履、韩信受辱（胯下）；项羽垓下之围、四面楚歌、霸王别姬等故事，三言两语，要言不烦，而且讲究了当时的韵语，便于记诵。

除了以上四种蒙学教材外，还有一本流行最广的《昔时贤文》，又称《增广》。“集韵增广，多见多闻”。书中有许多话至今口头流传。如“少壮不努力，老大徒伤悲”；“由俭入奢易，由奢入俭难”；“路遥知马力，事久见人心”；“人老心不老，人穷志不穷”；“责人之心责己，责己之心责人”；“近水知鱼性，近山知鸟音”；“近水楼台先得月，向阳花木早逢春”；“画虎画皮难画骨，知人知面不知心”；“一年之计在于春，一日之计在于寅，一家之计在于和，一生之计在于勤”……

总之，这些幼学教材，是古代语文教育史的宝贵资料，有其历史意义和研究价值。作为一种普及自然知识和社会知识的通俗读物来看，它所发挥的作用是不可低估的；它在识字、阅读两方面，对小学生语文能力的培养，作用也是不可低估的。在运用韵语和对偶，简化语言、综合各种知识方面，也有其可资借鉴之处。但它也有许多糟粕，如封建性的伦理思想、僵化死板的文字等。

二、《文字蒙求》与写字训练

明末清初，顾炎武、王夫之等人倡导汉学，开清代研究“小学”之风，乾隆嘉庆年间，汉学鼎盛，在小学研究方面，名家辈出。王筠的《文字蒙求》是专为儿童初学文字而编写的，是四大家中唯一注意文字普及工作的汉学家，很注意儿童的语言文字的基本训练。

王筠（1784～1854），山东安丘人，字贯山，号菉友，道光元年举人，他在文字学方面造诣很深，能综合前人的各种学说，而加以去取，并有自己的见解。《文字蒙求》序：

人之不识字，病于不能分。苟能分一字为数字，则点画必不可增减，且易记而难忘矣。苟于童蒙时先言知某为象形、某为指事，而会意字即合此二者以成之。形声字即合此三者而成之，岂非执简御繁之法乎。

这段话的意思就是将字加以分解，明确某字是象形字，某字是指事字，某字是会意字，某字是形声字。这样，就易记难忘了。全书分为四卷，一卷，象形，共 264 字。二卷，指事，共 129 字。三卷，会意，共 1 260 字。四卷，形声，共 391 字。补阙 14 字。“总四者而约计之，亦不过两千字而尽。当小儿四五岁时识此两千字非难事也，而于全部说文九千余字固已提纲挈领，一以贯之矣!”可见儿童识字重要，只要得其法并不难。

了解文字的构成，对于写字教学是大为有益的。识字与写字，自来都是古人训蒙的基本内容。关于写字的基础知识和基本训练，前面好几章都谈到了，这里只就此时期写字的几个要领来谈。

其一，练习基本笔画；其二，把握基本体式；其三，遵循基本写法。

此外，还要注意训练的步骤：把腕—描红—描影—跳格—临帖，等等。把腕，即扶手把腕润字；描红，照着红底字描写；描影，盖着影本在纸上描写；跳格，跳过格子照着仿写，即上格为字帖，下格为习字者写习的空格；临帖，即采用一种字帖作范本的临摹。练习书法，初学宜写米字格或田字格。也有主张用回宫格、九宫格的。唐彪在《读书作文谱》一书中，专章谈“书法”的要领。

三、《幼训》《少学》《学海津梁》

这是清代学者崔学古论语文教育（包括识字、写字、读书、作文、修身、习礼等方面教育）的三本幼学书。

《幼训》一卷，分 27 节：爱养、量资循序、分任、不假言笑、鼓舞、赏罚、幼戒、习揖、习立、习坐、司饮食、识字、敬书、点书、教书、念书、探书、带书、理书、默书、兼理、背书、讲书、润字、临仿本、作对、余课。这是崔学古长期从事蒙馆教育的经验总结。

关于读书，他提出了如下要求：

毋增、毋减、毋复、毋高、毋低、毋疾、毋迟。

就是说，读书不要增加字，也不要减少字，一字一声，字字有着落；读书也不要漫不经心，重重复复的不成句读地念来念去；读书更不宜忽高忽低、忽快忽慢的浪漫读去，高低快慢要与文章的情景相符合。

关于识字，他提出了如下要求：

识字，第一，分纸上识字、书上识字二法。何谓纸上识字？凡训蒙勿轻易教书。先截纸骨方广一寸二分，将所读书中字，楷书纸骨上；纸背再书同音，如“文”之与“闻”，“张”之与“章”之类，一一识之。何谓书上识字？凡教生书，先令本生就书上字，逐字挨认，遇不识字，用硃笔圈出，又用墨笔写在书头，最为易记。又有辨字一法，如“形”之与“刑”，“扬”之与“杨”，声同而笔画边旁不同；如“己”与“已”……字同而用之不同；又“星”之与“心”……声近而用舌、用齿又不同。诸如此类，必细辨之。

这一段讲的是识字法和辨字法，识字法分纸上识字与书上识字两种：纸上识字，其实就是今天的卡片识字；书上识字，就是字不离词、词不离句的认读方法。所谓纸骨，就是纸片，大小一寸二见方。以字注字，这是古人注音识字的方法，可见用心良苦。自然，今天没有多少指导教学实践的意义。不识之字，用硃笔圈出，以强化记忆。硃笔，即朱砂作墨水的写字笔。

辨字法种种：音同形异（如形、刑）、形同义异（如已、己）、音近义异（如星、心）等。今天使用注音符号识字，用新的正字法，就容易辨别清楚。作为一种正音正字的教学法，还是有一定创造性的。

关于教书，他提出了如下要求：

书忌口传。或不论生徒敏钝，教至数十遍，甚则师口一停，徒亦默然者；不知儿童止用口耳，不用心目，虽滔滔背读，倘摘指一字，则茫无以应也。如上挨认字数遍后，口授十数遍，或数十遍；数十遍中每教两三遍，须令自读一遍，再教……又教书时，缓缓朗诵，勿恃自己书熟，令童子追读不上。又教时，便将书又粗粗训解，难者罕譬曲喻，令彼明白，则后来受用。

所谓“书忌口传”，就是反对老师一味口头讲授。书，要求儿童自己反复诵读琢磨，口诵心惟，不仅用“耳口”，还要用“心目”。在教读过程中，有领读（师口）、有唱读（口授数遍）、有自读、有背读、有默读、有追读、有朗读……这些方法，还是可以借鉴的。这段话，还谈到了诗歌的教读法：分步法；朗声读；浅句释义，难句曲喻，也就是说，容易理解的句子，浅显的解释一下即可；难懂的句子要用委婉曲折的方法、打比喻的方法加以说明。

《少学》一卷，分督责初功，开示路数、八法，五要，四十字诀，行文变化六部分，基本上是论述作八股文的方法。但是也有指导读书作文的参考价值。关于读书、教书的，有如下几段可供参考：

凡读文，亦可略仿读书法，探读数遍，篇只求明，不先求熟；明则自然易熟；明后复讲完篇。或正在读时，提一句，责令自讲，讲后再读，熟后再温。得趣全是涵泳。

这段话，谈到“探读”“熟读”“温读”教法，对今天阅读教学仍有启发。所谓“探读”，就是试探性阅读，即了解大意的阅读、把握纲领的阅读。这时，只求明了，不求精熟。现在的略读，大概就是这个意思。所谓“温读”，就是温习性阅读，即由明到熟，也就是今天所说的“品读法”。品来品去，就品出滋味来，品出趣味来，即崔学古所说的“得趣在涵泳”。

讲者，讲其实意，初讲时用之。“贯”者，贯其神理，有贯串之意焉。如一章以一句贯，一句以一字贯。又如一字，在《书》如是解，推之《易》《诗》《书》《礼》《春秋》，亦如是解，又有缕析之意焉。

这段话专谈“讲”法，实际上重点再谈“贯”法。现在有许多人以为古人只会“讲”，不善“贯”，只“讲”不“贯”，这是死讲，没有一定讲的“灵气”。在讲读法里，这个“贯”法是很值得学习的。所谓“贯其神理”，就是把文章的内容（血肉灵魂）与文章的形式（语言文字）融会贯通起来。“贯”则“通”，“通”就容易读懂、读熟，并灵活运用。

《学海津梁》对阅读和写作教学，有如下一些观点可资借鉴：

首先以读促写、以写促读。读书要有所领悟，领悟要来源于对字、词、句的真正理解。读、写二者要紧密联系。他说：

通于《易》，其文必深；通于《诗》，其文必逸；通于《春秋》，其文必断制，通于《礼记》《周礼》，其文必典雅……学者多以作文、看书分为二项，故二者胥失之。不知二者虽有操觚之辨，总之去皮，见骨、见髓，要以得解为止，非有二也。

所谓“断制”，就是“决断”。所谓“操觚”，就是手持木简。古人有云：“操觚赋诗，千百言不休。”意思是：对于阅读和写作二者哪方面重要，虽千百万言争论不休，但看对语言文字的真正理解，二者没有严格的界限。

其次要修炼字句。他说：

一字粗，即一句不雅；一字腐，则一句不新。作文知炼字，使观之如明霞散锦矣……文字虽以意为主，然词亦不可不修。盖词以达意，词不修，则意不能达矣……故句之粗者，须修之而细，俗者须修之而雅，陈腐者须修之而清新，嫩弱者须修之而苍劲，音拗者须修之而谐和，句硬者须修之而顺畅。大抵句法，贵浅显、贵典雅、贵流丽，方音节谐和，有玉振金声之韵……

这段话主要谈文章的修改。修改，明显地表现在文词上，然而又不单是文词上的修改，还有文意的修改。所谓“雅”“新”，所谓“清新”“苍劲”，所谓“典雅”“流丽”“谐和”，都不是单纯的文词问题，而是与文意紧密相关的。文章修改得好，就如同“明霞”、如同“散锦”、如同“金声”“玉振”，这是十分美好的境界，实应追求。

四、《家塾教学法》

《家塾教学法》，是清初教育家唐彪的一套谈家塾语文教育的辑著。说它是“辑著”，因为它带有语录体式，有辑录的特点。它包括指导塾学童蒙语文教育的《读文作文谱》和诱导家庭子弟识字念书的《父师善诱法》。

《读书作文谱》分为十二卷。

第一卷，谈读书作文的“根本工夫”，即教学目标，包括“学基”“文源”“读书总要”三节。“学基”论学习的根本出发点（基地）：静。“文源”，论文学的渊源要深。“读书总要”主要是论读书的方法和技巧。书分五类，要区别缓急、高下来读：“有当读之书，有当熟读之书，有当看之书，有当再三细看之书，有当备以资考查之书。”既有“博学”，又有“约学”；由学会博返约。读书有温读法、删读法、急读法、重读法、略读法等。所谓“温读”，就是温习性的读，不再草草读过了事；所谓“删读”，就是读删节本，把当读的与当阅的分开；所谓“急读”，就是迫切需要的要急读，他举的例子是《孝经》，可见其标准在儒家礼教；所谓“重读”，就是重在读经，次则读史；所谓“略读”，就是为了博览。经之外，还要读“史”、读诸子、语录、杂记等。

第二卷，谈阅读方法。包括十四小节：看书总论；能记由于能解；讲书、看书当求实际，不可徒藉讲章；看史实际并要诀；看书须熟思又须卓识；读书、作文当阙所疑，看书进一层法；书文标记、圈点、评注法；看书会通法；看书须分界线、段落、节次；看书分层次法；看书考查审问、更当虚心体认，不可参入偏见；论古人读书同异之故；成人讲书之法及问难之理。

第三卷，谈求学之道。包括八小节：读书、作文总期于熟；课程量力始能永久；为学有优游渐积一法；学有专攻深造之法；深思；下问；请问大儒之法；良师友切磋之法。所谓为学的“优游渐积”法，就是根据自己的身体情况，日积月累的慢慢读去，不求速成。关于“下问”，他打了一个比喻：“譬如燃灯于一厅之上，灯一二盏，则止能照一二席地……若燃灯数十余灯于一厅之上，则一厅无不照矣！凡一人之聪明才智，止如一二盏之灯，安能照天下之事理？好问而并十人之聪明才智于我，譬如燃十盏之灯……自然于天下之事理无不明矣！”

第四卷，谈写字和书法。

第五卷，主要谈读文章与做文章的方法。包括十四小节：文章宜分类读；读文不可一例（不可以一律一体为到家）；读文贵极熟；读文不可有弊病；读文贵极佳；风气转移、文章新旧；读文贵深造，不可贪多；文章阅读评注之法；文章唯多做始能精熟；文章全藉改窜；作文有精研一法；作文上乘工夫；三先生读书实事；补遗改窜法。概括言之，这一卷主要谈文章，实际上侧重在八股文章的读法和做法上。其读法有：分类读；边读边注，边注边评；贵佳、贵熟、贵深造（读得精和深）；不可专趋一体，不可竭力趋时。所谓分类读，即从义理分类，从作法分类。从义理分类者，“如学问也、政事也、君道也、伦纪也、言行也、道德也、才艺也、德业品诣也、典制也、物类器用也、历境处事也 、观人也、教术也、感慨也……”从作法分类者，“如单题、单问答题、长问答题、先答后问题、诘问题……此若干题者，各有作法，宜分部集之，以求其作法之所在也”。所谓“按需读”，即按照需要来读，“譬如吴绫蜀绮，非不甚佳，然有以备服饰之需即足矣。设爱博而多购之，十部其数，则财力有限，必需之物，反致缺少，害可言乎!”所谓“边读边注、边读边评”，即阅读时要动手注解和评判。“如阐发题前，映带题右，发挥某节、发挥某句、发挥某字，及宾主浅深开合顺逆之类，凡合法处皆宜注明，再阅时，可以不烦思索而得其中详悉”。所谓“贵佳”，即读好的文章“传世”之作；“贵熟”，即读得烂熟，“读之至熟，阅之至细，则彼之气机，皆我之气机，彼之句调，皆我之句调，笔一举而皆趋赴矣”；“贵深造”，即熟读精思，忌贪多，“虽读百，不如十也。”所谓“不专趋一体，不力趋一时”，就是“浓淡虚实，长短奇平”的各种体裁风格特点，都应学习；不仅要读“传世之作”，还要读“应世之文”，竭力赶时髦、专读时文是要不得的。谈作法的有：多作、精研；集中时间作（集中作文）；长期反复改、看名家的作文原稿与点窜修改稿等。“多读，乃藉人之工夫；多作，乃切实求己工夫。”“人于一日之间，文或不佳，必不可生退怠心，更不可将所作毁弃，迟数月，仍以其题再作，有一篇未是之文，反触其机，即有一佳文出焉。此中妙境，惟亲阅历者，乃能知也。”他列举了三先生集中作文的例子：其一，排除一切杂事，终日坐想题目；其二，坐五柳堂，终日作文；其三，在西山静坐一年，后连作文百日，文章杰迈。又举例说：“读欧阳公文，疑其随意写出，不假斫削工夫，及见其草，修饰之后与始落笔有十不存五六者，乃知文章全藉改窜也。欧公尚然，人可以悟矣。”

第六卷，侧重谈文体（主要指八股文）写作。分八小节：临文体认工夫；布格；时文有取用、自撰两端；修辞；论文疏密、长短、奇正；作文引用经史典故；论应试文；临场涵养。

第七卷，谈古文、时艺两种文章的作法技巧。比较细致地谈八段文的技法。

第八卷、第九卷，专论八股文的各种命题形式和写作程式，以及所采用的作文对策。

第十卷，谈古文评论。包括《左传》《公》《谷》《檀弓》《孟子》《国策》《庄子》《史记》、董文、韩文、柳文、欧文、曾文、老苏、大苏，最后总评。

第十一卷，列举了科举考试的一些体裁（如策体、经论体、表、判）和45种制艺的实用文体（如记、志、纪事、序、小序、说、原、议、辩、解、文、传、碑文、行状、墓志铭、墓碑文、墓表、赋、书、箴、铭、颂、赞、祭文、吊文、笺、制、诰、诏、敕、檄、露布、规、戒等）。

第十二卷，介绍各类诗体的来历及其特点，包括乐府、乐府歌行、近体歌行、五七言古诗、杂言古诗、近体律诗、排律、绝句、六言诗、和韵诗联句诗、诗余等。

《父师善诱法》分上下两卷，上卷十三节：父兄教子弟之法；尊师择师之法；学问成就全赖师传；明师指点之法；经蒙宜分馆，师不宜转换；学生少则训诲周详；教法要务；读书分少长又当分月日多寡法（读书分年月先后，工夫分多寡法）；父师当为子弟择友；损友宜远（远避品质不好的同学）；劝学；字画毫厘之辨（下列形体相近的字232个）。概括言之，无非谈教师、谈教材、谈教法。对教师，谈了尊师、择师、明师；尊师不仅尊敬经师，还要尊敬蒙师；蒙师待遇甚薄，要加以改变；千里寻师问业；师不宜轻换，后师与前师要联系等。对教材，谈了读诸经与读时文的关系；读经史与读古文的关系；判、表、策、论等制举之文的学习安排；教材的认真选择等。对教法，谈了父兄要及时检点子弟之课业；学生宜少，少则训诲周详；教法要严，严则专心致志；讲解宜简省，辨字盖在毫发；乘少年多加鞭策，则事半功倍；等等。

下卷分十六节：童子初入学；童子最重认字并认字法；教授童子书法；童子读书温书法；读书讹别改正有法；童子读注法（附古人大文与小注分读法，附《四书》正文大注小注字总数）；觅书宜请教高明；背书宜用心细听；童子学字法；童子宜歌诗习礼；童子讲书复书法；童子读古文法；童子读文课文法；改文有法；童子宜学切音；教学杂条。附：不习举业子弟工夫；村落教童蒙法。概括言之，重点谈教法、学法，作文、改文和识字、写字的方法。

教法最可取的经验是：初次教读，宜极缓，令童蒙听得句句分明，看得字字周到；讲明句读之间的界限，极长之句，老师可加读点，权作句读；教读宜分出层次，先易后难，先读短文，后读长文；先读时文后读古文（先唐宋后秦汉）；教读诗、文宜重平仄音韵，“毛诗者，商周之乐章也，所重在音韵。习《诗》者，惟叶韵读之，始能得其神理，而益我之性情”。孔子曰：“《诗》可以兴，盖谓此也。”其他，如质疑问难、奖勤罚懒、聚精会神等。

学法，即童子自学的方法，其中有不少可取处：读善本，即选择好的读本；读精品，即选择好的文章；读注解，即读正文时，还要注意读注疏；读正确，即读正文时，字音读准、句读分明；温书有法，即设筹记所读遍数，定额标记“温”“习”“熟”的次数；背书有法，即认真背、教师仔细听，防止背书的种种弊端，如蒙混过关等。

总之，唐彪这套《家塾教学法》，比较全面地论述了语文教育的许多问题，对后世语文教育具有一定的借鉴意义。

五、《教童子法》

这是清末文字学家、语文教育家王筠的一篇论指导小学识字、写字、读书、作文、作诗的方法的论文，旧附《四书说略》之后；以后又收入《灵鹣阁丛书》第一集。在晚清的蒙学教育中，有相当大的影响。

论文采用的类似“教学札记”的形式，想到那儿写到那儿，文字也比较活泼，是他自己教学经验的总结，包括指导学生辨声、识字、属对、作诗、读文、作文、写字。归纳起来，如下几条经验是有普遍教育意义的。

第一，识字的经验。“蒙养之时，识字为先，不必遽读书”。古人读书，先从识字开始，启蒙阶段，多取集中识字方法。怎样教识字？“先取象形指事之纯体教之”，如日月字，即以天上日月告之；识上下字，即以在上在下之物告之。纯体字既识，乃教以同体字，又须先易讲者，而后及难讲者。讲又不必尽说正义。学生认识千余字后就可以开始讲解，认识两千字后可以开始读书。到八九岁神智渐开，可以教四声、虚实、韵部、双声、叠韵、兼教属对，每日教一则成语典故。识字，有识字的方法：剪裁一张张方寸大小的纸片；每片纸上，正面写楷体字，背面写篆体字。“独体字非篆不可识，合体则可略”。他说：

既背一授，即识此一授之字，三授皆然。合读三授，又总读之，三日温书，亦仿此法，勿惮烦，积至五十字，作一包。头一遍温仍仿此法，可以无不识者矣；即逐字解之，解至三遍，可以无不解者矣；而后令其自解，每日一包。此无上下文，必须逐字解，则茁实；异日作文，必能逐字嚼出汁浆，不至滑过。既能解，则为之横解。同此一字，在此句作何解，在他句又作何解，或引申，或假借，使之分别划然，即使之展转流通也。

这样的反复识字，或直解，或横解，连日积累，归类分档，然后分类过关，几乎把一个个字嚼出“汁浆”来，真是下苦工夫、下真工夫。

第二，读文经验。要先易后难，要圈点涂抹，要熟读并要“心过”。他说：

才高者，全经及《国语》《国策》《文选》尽读之，即才钝亦《五经》《周礼》《左传》全读之，《仪礼》《公》《谷》摘抄读之。才高者，十六岁可以学文，钝者二十岁不晓。初学文，先令读唐宋古文之浅显者。

读文的要求不同，读的内容也不同。初学，是从唐宋古文入手的。读文，就要学会圈点涂抹，学会写眉批尾批。

即读经书，一有所见，即写之书眉，以便他日涂改；若所读书都是干干净净，绝无一字，可知是不用心也。

圈抹（涂改）工夫，是读书的切实工夫。圈其所抹，抹其所圈，就是读书的一大进步。他还主张读书要“心过”。“我有二十篇熟文，每日必从心里过一两遍（不可出声），若只是从唇边过，则不济事。”

第三，作诗、作文的经验。有步骤，讲“放收”，求“脱换”。

第四，学字的经验。不可早，先学大字再学小字，还要注意“字品”。

第五，教者和教法方面的经验。不能把学生视为“猪狗”，视为“废才”“弃才”；要“步步着实”“约取实得”；要善诱、善问；要时时事事耐心教之；连号读法等。他说：

学生是人，不是猪狗；读书而不讲，是念藏经也，嚼木札也。钝者或俯首受驱使；敏者必不甘心。人皆寻乐，谁肯寻苦？读书虽不如嬉戏游乐，然书中得有乐趣，亦相从矣。

这里强调“乐学”，与我们今天倡导的“快乐教学法”比较相似。

第二章

结构主义语言学

第一节　结构主义语言学产生的背景

一、索绪尔以前的语言学

索绪尔是结构主义语言学的鼻祖，他的理论思想和方法奠定了结构主义语言学的基础，但是索绪尔的语言学思想不是凭空产生的，是在前人语言研究的基础上继承和发展而来的。从整个语言学史来看，他的语言学思想以及在他思想的影响下产生的结构主义是语言学史这个链条的重要的一个环节。那么，作为一个环节来说，它与链条的前后环节是紧密联系的。相对于前面的环节来说，它既是一种继承，又是一种突破和发展，因此要想了解索绪尔和结构主义语言学，首先就要了解索绪尔以前的语言学，把索绪尔语言学思想放到整个语言学史的大背景上去审视它、去评价它、去研究它，才能清楚地认识它的价值，正确地评价它的成就，公允地看到它的缺陷与不足。所以在介绍索绪尔之前，我们有必要了解索绪尔以前的语言学。

索绪尔的语言学理论思想形成于20世纪初叶，其标志是由他的学生整理出版的他在日内瓦大学讲授语言学的讲稿——《普通语言学教程》。该书于1916年出版。这是一本具有里程碑意义的著作，在语言学的研究历史上，具有划时代的作用。我们这里所做的语言学史的回顾，便以此为基点向前推移，直至初始时期的语言研究。这样，我们就把此前的语言学史划分为六个时期：（1）语言“研究”的原始拜物教时期；（2）上古语文学时期；（3）中古语文学时期；（4）文艺复兴时期；（5）18、19世纪历史比较语言学时期；（6）18、19世纪的普通语言学。

二、索绪尔生活的时代与相关学科

（一）索绪尔生活的时代

索绪尔生活的时代是两个世纪交替的时代，19世纪中叶到20世纪初叶。当时的欧洲，从16世纪末才结束的第一次工业革命，已经宣告完成，新的工业革命已经酝酿并开始发动。社会生活、科学理论以至于人们的思维观念又一次处于变动之中，而且这一次变动的浪头比文艺复兴和第一次工业革命来得还要凶猛，冲击力也更大。第一次工业革命推动了世界科学的普遍发展，把人类的科学水平提到了一个全新的高度，资产阶级思想启蒙运动也已完成，人们的思维方式、行为观念发生了深刻的变化。人们的生活质量迅速上升到一个新的水平。但是发展是无止境的，人们对世界宇宙的探求，在“好奇心”的驱使下，不断地前进。人们在享用第一次工业革命所取得的成果的同时，发现这些成果已经远远不能满足自己的需求和社会的发展，迫切要求新的东西来取代。这就是第二次工业革命之所以发生的思想前提。

索绪尔生于18世纪中叶，卒于20世纪初，这是一个跨世纪的时代。这种新旧交替跨越世纪的时代有许多特点，又有它的总的主体特征，它构成了一种时代氛围，世界上发生的一切事物或现象都笼罩在这种氛围之中，受到这种氛围的影响甚至决定。这是历史发展的规律，任何事物、任何人想要逃脱也是逃脱不了的。时代的特征之一，就是对传统的否定，对新的发展方式的探求。在这个时代，第一次工业革命所取得的一切科学技术成果都显得陈旧了，人们急于寻求新的思想、理论以及行为方式来代替旧的思想、理论以及行为方式。这一时代特征在各方面都表现出来了。从世界格局来看，老牌殖民主义对世界的控制和掌握力量在减弱，新兴的发达资本主义国家早已不满足于自己的地位，要求对世界重新进行权利瓜分，于是到20世纪之初，爆发了第一次世界大战。发达资本主义国家控制和掌握世界的格局，通过战争进行了重新的布局，于是新的格局便形成了。打破了旧的平衡，获得了新的平衡。

世界的政治经济格局的改变，是权利的重新瓜分，而在科学技术、理论思想方面则是一次突破。在第一次工业革命的推动之下，科学技术、文化思想取得了巨大的进步，许多科学领域获得了惊人的成就。如达尔文的进化论，使整个生物科学发生了翻天覆地的变化；牛顿的经典物理学、黑格尔的辩证法使世界的科学达到了前所未有的高度。反之，这些科学理论对巩固第一次工业革命的成果又起着巨大的作用，并影响和带动世界其他科学的发展，使世界人民的物质生活和精神生活达到前所未有的阶段。但是经过一个世纪左右的发展，这些理论的许多弱点和局限性已经暴露出来了，许多理论思想已经显得十分保守和僵化。一些新的理论、新的思想、新的学科不断涌现出来，把18世纪以来的那些被视为顶尖理论、不可逾越的学说推倒在地，冲垮了这些“洋洋自得”的成就，纷纷用崭新的学说、思想取而代之，使世界科学的发展又向前迈进了一步，登上了一个新的高峰。这种新兴的科学理论、社会文化思潮，推进了第二次工业革命的到来，并使暂时处于落后状态的学科迅速发展起来。索绪尔语言思想理论就是在这样的时代氛围中酝酿、诞生的。

（二）相关学科的发展

时代的状况只是一个学科发展的社会背景，而一个学科的发展与相关学科的进步是密不可分的。学科之间的相互影响启发，对任何一个学科来说，都是至关重要的，索绪尔的语言学思想的产生同样如此。现在，让我们看看索绪尔同时代的相关学科状况，以及它们对语言学发展的影响。

18、19世纪牛顿的经典物理学占据着统治的地位，人们把牛顿能量守恒定律看成一种绝对真理，是一种不可改变、不可逾越的规范。到了20世纪初，牛顿的学说被爱因斯坦的相对论打破了。相对论动摇了经典物理学的统治地位，使物理学大大向前发展了一步。牛顿的经典物理学把时空观念绝对化，爱因斯坦则揭示了空间时间之间的辩证关系。爱因斯坦是美国德裔犹太物理学家。1905年提出狭义相对论的理论，1916年又把狭义相对论推广为广义相对论，爱因斯坦因此登上当代物理学的巅峰，被人们称为现代物理学之父。

化学学科这时也取得了重大突破，这不能不提到俄国化学家门捷列夫（1834～1907），他对世界科学的直接贡献是建立了化学元素周期分类法，将化学元素列成元素周期表。这说明门捷列夫已经认识到世界的事物是系统的存在的，并有意识地、成功地运用系统论的科学方法解决自己学科领域的根本问题。稍后，索绪尔便提出语言是一个符号系统的观点。两者从时代来说是同步的。从19世纪中叶，分子结构的理论和应用产生并走向成熟，分子结构的理论和实践不仅解决了化学学科本身的许多理论和实践问题，同时使得人们对物质是由结构构成的思想的明确化和具体化。索绪尔对语言结构的理论主张和存在方式的描写，与化学的分子结构的理论主张与物质结构的描写在具体内容和做法上虽然不同，但在对事物的分析和认识上却是有共性的。

数理逻辑亦称符号逻辑，研究推理、计算等逻辑问题。数理逻辑包括很多内容，有模型论、集合论、布尔代数、递归论、可计算性理论、证明论和构造主义。数理逻辑的许多方法和思想后来都被现代语言学所吸收和采用，对索绪尔、结构主义语言学以至现代语言学都有深刻的影响。弗雷格（1848～1925），德国数学家、逻辑学家，数理逻辑的重要奠基人，他制定了一种符号语言，并用来构造他的演算系统。他特别提出自然语言中的“蕴涵”的问题，因此使得逻辑演算中，特别是在推理过程中具有重要意义和作用。这个问题对语句分析十分重要，成为现代语言学语用学科的一条重要的基本原则。他虽然没有像索绪尔一样提出符号学的基本理论和思想，但与索绪尔同时制定了符号语言，使用了符号语言。

涂尔干（1858～1917）是现代社会学的重要奠基人。涂尔干的社会学思想与索绪尔的语言学思想有许多相通之处。众所周知，索绪尔在语言学领域中，在当时独树一帜，被称为索绪尔学派或日内瓦学派，他们的哲学基础就是心理社会学，所以，索绪尔学派又被称为语言学的心理社会学学派。涂尔干认为，社会现象不是物质的，而是观念的，它们是行为、思想感情的方式；然而又都是产生于思想之外的资料，是知觉的对象。涂尔干还认为，社会本身应作为一个整体、实体、总体来看待。这两点，涂尔干的社会观与索绪尔的语言观有极为相近之处，索绪尔认为语言是一个系统，语言符号的性质是心理的，是一种观念。他们是同时代的人，又有较长时间同在法国生活和活动，他们之间是否有过交往，特别是学术思想方面有没有过交流，现在不得其详，但他们学术思想相通之处却是很明显的。

弗洛伊德（1856～1939）是奥地利精神病学家、心理学家、精神分析哲学创始人。弗洛伊德的著作涉及面很广，内容也十分丰富，为了与索绪尔的语言学思想互相参照，我们只介绍他的精神分析哲学方面的有关理论观点。主要有两个方面：第一，关于“意识”问题的理论。第二，强调人的“性本能”。

从弗洛伊德以及他们同时代的许多学科理论可以看出，人们已经普遍注意到从物质到精神的“结构”问题，它反映了一个时代的科学研究的焦点，人们注意的中心，这方面的成果反映了那个时代的科学发展的水平。它们构成了索绪尔和结构主义语言学产生的时代背景和环境因素。

（三）索绪尔同时代的语言学研究

索绪尔的语言学思想不是凭空产生的，它既是时代的产物，又与相关学科的发展相互映衬、同步前进，又是语言学历史的继承和发展。让我们看一看索绪尔同时代的语言研究状况以及它们彼此间的相互关系。历史比较语言学的发展已经进入了后期。历史比较语言学是从具体的语言研究入手，然后研究语言之间的亲属关系，最后涉及世界上已知的语言。经过大约一个世纪的发展，已经取得了前所未有的成果，基本上建立了世界多种语言的系属关系。一些发达的历史比较古老的语言的系属基本上清楚了，当今世界上三千多种语言分属的十一个语系的谱系关系已经清楚地建立起来了。这是历史比较语言学最大的贡献。但是历史比较语言学毕竟有自己的缺陷，这是由于它只从发生学的角度去研究具体的语言，缺乏对人类语言这种特殊现象的本质研究，缺乏对语言共性的综合概括性的认识。到了后期，很多学者走了“回头哲学”的道路，醉心于一种假设的所谓“原始母语”的建设，企图重建所谓“原始母语”。这已经表明，历史比较语言学已经完成了它的历史使命，走上了它的尽头。时代呼唤一种用新的视角、新的方法研究语言的科学出现，回答人们存在于心中已久的一个问题：究竟什么是语言？语言是一种什么样的现象？它究竟是一种怎样的东西？这说明科学的发展已经到了要求对事物、对自己的学科对象给以哲学回答的时候了。其实，这种研究在事实上已经在进行，那就是比历史比较语言学稍微晚些时候兴起的普通语言学。在 19 世纪中期，历史比较语言学的研究势头正盛，普通语言学的研究还“潜伏在水面之下”，这时是它浮出水面的时候了。历史比较语言学已经成为“历史”，尽管还有少数学者、少数国家和地区还在用历史比较法研究语言，但是，历史比较语言学的时代毕竟过去了，新兴的语言研究的潮流已经汹涌而至。我们可以看出，普通语言学中各种主张、学说、流派纷纷涌出，语言学又呈现出一派新的繁荣景象。

索绪尔同时代的其他语言学家所进行的工作，对索绪尔语言学思想的形成有着重要的影响，索绪尔在同他们的交往和学术交流中得到了启发，或者因志同道合而坚定了自己的信念。其中值得提出的是俄、美两国的一些语言学家：俄国的莫斯科学派和福尔图纳托夫、喀山学派和波兰籍俄罗斯语言学家博杜恩·德·古尔特内、美国语言学家惠特尼，都对索绪尔的语言学思想的形成产生了较大的影响。莫斯科学派是俄国语言学家福尔图纳托夫建立起来的，活动的高峰时间是 1880 ~ 1890 的十年的时间里。这十年恰好是索绪尔刚刚工作在巴黎高等研究学院任教的十年。福尔图纳托夫是新语法学派的主要成员，俄国语言学界的代表，在时代上与索绪尔基本同龄，但学术活动的时间要比索绪尔早，活动的范围和在世时名声的影响力也比索绪尔大。福尔图纳托夫代表了新语法学派由历史比较语言学向普通语言学转进的一种新兴力量。而且福尔图纳托夫与索绪尔同出于一个师门，对语言学有着同样的思考，有极其相近的观点。

博杜恩（1848 ~ 1929）波兰人，长期在俄罗斯生活、工作，从事语言研究，19 世纪 70 ~ 80 年代在俄国喀山大学创立喀山学派，成为喀山学派的领头人。他的学术研究在当时很有影响，代表了当时语言研究的高峰。进行学术研究期间同索绪尔有较密切的交往，二人书信往来，交流经验和看法，互相影响。博杜恩当时提出的语言学思想在许多方面与索绪尔异曲同工，其中重要的思想有以下几点：第一，博杜恩提出了“音位”的概念和理论，指出不要把字母同实际发音等同起来。第二，提出了语言是符号系统的观点，强调语言具有抽象性，而个人的言语是具体的。第三，提出了词与词的类比性联系和邻接性联系的看法，与索绪尔的联想关系和句段关系（即聚合关系和组合关系）如出一辙。第四，强调区分语言的口头形式与书面形式。第五，强调对语言进行静态研究和动态研究，与索绪尔提出的共时研究与历时研究不谋而合。

历史上欧洲的学者很少注意美国的研究动态，索绪尔第一个对美国学者惠特尼做出了高度的评价：“发出第一次冲击的是《语言的生命》的作者惠特尼。”惠特尼是美国描写语言学的第一代语言学家，他主张语言学应该以经验的概括为基础，这种概括仅限于说明语言的现状和过去。他认为语言产生于人类互通信息的愿望。信息交流的功能是语言的基本的功能。他重视语言的结构，把语言看成词和句子的总和。他第一次提出：“语言是说出来的、听得见的符号；主要是通过这种符号人类社会的思想才得以表达。”他提出语言是符号的同时，还坚持符号的任意性原则。惠特尼的很多思想在索绪尔的论述中都有一定的反映，有的则是更详细、更深刻、更全面的解说和论证。

第二节　索绪尔的语言学思想

索绪尔的语言学思想，是他经过长时间的思考和研究得出的对语言学和语言的新的认识，是他从历史比较语言学的营垒走出来之后所产生的结论。索绪尔在评价历史比较语言学的功过时说道：“这个学派虽然曾有过开辟一块丰饶的新田地的无可争辩的功绩，但还没有做到建成一门真正的语言科学。它从来没有费工夫去探索清楚它的研究对象的性质。”① 我们研究考察索绪尔的语言学思想，唯一的材料就是由他的学生整理出版的他在日内瓦大学讲授语言学的讲稿——《普通语言学教程》。教程的内容十分丰富，因为索绪尔是一位历史比较语言学和普通语言学的双栖学者，即使是一部讲稿，几乎涵盖了当时也是现在能够找到的索绪尔的对语言学的全部思考和认识。所以我们只能从《普通语言学教程》分析起，从中找到索绪尔的关于语言学理论方面的观点。

一、《普通语言学教程》概述

《普通语言学教程》共有六个部分，分为五编，外加绪论。

《普通语言学教程》中明显属于历史比较语言学部分的学说，集中在第三编和第五编。第三编的前三章是历史比较语言学研究的集中点和分析语言源流关系的入手处。第四章到第七章，是对历史比较语言学方法的总结。所以说整个第三编是属于历史比较语言学范畴的，当然，谈问题的视角已经有所变化，无论是研究内容也好，方法论也好，都比历史比较语言学有所前进，已经不完全局限于具体的语言来源关系的比较，而是有所概括，有所提高，能够上升到理论的高度来论述问题。第五编，不管其目标如何，“回顾语言学的问题”也好，“结论”也

① 费尔迪南·德·索绪尔．普通语言学教程［M］．高名凯译，北京：商务印书馆，1980：21.

好，其学说内容所反映的本质，从第一章到第五章全部都是历史比较语言学的角度。

索绪尔的属于普通语言学范畴的思想，在《普通语言学教程》中，集中在绪论、第一编、第二编三部分中。绪论的第一章到第四章主要阐述索绪尔对“真正的科学语言学”的思考，提出了语言学的对象是“语言”，进而指出“语言是符号系统”的论断，提出“言语活动”的观念以及“语言”和“言语”的区分问题；第一编：一般原则中，由“语言是一个符号系统”的思想引发开来，提出了符号学的建构的思路，构筑了符号学的基本框架，并对符号学进行了一定深度的论述；第二编：共时语言学，论述了语言系统的价值理论，语言系统的存在的两种方式，即两种关系，虽然没有明确使用“结构”的概念术语，但实际上谈的是语言系统的结构问题。所以包括绪论在内的前面三编是索绪尔语言学思想的精髓，是后来的结构主义语言学派建立的理论依据和基础。

《普通语言学教程》中绪论的附录音位学原理和第四编地理语言学，应属于索绪尔语言研究成果中独立的部分，虽然与历史比较语言学和普通语言学有联系，但不应看作历史比较语言学或普通语言学的有机组成部分。此外绪论中的第六章关于文字的论述也属于这种类型的问题。

索绪尔语言学思想的精髓：

我们所说的索绪尔语言学思想的精髓，指的是索绪尔经过长时期思考所得出的关于什么是“真正的科学语言学”和什么是“语言”的认识和结论。这两个问题集中反映在《普通语言学教程》的绪论、第一编和第二编的论述中。它是现代语言学的启蒙性理论，是结构主义语言学派建立的理论依据。

二、关于语言、言语的区分

区分语言和言语是索绪尔语言学思想的独特之处，它是索绪尔语言学思想体系的出发点，目的在于找出科学的语言学的真正的研究对象。索绪尔认为语言学的真正的研究对象应该是“语言”，但是语言在哪里呢？究竟什么是语言呢？人们并不清楚或者自以为清楚而实际上是错误的。索绪尔经过长时期的思考和分析，并且从社会心理学的观点去研究得出了自己的认识。索绪尔认为，人们有史以来所从事的语言学事业，其研究的对象并不是语言，正因为不能称其为语言学的研究对象，所以语言只能算是语言学的研究材料。索绪尔把语言学的研究材料叫作“言语活动”：“语言学的材料首先是由人类言语活动的一切表现构成的”。① 那么，语言究竟在哪里呢？索绪尔认为，言语活动虽然不是语言，但是语言却包含在言语活动之中。因此，要找到语言，就必须从言语活动中把语言剥离出来。然而言语活动中并不全是语言，它还混杂着其他成分，即还有言语，要

① 费尔迪南·德·索绪尔．普通语言学教程［M］．高名凯译，北京：商务印书馆，1980：26.

把语言剥离出来，就要把它同言语区别开来。

（一）关于言语活动

什么是言语活动，索绪尔并没有给出一个明确的定义，但是他既用图表来加以形象地表示，又用清楚的理论来加以说明。他所谓的言语活动，就是现在人们所说的言语交际。这既指正在进行的言语交际，也指已经进行过的言语交际；既指口头方式的言语交际，也指书面方式的言语交际。言语活动既可以用来指言语交际的过程，也可以用来指言语交际的这种现象，包括言语交际所产生的结果。指言语交际过程时，它是一个动态的动词性概念；指言语交际现象和结果时，它是一个静态的名物性概念。

言语活动的内容构成。言语活动的性质是复杂的，说明人们之间的交际行为不是单纯的，它是多种因素共同作用的结果，因此它的内容构成也必然包含着不同的方面。

（二）语言和言语

区分语言和言语是索绪尔语言学思想的独到之处，目的是为科学的语言学找到真正的研究对象。在索绪尔看来，语言和言语有紧密的联系但又有本质的区别。索绪尔论述语言和言语的区别，是从三个不同的方面进行比较而将二者分开的。

1. 语言的社会性和言语的个人性

索绪尔在强调语言和言语的区别时，首先指出的就是语言的社会性。索绪尔说：“在任何时候，同表面看来相反，语言都不能离开社会事实而存在，因为它是一种符号现象。它的社会性质就是它的内在的特性之一。”[①] 与语言相反，言语的属性是个人性。索绪尔说：“言语却是个人的意志和智能的行为……说话者赖以运用语言规则表达他的个人思想的组合。”[②]

2. 语言的心理性和言语的心理/物理性

索绪尔不仅认为语言是社会现象，而且是心理现象，这与其他社会心理学派的语言观是一致的。索绪尔说：“言语活动是异质的，而这样规定下的语言却是同质的：它是一种符号系统；在这系统里，只有意义和音响形象的结合是主要的；在这系统里，符号的两个部分都是心理的。”[③] “语言中的一切，包括它的物质和机械的表现，比如声音的变化，归根到底都是心理的。”[④]和语言的心理特征相反，言语的特征却是心理/物理的。索绪尔认为言语却是个人的意志和智能的行为，其中应该区别开说话者赖以运用语言规则表达他的个人思想的组合和使它有可能把这些组合表露出来的心理/物理机构。

3. 语言的系统性和言语的散在性

语言与言语相互区别的另一个重要特点就是系统性与散在

---

① 费尔迪南·德·索绪尔．普通语言学教程［M］．高名凯译，北京：商务印书馆，1980：115.

② 费尔迪南·德·索绪尔．普通语言学教程［M］．高名凯译，北京：商务印书馆，1980：35.

③ 费尔迪南·德·索绪尔．普通语言学教程［M］．高名凯译，北京：商务印书馆，1980：36.

④ 费尔迪南·德·索绪尔．普通语言学教程［M］．高名凯译，北京：商务印书馆，1980：27.

性的问题。索绪尔多次强调“语言本身就是一个整体，一个分类的原则”。[①] 并且多次强调“它是一种符号体系统”[②]，“语言是一种表达观念的符号系统”[③]，所谓系统是指它是一个统一的整体，整体是由若干部分构成的，部分又是由若干最小成分构成的。部分和部分之间，以及最小的成分和成分之间不是随意堆积在一起的，而是按照一定的规则组合在一起的。成分和成分之间按照规则组合在一起，就形成一定的结构，其整体就是一个结构系统。后来兴起的结构主义语言学就是根据索绪尔的语言系统论的思想建构起来的。

言语的散在性是相对于语言的系统性而提出来的，索绪尔并没有这样明确的说法。所谓散在性，是指言语不是一个现成的系统，它是“说话者赖以运用语言规则表达他的个人思想的组合”，每个人在表达自己的思想的时候，都是在一定的语境下做出的，都是因时而异、因地而异、因事而异的，可能有什么现成的系统，都是根据一定的情景做出的临时组合。至于他所利用的语言材料和规则也不是把整个语言系统一下子全部拿来应用，而从语言系统中选择自己需要的某个成分或某些成分、

---

① 费尔迪南·德·索绪尔．普通语言学教程［M］．高名凯译，北京：商务印书馆，1980：30.

② 费尔迪南·德·索绪尔．普通语言学教程［M］．高名凯译，北京：商务印书馆，1980：36.

③ 费尔迪南·德·索绪尔．普通语言学教程［M］．高名凯译，北京：商务印书馆，1980：37.

某项规则或某些规则来使用的。所以言语无所谓系统。

（三）语言与言语的关系

语言与言语共同处于言语活动的统一体中，二者是一种“互相依存”的关系。索绪尔说：“语言与言语是互相依存的，语言既是言语的工具，又是言语的产物。”①这种相互依存的关系，由以下几个方面表现出来。

1. 语言既是言语的工具，又是言语的产物

首先从言语的角度来说，所谓言语就是说话人在表达自己的思想，把自己的想法说出来传递给别人，让听到的人了解自己的想法；然后听话人在根据对听到的话语的理解或要求来回答。这个全过程就是言语活动，也就是言语交际。语言在说话时就成了说话人所利用的工具。

我们再从语言的角度来看，语言作为言语的工具是从哪里来的？现在人们说话是随口说出的。语言系统好像是存在我们脑子里的，那么是谁帮助我们装到脑子里的呢？是我们自己。是我们在言语活动中不断地听别人讲话，将那些无数次重复的语词或句子，概括归纳相同的成分变成各种模型存储在脑子里的。索绪尔说：“在由言语活动联系起来的每个个人当中，会建立起来一种平均数：每个人都在复制（当然不是很确切，而只

① 费尔迪南·德·索绪尔．普通语言学教程［M］．高名凯译，北京：商务印书馆，1980：41.

是近似地）与相同的概念结合在一起的相同的符号。”①

2. 语言存在于言语之中，言语是语言存在的形式

语言作为一个符号系统，它存在于何处，又是以什么形式存在的呢？其实它并不以系统的形式存在。前面我们已经提到，索绪尔说：语言存在于言语活动之中，但那只是讲语言存在的范畴。意思是说，我们到哪里去找语言呢？到言语活动中去找。可是在言语活动中，语言作为一个系统也并不是单独的以系统的形式存在的，并不像具体语言学所描绘的那样，以语音系统、词汇系统、语法系统那样有规律地摆放在那里，好像仓库里按系列摆放的货物一样。在言语活动中，我们找到的只有人们交流思想所说的话语，即索绪尔所说的“人们所说的话的总和”。这“总和”表现出来的是言语，但是这言语里面就包含着语言。索绪尔说：“语言以许多储存于每个人脑子里的印迹的形式存在于集体中。”这印迹是什么呢？就是别人所说的话，其实就是言语。

从言语的角度来说，它是具体存在的。过去人们说过的话无法保存，只能以印迹的形式存储在每个人的脑子里（并非原样）；文字发明以后，把话语记录下来，可以久远地保存；今天有了电子仪器，可以把口头话语的声音录音下来。但是记录下来、录音下来的都是话语，即言语；不过我们进一步分析便可

① 费尔迪南·德·索绪尔．普通语言学教程［M］．高名凯译，北京：商务印书馆，1980：34.

知道，言语怎样产生的呢？言语是人们利用语言成分和语言规则构成的，所以这言语之中就含有语言。另外，前面我们已经论述过，语言是言语的产物，言语产生了，语言也就随即产生了。所以语言并没有自己的单独存在的形式，它是以言语作为存在的形式的。那么，我们怎么去认识语言这个系统呢？语言系统其实是一个抽象的主观系统，是说话人“复制”别人的话语形成的，在“复制”的过程中，人们把那些多次出现的完全相同的成分概括为一个单位，并把不同单位的连接规律连同这些单位都“复制”下来了。所以“复制”并不是单纯的模仿，在这个过程中有理解，有加工，还有“创造”，逐渐地每个人的头脑里就积累起一个全民语言的系统来。但是，每个人脑子里的全民语言系统，只是一个大致的轮廓、框架，并不是十分完备的。索绪尔说：“通过言语实践存放在某一社会集团全体成员中的宝库”是“潜存在一群人的脑子的语法体系；因为任何人的脑子里，语言都是不完备的，它只有在集体中才能完全存在”。所以存在人们脑子里的语言系统，只是一个压缩了的系统，对于全民语言来说，它是一个小的相似形。然而就是这个小的相似形，也不是以系统的方式储存的，而是数量可观的被整理过的话语的集合。

三、语言的符号性和符号学

索绪尔明确地指出，真正的语言科学的研究对象是语言，然后找到语言的“存身之地”，从言语活动中区分出语言和言语两种不同的现象。但是问题只解决了一半：语言在哪里。人们进一步要问，你所找到的语言，究竟是什么性质的现象，它的本质特征是什么？语言的根本属性是社会性，实际上指的是语言的内容，即语言单位所表达的意义。但是语言还有形式问题，语言的形式就是语音，语音具有物质性，意义属于意识范畴，具有思维的抽象性。这样，语言的内容和语言的形式在所属范畴上是对立的，这种对立物怎样处于一个统一体中呢？这个统一体的性质、特征又是什么呢？从属于内容呢，还是从属于形式？还是从属于第三者，具有完全新的属性呢？这就需要认真地给以回答。索绪尔经过艰苦而认真的思考以后，得出了自己的全新的理论，给出了前人从未有的回答：语言是一个符号系统，具有不可置疑的符号性。

（一）关于符号和符号学

索绪尔为了阐明语言的本质，提出了语言的符号性问题，而且还由此出发创建了完整的符号理论，并且构建了符号学的整体框架，论述了符号学的主要内容，创立了一门全新的学科。

“符号”作为一个词或一个术语很早就产生了，但从来没有人像索绪尔这样给以清楚的界定和分析。索绪尔指出“符号”的使用实际上有两种不同的用法：一种是一般意义上的使用，一种是作为科学术语来使用。两种用法含义不同，容易发生歧义。为此，索绪尔为“符号”这个概念重新进行了界定，并新建了两个新的术语，为建立符号学奠定了清晰的概念系统。符号由两个部分构成，一个是事物、概念、意义，是人们要表达的内容；另一个是表达内容的形式。

符号学是索绪尔在论述科学的语言学的时候提出来的，索绪尔以前并没有什么符号学，索绪尔提出问题以后也并没有真正的符号学，直到1938年美国学者莫里斯出版了《符号理论基础》一书，才正式宣告符号学的建立，使符号学成为一门独立的学科。

索绪尔对符号学这一新学科建立的贡献有：第一，他确定了符号学的基本思路，为符号学确定了三个基本概念，并界定了三个基本概念之间的关系。这就为符号学的建立奠定了坚实的基础；第二，为符号学确立了两个基本的原则。这两个原则是："第一个原则：符号的任意性"，"第二个原则：能指的线条性。"①

（二）语言的符号性

索绪尔通过对语言实体的分析，提出了符号学的理论，又用符号学的理论来论证语言的性质，阐明语言学从属于符号学，建立了语言是符号系统的学说。索绪尔是从三个方面来论证语言和语言学的符号性的：语言的结构实体就是一种具体的符号结构，语言实体结构的原则充分体现符号结构的原则，语言的整体是一个符号系统。

① 费尔迪南·德·索绪尔．普通语言学教程［M］．高名凯译，北京：商务印书馆，1980：102.

索绪尔不仅用符号学的理论解释了语言符号实体结构的特点，还深入地论述了语言符号实体构成及研究的原则：一个是与所有符号共同拥有的一般符号的构成原则，一个是语言符号结构的特有的原则。前者称为“任意性原则”，后者称为“能指的线条性原则”。索绪尔特意强调了这两条原则，他说：“这样确定的语言符号有两个头等重要的特征。我们在陈述这些特征的时候将同时提出整个这类研究的基本原则。”①

索绪尔所论述的语言符号的第一个原则是任意性原则，这一原则不仅适用于语言符号，也适用于其他符号。但他是从语言符号出发，旁及其他符号上升到一般符号而成为符号构成的原则的。索绪尔为语言符号确立的第二个原则是“能指的线条性特征”，这一原则是专就语言符号的特点来阐述的。这个原则是指语言存在的形式特点，或语言使用时呈现出来的特点。它是指语言符号单位在使用时只能相继出现，不能重叠，哪怕是一个音位，也不能倒反。倒反后就不是原有的单位或原有的表达方式了。

（三）语言符号系统

索绪尔在论述语言的符号性的时候，首先就强调语言是一个符号系统，他是从系统的角度来论述语言的符号性的。索绪尔不仅指出语言是一个符号系统，而且说明了它是一个什么样

① 费尔迪南·德·索绪尔．普通语言学教程［M］．高名凯译，北京：商务印书馆，1980：102.

的符号系统，它同其他符号系统的共性是什么，语言符号系统的个性又是什么，作为人们使用的一个特殊的系统，它有什么特点。索绪尔是第一位以系统论的观点来审视语言、论述语言的。

1. 语言是一个符号系统

语言不是一堆散乱现象的堆积物，它是一个系统。索绪尔多次强调："语言是一种表达观念的符号系统。"①所谓系统，就是说它是一个整体，整体内部有自己的规则："语言本身就是一个整体，一个分类的原则。"②

索绪尔不仅论证了语言是一个符号系统，而且还表明语言符号系统是一个有机的系统。所谓有机系统：第一，它的内部构造是有规则的；第二，它们的内部关系是由系统自我调节的。

2. 语言符号系统的存在形态及符号间的关系

索绪尔对语言符号系统进行了详细的论证，除了前面介绍的两个原则：能指与所指联结的任意性和能指的线条性以外，还指出了语言符号的存在有两种不同的形态，符号系统的构成有两种不同的关系，以及语言符号系统的价值理论等等，它们构成了索绪尔语言学说最独特、最精彩、最有价值的部分，它们是索绪尔留给我们的最宝贵的遗产。

---

① 费尔迪南·德·索绪尔. 普通语言学教程［M］. 高名凯译，北京：商务印书馆，1980：37.

② 费尔迪南·德·索绪尔. 普通语言学教程［M］. 高名凯译，北京：商务印书馆，1980：30.

语言是一个符号系统，这个系统是某一社会长期发展积累而成的，它现在正在被某一社会集团应用着，所以它是一个现实平面上的系统，索绪尔把这个系统的状态成为语言符号系统的共时态。这个共时态是使用它的语言社会长期发展，积累的结果，那么从有史以来一直发展到现在，语言的发展演变形成一条线，一条发展的轨迹，这是与共时系统状态不同的另一种状态，索绪尔称之为语言符号系统的历时态。任何一个语言系统都有这两种形态，两种形态形成两种系统，分别研究这两种形态、两种形态的语言学，则称为共时语言学和历时语言学。

四、语言符号系统的两种形态

索绪尔认为语言是一个价值系统，语言学是研究价值的科学，而一切研究价值的科学，都存在着由于时间因素的干预而产生的二重性问题。

什么是语言的共时态，索绪尔并没有直接下定义，只是在陈述静态语言学和演化语言学时间接地做了说明。索绪尔说："共时态和历时态分别指语言的状态和演化的阶段。"① 那么，到底什么是共时态呢？共时态指语言的某一暂时状态，即说话人使用语言时那个时候的语言的状态。

共时态是一种暂时状态，是语言使用当时的平面，所有的

① 费尔迪南·德·索绪尔．普通语言学教程［M］．高名凯译，北京：商务印书馆，1980：119.

要素或成分都处于同时轴线上，但是这个平面不是几何学的所谓平面，同时轴线也不是几何学意义的轴线，它是一种比附。

语言的共时态，是人们的主观上的认识。索绪尔说：“系统永远只是暂时的，会从一种状态变为另一种状态。”①

语言的历时态是语言的连续的变化所显示的形态，是语言状态在时间前进的轴线上所表现出来的形态。与共时态相反，共时态要排除时间的因素，排除时间的干预；历时态则恰恰是时间干预下语言所显示的形态。索绪尔说：“符号在时间上的连续性与在时间上的变化相连。”“结合在符号中的两个要素以决无仅有的程度各自保持自己的生命，而语言也就在一切可能达到它的声音或意义的动原的影响下变化着，或者毋宁说，发展着。”“时间可以改变一切”。②

历时态是从纵观的角度去审视语言所得到的结果，它与从横观角度，即共时角度去审视语言完全不同。

共时态与历时态是人们从两个对立的视角去审视的结果，并不是语言真的有两种不同的形态，本体只是一个而是两种观点的对立产生两种对立的形态。所以共时态和历时态的关系首先是对立的，但同时又是统一的。

共时态和历时态的关系，首先是对立的。索绪尔认为，只

---

① 费尔迪南·德·索绪尔．普通语言学教程［M］．高名凯译，北京：商务印书馆，1980：128.

② 费尔迪南·德·索绪尔．普通语言学教程［M］．高名凯译，北京：商务印书馆，1980：114-115.

有共时才是系统，历时只是个别事件。“系统从来不是直接改变的，它本身不变，改变的只是某些要素，不管它们跟整体的连带关系怎样。”①

共时态与历时态的对立虽然是绝对的，但是不等于二者互不联系。它们除了有对立的一面，还有相互依存的一面。索绪尔说：“为了表明共时态和历时态的独立性及其相互依存关系，我们可以把前者比之于物体在平面上的投影。事实上，任何投影都直接依存于，但是跟它不同，物体是另一回事。”“在语言学里，历史现实性和语言状态之间也有同样的关系，语言状态无异就是历史现实性在某一时期的投影。”②

总之，共时态和历时态的关系既相互独立又相互联系，既相互对立又相互依存。语言有两种形态，分别研究每种形态的语言学也就分为两个不同的语言学。所谓共时语言学就是研究语言的共时态的语言学。语言的共时态是指现时语言的状态，对语言现时语言状态的进行研究的语言学就是共时语言学。共时语言学所要研究的是一定时期的语言实体所表现出的状态。共时语言学研究语言的实体有两个原则：一个是要界定语言实体；一个是确定语言实体的构成单位。

历时语言学所研究的不是语言的结构系统，它研究的是系

---

① 费尔迪南·德·索绪尔．普通语言学教程［M］．高名凯译，北京：商务印书馆，1980：124.

② 费尔迪南·德·索绪尔．普通语言学教程［M］．高名凯译，北京：商务印书馆，1980：127.

统中要素的演变。“历时语言学研究各项不是同一集体意识所感觉到的相连续要素间的关系，这些要素一个代替一个，彼此间不构成系统。”① “在历时的展望里，人们所要处理的是一些跟系统毫不相干的现象，尽管这些现象制约这系统。”② “系统从来不是直接改变的，它本身不变，改变的只是某些要素。”③历时语言学不是研究某个时期的语言系统，而是研究语言系统中一些要素的变化。历时语言学不仅性质与共时语言学不同，在研究方法上也有独特之处，而且比起共时语言学来经验更丰富，积累的材料更多，因为它经过了整整一个世纪的研究。

五、共时语言系统的两种关系

索绪尔所说的共时系统，就是语言的共时态。在索绪尔看来只有语言的共时态才是一个系统，语言的历时态不构成系统。索绪尔认为，共时状态是由关系构成的，也就是说，语言的共时系统是由关系构成的。索绪尔说：“在语言状态中，一切都是以关系为基础的。”④关系有多种，有不同层次的关系。就符号

① 费尔迪南·德·索绪尔．普通语言学教程［M］．高名凯译，北京：商务印书馆，1980：143.

② 费尔迪南·德·索绪尔．普通语言学教程［M］．高名凯译，北京：商务印书馆，1980：125.

③ 费尔迪南·德·索绪尔．普通语言学教程［M］．高名凯译，北京：商务印书馆，1980：124.

④ 费尔迪南·德·索绪尔．普通语言学教程［M］．高名凯译，北京：商务印书馆，1980：170.

来说，能指和所指之间就有一种关系；能指和所指构成符号，符号和符号之间还有种种不同的关系。共时状态所指的关系是符号和符号之间的关系，因为所谓共时系统指的就是语言系统，而语言系统就是索绪尔所说的符号系统。符号与符号之间的关系，因符号的性质不同，符号运用于言语活动时功能不同，用索绪尔的理论来说，符号的价值不同，因此符号之间的关系也就各不相同。索绪尔根据语言的特点、本质和语言使用的功能的角度，提出了两种重要的关系：句段方关系和联想关系。

句段关系就是组合关系，它是语言的基本要素单位——词按照一定的规则组合起来的。联想关系则是一种聚合关系，它是词语的一种集合。句段关系“在话语中”，句段关系是语用性的；联想关系“在话语之外”，联想关系是语言性的。句段关系的词语之间具有制约性，联想关系的词语之间具有散在性。句段关系是有序的，联想关系是无序的。

句段关系是在场的（in praesentia）：它以两个或几个在现实的系列中出现的要素为基础。相反，联想关系却把不在现场的（in absentia）要素联合成潜在的记忆系列。[①]

① 费尔迪南·德·索绪尔．普通语言学教程［M］．高名凯译，北京：商务印书馆，1980：171.

第三节　结构主义语言学派

结构主义语言学派的建立可以分为两个时期，第二次世界大战以前和第二次世界大战以后。第二次世界大战以前，从20世纪20年代到战争结束短短的20多年的时间里产生了三个学派，两个在欧洲，一个在美国。首先建立的结构主义语言学派是布拉格学派，随后建立的结构主义语言学派是哥本哈根学派，其次是美国描写语言学派。第二次世界大战以后，国际环境处于一个和平时期，学术研究恢复以往的生机，学者们获得了更多的条件，学术神经兴奋起来了，各学科得到了空前的发展，结构主义语言学也表现出前所未有的繁荣。原来的三个学派继续发展，布拉格学派的主要人物转移到了美国，与美国学者一起发展了音位学的研究，美国的语言学更是空前的繁荣，在这种气氛中结构主义的语法也得到了长足的发展。除此之外，在欧洲又兴起了三个结构主义学派，这就是伦敦学派、巴黎学派和莫斯科学派。

一、布拉格学派

布拉格学派成立于1926年，当时捷克斯洛伐克语言学家马泰修斯发起倡议成立一个语言学会，会址设在捷克首都布拉格，因此以布拉格命名，称为布拉格语言学会。1928年学会的主要成员参加了在荷兰海牙召开的世界（主要是欧洲）国际语言学家代表大会，在会上他们十分活跃，引起了世界语言学家的注意。紧接着，1929年第一届斯拉夫语文学家代表大会召开，他们以《布拉格语言学会论文集》（第一卷）向大会作了献礼。这部论文集共收录了九篇文章，头三篇阐述了学会的纲领。这部《论文集》等于他们向大会提交的一份布拉格学会的提纲，全面阐述了自己的理论性原则。由此，语言学界称之为布拉格学派。布拉格学派的骨干学者明显地分为两支，称为两翼：一翼是捷克斯洛伐克学者，马泰修斯和哈弗拉奈克；另一翼是俄罗斯学者特鲁别茨柯依和雅可布逊。

布拉格学派的代表人物是捷克翼的马泰修斯和俄罗斯翼的特鲁别茨柯依。

马泰修斯是捷克斯洛伐克语言学家，出生于巴尔杜比采城，1905年大学毕业，1909年任查理大学英格兰学和普通语言学副教授，1919年任查理大学捷克分院英国语言和文学教授。1926年他与另一名捷克斯洛伐克语言学家哈弗拉奈克一道成立布拉格语言学会，任会长直至1945年病逝。马泰修斯主要研究英语、捷克语及普通语言学，论著散见于布拉格语言学会成员编辑的论文集，去世后，由他的学生瓦海克等人整理出版了他的论文集和一些专著：《捷克语和普通语言学》《在普通语言学基础上对当代英语的功能分析》《语言和修辞》《语言、文化和文字艺术》。

马泰修斯的主要语言理论观点是强调语言的功能，主张分析语言现象要首先考察其功能。在语言研究的各个平面上：确定语言事实、划分语言手段的类别、描写语言结构、解释语言手段的演变规律等，都应以功能作为依据。重视功能，所以称布拉格语言学派为功能学派。马泰修斯的许多语言学思想和观点都与索绪尔非常接近，可以看出索绪尔对他的影响。此外，马泰修斯还注意句子结构的区分以及在言语交际中确立句子的信息核心问题，这说明他已经有了萌芽状态的语用学的思想了。

特鲁别茨柯依是布拉格学派俄罗斯翼代表人物之一，维也纳大学斯拉夫语文学教授。1980 年出生于莫斯科，1908 年入莫斯科大学历史语文系学习，1913～1914 年去德国进修，有一定的历史比较语言学的修养，接触过新语法学派的思想，1915～1918 年在莫斯科大学和罗斯托夫大学任教。1926 年布拉格学派成立，他积极地参加并成为重要的成员，为语言学的发展做出了重要贡献。1930 年担任国际语音协会的会长。

特鲁别茨柯依虽然长期接受印欧语言学的传统教育，但对传统印欧语言学却持许多不同的看法，特别是对历史比较语言学的“原始印欧语的模拟重建”问题。特鲁别茨柯依从 1926 年起就潜心研究语音学，成功地把索绪尔和博杜恩·德·古尔特内的功能观运用到语音学领域，成为布拉格学派音位学理论的主要代表。他的《音位学原理》一书，成为现代音位学的开山之作，奠定了现代音位学的基石。

布拉格学派的学术思想与它的成员构成一样，可以分成两个分支。一个分支是捷克翼的语言学家，以马泰修斯为代表，其学术思想主要表现在普通语言学和具体语言的研究方面；另一个分支是俄罗斯翼的语言学家，即特鲁别茨柯依，他们的学术思想和成就主要表现在音位学方面。前者的学术思想虽然有一定的成就，但其影响很小，对世界语言学的发展作用不大；后者则不同，在现代音位学的建立和发展方面可以说做出了卓越的贡献，对世界语言学的各个学科都起着相当大的推动作用。特鲁别茨柯依音位学理论的核心是对“音位”这一概念本质的探讨，以及如何确立一个语言的音位系统的音位，并为此制订了一系列的规则。

二、哥本哈根学派

哥本哈根学派是欧洲结构主义语言学派之一，是丹麦的语言学家在丹麦首都哥本哈根 1939 年创立的，所以叫做哥本哈根学派，又称丹麦学派。

1916 年索绪尔的《普通语言学教程》被整理出版，立即受到哥本哈根学派的几位学者的重视，他们受到了很大的启发，这从他们以后发表的文章和著作以及他们表明的学术观点中可以明显看出。他们接受了索绪尔关于“语言”和“言语”区分的理论思想；接受了索绪尔关于符号学的理论思想，特别是关于“能指”和“所指”的划分和论述；他们还接受了索绪尔的语言系统的理论思想，特别是共时系统的聚合关系和组合关系（联想关系和句段关系）的思想；他们尤其注重索绪尔的“语言是形式而不是实体”的理论主张。后来哥本哈根学派的语符学研究及音位学研究都与索绪尔的理论有密不可分的继承与发展的关系，直接促使哥本哈根学派建立的原因是布拉格学派的建立。1926年布拉格学派成立之后，索绪尔和布拉格学派的语言学思想很快就传播到丹麦，1931年，叶姆斯列夫和布龙达尔就倡议成立哥本哈根语言学会。1931年在日内瓦国际语言学大会上，布拉格语言学会的成员提议建立“国际音位学研究小组”，不久，刚刚成立的哥本哈根语言学会也成立了一个音位学委员会。1935年，在伦敦举行的第二届国际语音科学大会上，布龙达尔宣读的一篇论文的观点与当时布拉格学派的思想非常接近。可见布拉格学派对哥本哈根学派影响之深，后来哥本哈根学派才主要转入语符学的研究；后起者在音位学的研究上也有了自己的特点。

哥本哈根学派的代表人物主要有三位，都是学会成立时期的骨干。这三位学者是乌尔达尔、叶姆斯列夫和布龙达尔。三人中影响最大的是叶姆斯列夫。布龙达尔则是“结构语言学”名称的提出者。

叶姆斯列夫（1899～1965），哥本哈根学派的主要代表人物，1899年10月3日生于哥本哈根。1917年入哥本哈根大学学习，从裴德森学习比较语言学史。1923年获硕士学位。1926～1927年去法国巴黎深造，其间写了第一部重要著作《普通语法原理》，1928年出版。1931年叶姆斯列夫活跃在哥本哈根的语言学家当中，建立了两个工作委员会：一个从事语音学研究，另一个从事语法学研究。叶姆斯列夫同时在两个小组里活动。1935年叶姆斯列夫和乌尔达尔在伦敦召开的"第二次国际语音科学讨论会"上提出了一种新的语音学理论向大会献礼，他们给这种新的理论取了一个新的名称，叫"语符学"，叶姆斯列夫把它视为一种新的"语言理论"。但是，他们当时提交的只是大纲的第一部分，而且是由乌尔达尔起草的；叶姆斯列夫起草的是分析方法的绪论。二人的合作由于第二次世界大战爆发而中断，1943年叶姆斯列夫把自己的想法写成《语言理论纲要》发表出版；乌尔达尔则把它写成《语符学纲要》一书，到他1957年逝世后才出版。《语言理论纲要》的出版，奠定了他在语言学界的地位，得到学术界的认可，被译成多种语言文字出版。

布龙达尔，哥本哈根大学教授，哥本哈根学派创始人之一，主要从事普通语言学和罗曼语言学的研究。他在许多方面接受索绪尔的理论思想，认为结构语言学主要有三个概念：共时性、语言和结构，主张在逻辑学的基础上建立普遍语法。1939年在国际语言学家大会上，提出论文《结构语言学》，刊登在1939年《语言学学报》第一卷上。这是语言学领域首次使用"结构”这一概念，从此人们便把以索绪尔为代表的语言学理论思想以及接受索绪尔思想理论的布拉格学派、哥本哈根学派及以后的诸多学派称作“结构主义”语言学派。布龙达尔的主要著作《普通语言学论文集》，《结构语言学》一文也收入其中，因为他参与发起哥本哈根语言学会的成立，被视为哥本哈根学派代表人物之一，但其影响远远没有乌尔达尔和叶姆斯列夫那么大，学术成果及影响也远不及他们。

就哥本哈根的初期的语言学活动来看，成就最高的、影响面最大的，莫过于叶姆斯列夫，他是哥本哈根学派的代表。叶姆斯列夫的主要学术业绩在于语符学，在致力于语符学研究的同时，涉及语言学理论的一些问题，而语符学的建立是由音位学的研究开始而归结到语符学上来的。哥本哈根学派以“语符学”为旗帜在语言学界独树一帜。

三、美国描写语言学

所谓美国描写语言学是指20初期建立起来的，以波阿斯为代表的对美洲本土语言——印第安语系诸语言的调查和研究，因其彻底摆脱欧洲的历史比较语言学的传统，完全以描写的方法对所调查的语言进行整理，将语言的结构系统清楚地呈现出来，不讲语言的历史渊源和系属关系，所以称为描写语言学。美国后来的学者继承这种方法用来研究其他语言，形成一个非常独特的有自己个性的学派，描写语言学的名称也就继续下来了。因此，描写语言学有狭义和广义两种不同的理解：狭义的描写语言学，指的是波阿斯创立的调查印第安语形成的语言学；广义的描写语言学指的是萨丕尔继承、过渡，布龙菲尔德完成的美国结构主义语言学。后来学术界普遍采用广义的说法。

美国描写语言学的创始人波阿斯，是美国人类学家兼语言学家，全名弗兰斯·波阿斯（1858～1942），出生于德国，19世纪80年代移居美国。移居美国后，在史密逊学院的资助下组织考察团对墨西哥以北的印第安土著语言进行调查。调查、研究持续了20多年，于1911年编辑出版了《美洲印第安语言手册》，其中好几个章节是波阿斯亲自动手完成的，同时，他为这本手册写了一篇绪言。正是这篇绪言使他由一位人类学家转变成为一位著名的语言学家。

布龙菲尔德是美国结构主义语言学的代表，他的出现完成了美国由描写语言学向结构主义语言学的过渡，所以这一时期的语言学以他的名字来命名，称为布龙菲尔德时代，也可以称之为布龙菲尔德学派。这个学派的代表人物有两位：一位是描写语言学向结构主义语言学过渡中的重要人物萨丕尔，另一位是完成结构主义语言学并带来美国描写语言学大发展的布龙菲尔德。

布龙菲尔德是一位全面的语言学家，他早年研究过许多具体语言，诸如日耳曼语、斯拉夫语、希腊语，他还研究过马来-波利尼西亚语的语言，如他加禄语；他对印第安语系阿尔贡金语的研究更是成为印第安语言研究的典范。布龙菲尔德在美国语言学历史上有着十分突出的地位，被奉为“美国语言学家之首”。他接受过欧洲传统语言学的教育和训练，受过新语法学派的影响，长期从事印欧语的教学工作，但最终使他成为美国语言学巅峰人物的，还是波阿斯所开创的、萨丕尔继承和发展的描写语言学。他发展和继承了波阿斯的语言调查和分析的方法，萨丕尔的语言结构和语言形式的理论，对英语进行了认真的分析，开创了结构主义语法学的新篇章。1933 年发表了美国结构主义语言学的代表作《语言论》①，把结构主义语法学的研究推向顶峰，使世界无数语言学家倾慕，并追随他的理论。

四、伦敦学派

伦敦学派是自发形成的学派，与布拉格和哥本哈根学派不同，并没有成立什么学术团体，而是由于某一学者由于学术成就突出，对外有很大影响，学者自然也就成了学术带头人物，在他的学术思想带动和影响下，周围自然形成一批学术观点相近的人群，就成了一个学派。伦敦学派的领军人物是英国语言学家弗思，因此伦敦学派又称为弗思学派；后来他有一位学术继承人——哈立迪，被称为新弗思学派。

弗思在语言学理论上强调传统语言研究对语言学的贡献，但不愿接受新语法学派的主张，声称不同意索绪尔的许多观点。

---

① 布龙菲尔德．语言论［M］．袁家骅、赵世开、甘世福译，北京：商务印书馆，1980：26.

他在意义理论和音系分析理论方面做出了一定的贡献。主要代表作有《语音和韵律成分》(1948)、《大西洋语言学》(1949)、《普通语言学和描写行语法》(1951)、《结构语言学》(1955)、《语言学理论概要》(1957)。1957 年还自编自选了充分体现自己观点的《语言学论文集》。哈立迪在伦敦学派的基础上，建立和发展了系统功能语法，代表性著作为《系统语言学论文集》。

五、巴黎学派

巴黎学派是 20 世纪 50 ~ 60 年代在法国形成的语言学的学派，当时法国以至整个欧洲掀起了一股结构主义思潮，很多学科都涌现出结构主义派别，如结构主义符号学，结构主义文艺学、结构主义哲学、结构主义心理学，等等。结构主义语言学仅是这诸多学科的一个学科，代表人物有两位：一位是本温尼斯特，一位是马丁内。

本温尼斯特的学术研究方向在两个方面：一个是历史比较语言学，另一个是普通语言学。在历史比较语言学研究中，集中在印欧语系比较语法方面，他通晓多种印欧语系的语言，对古波斯语、希腊语和拉丁语都有丰富的知识。1935 年发表《印欧语中名词的构成溯源》一文，引起世人的注目，被认为是继索绪尔之后的印欧语历史比较研究的又一里程碑。1948 年他又出版了另一部历史比较语言学专著《印欧语中的施动名词和动作名词》，是印欧历史比较语言学上的另一重要著作。但是 20

世纪50年代，历史比较语言学已经退出语言研究领域的活动舞台，结构主义语言学早已取而代之。本温尼斯特的研究中心也转移到普通语言学的方向上来。

马丁内前期的研究重点是音位学，特别是在历时音位学方面成就卓著，他的《语音演变的经济规则》很有影响；后期的研究重点，转向语言学理论。他的语言学理论思想体系属于结构主义，这与他早年与布拉格学派和哥本哈根的密切交往有关。20世纪60年代，结构主义语言学已经开始衰落，开始进入另一个时代——后结构主义时代。马丁内的语言学思想有着明显的后结构主义的特征，对索绪尔的许多观点都有所修正。第一，认为应把语言活动作为语言学的研究对象，这已与20世纪70年代的语用学观点十分一致。第二，语言研究中形成与实体的关系。第三，强调历时分析与共时分析并重。第四，强调语言的特殊性，认为每一种语言都按照自己的特有的形式来组织和它相对应的经验材料，一种语言和另种语言的词汇意义和功能分配情况是各不相同的。语言研究应当以具体问题具体分析为原则，不应将一种语言分析的结果硬套在另一种语言上。

六、（新）莫斯科学派

（新）莫斯科学派指的是苏联时期以邵勉为代表的所谓控制结构主义，它区别于俄国时期博杜恩·德·古尔特内所建立的莫斯科学派。俄国的莫斯科学派属于传统语言学中的普通语言学学派的，它是一个真正的学术团体，由一批学术观点相同或相近的学者组成，是一个由学术研究者组成的派别。（新）莫斯科学派则不然，它只是某一些学者在学术观点上独树一帜，有自己的旗号和主张，和其他学术派别不同，是一个有独立个性的一种学术主张，因而也被称为一个学派。俄国的莫斯科学派其活动地点在莫斯科；（新）莫斯科学派是泛指，是由英国的结构主义学派、法国的结构主义学派联想而来。英国的结构主义学派在英国，用英国首都伦敦来称谓，称之为伦敦学派；法国的结构主义学派在法国，用法国首都巴黎来称谓，称之为巴黎学派。（新）莫斯科学派在当时的苏联，因而仿照英国和法国结构主义学派的称谓，以苏联的首都莫斯科来称谓，称之为莫斯科学派，并且为了与俄国的莫斯科学派相区别，所以前面冠以“新”字。

邵勉是（新）莫斯科学派的代表人物。邵勉在早期结构主义理论思想的基础上，吸收、融入了乔姆斯基的转换生成语言学的理论，建立起自己的理论框架。他认为，语言的语法可以看做是一种控制装置，他可以把语言的信息改造成另一种语言的信息。

20 世纪 70 年代以后，哲学上产生了后结构主义（即“解构主义”）思潮。尽管有人仍然沿着结构主义语言学的道路向前迈进，但在语言学领域已经不占主导地位，而是让位于其他许多新兴学说和学派，语言学领域也进入了一个快速多变、群星灿烂的时期。

第四节 结构主义语言学的影响及评价

一、结构主义语言学的影响

索绪尔的语言学思想开创了语言学的新时代，对世界语言学的发展做出了极大的贡献。

索绪尔对世界科学发展的贡献主要表现为三个方面：建立了全新的科学的语言学及相关科学的理论；树立了科学研究的方法论的榜样；引导了20世纪结构主义思潮，其中取得比较显著成就的有符号学、结构主义文艺学和结构主义哲学、结构主义心理学。

科学的语言学理论及相关学科的理论在索绪尔的手中建立起来了。索绪尔的巨大贡献之一就是建立了完整的、系统的、科学的语言学理论体系。

索绪尔在阐述语言学理论的同时，自觉地提出了符号学的思想。虽然索绪尔不是为了建立“符号学”而提出符号学的思想的，他是在阐述语言的本质时提出符号学的思想的，但是已经相当完整、清楚。

索绪尔在论述语言本质的同时，不仅提出了符号学的思想，同时还自觉地运用系统论的方法指出：语言是由一定的要素（各种不同性质的符号）构成的一个有机的整体，在这个整体中各种要素以句段关系和联想关系结成一定的结构，使其运转起来。

索绪尔的语言学思想，不但成为语言学的经典理论，而且为其他学科所接受，对人文社会科学也产生了极大的影响，使人文社会科学的许多学科也产生了结构主义学派。

结构主义哲学思想源于结构主义语言学。结构主义哲学思潮对教育影响极为广泛。结构主义讨论的主题，如“结构”“符号”“体系”“知识”“真理”等与教育息息相关，也是教育的共同关切点，有许多教育研究者也主动把结构主义的思想观点、思维方式和分析方法运用到教育研究中，开辟了新的视界。

二、结构主义语言学的评价

（一）结构主义语言学对世界科学发展的贡献

1. 对语言学发展的贡献

结构主义语言学着重对具体的现实语言的研究，改变了历史比较语言学的“回头主义”哲学的方向，语言研究的对象由语言的历史或来源变为活生生的现实语言，这是语言学的极大进步，是语言研究的发展和深入。建立在历史比较语言学基础上的18、19世纪的普通语言学，虽然比历史比较语言学有了进步，但它的研究仍然缺乏基础，缺乏对语言现实的了解。20世纪60年代乔姆斯基提出语言研究要达到三个充分性：观察的充分性，描写的充分性，解释的充分性。历史比较语言学的研究对象过于片面，没有对现实语言的充分研究，连最起码的观察的充分性也没有达到，其研究的结果是无法保证其科学性的，所以索绪尔才放弃语言的历史比较研究，要建立真正的科学语言学的。结构主义语言学的产生是对历史比较语言学的“纠偏”和“补课”，使语言研究在历史比较的基础上向前跨进了一大步。

推动了语言系统的微观研究。结构主义语言学以前的历史比较语言学也好，普通语言学也好，它们只注意语言的宏观研究。所谓宏观研究，就是把某一语言作为一个单位做整体性的考察，研究它们的历史，它们的来源，它们的性质、特点和功能。历史语言学和初期普通语言学的研究中虽然也涉及语言系统中的个别现象，但不是为了研究语言系统的微观结构，而是用这些现象去证明、去论证整个语言系统的。结构主义语言学则不同，它是通过对语言系统的结构分析去解释某一具体语言和一般语言的体系的微观构成状况的。它把语言系统的结构分解成最小的构成成分，然后研究这些成分之间的各种关系，从而使我们了解了一个语言或一般语言的整体构成情况，进而使我们对一个语言系统有了深入而全面的认识。

语言是一个复杂的系统，这个系统是由不同层次的子系统和不同性质的基本单位构成的。它的使用，它的具体功能的发挥，从来不是以整体身份出现的也不是由子系统的身份出现的；它的使用，永远是由它的基本单位或基本单位的简单组合的身份体现出来的。所以把整个语言系统当做一个整体单位来研究，那只是民族学的研究，历史学的研究，只能笼统地了解语言的整体功能，无助于语言的使用。所以在结构主义语言学产生以前，没有语用学；结构主义语言学产生之后，有了对语言结构的微观分析，才有了语用学。而语言的本质，语言的存在是在具体使用中体现出来的。生命在于运动，语言的生命在于被使用；语言的使用是语言的生命。

结构主义语言学用系统论的思想和方法去分析语言，这种既是自然现象又是社会现象的本体，把任何一种语言都看做是一个内部结构有严格规律又同外部世界有紧密联系的系统。分析时又把它分解成各种不同的要素：能指的（语音）、所指的（语义）、关系的（语法），对各种要素进行全面的分析研究，不仅把语言学推向现代化的新高峰，而且推进了语言学的各个部门，使音位学、语法学，也包括后来发展起来的语义学都驶入现代化的轨道，得到了迅速地发展，呈现出崭新的面貌，为今天语言学园地的百花齐放、百鸟争鸣的大好局面开辟了道路。

2. 结构主义语言学对世界科学发展的贡献

结构主义语言学对世界科学的发展产生了不可估量的影响，形成了世界范围内的结构主义思潮，席卷世界的主宰思想体系。

世界范围内结构主义思潮的出现，推动了自然科学和人文社会科学的各个学科领域向前发展，使许多学科提高了科学水平，向各自的绝对真理迈进了一大步。结构主义对世界各学科发展的贡献，不完全在于产生了许多学科的结构主义学派，主要是它为科学研究提供了一个全新的方法论，开拓了人们的研究视野，提供了人们观察客观对象的崭新视角，发展了人们的思维方法。在此基础上，结构主义语言学的方法论便产生了系统论，进而有了信息论和控制论，即所谓的老三论。受老三论的启发和对老三论的否定，产生了新三论：协同论、突变论和耗散结构论等方法论学科。为此，结构主义语言学也具有一定的横向科学的性质，与数学、哲学一起成为整个科学体系的领先科学。

（二）结构主义语言学的弱点

1. 理想主义色彩太浓

结构主义语言学把任何一个语言系统都看成一个纯粹的完全符合规律的系统，这种认识带有浓厚的主观主义色彩，与现实语言实际是不相符合的。

2. 共时静态描写的缺陷

索绪尔和结构主义语言学都不仅把语言系统理想化，还把语言系统看成是共时的、静态的。索绪尔只承认语言的共时态是系统，不承认语言的历时态是系统，美国描写语言学只对语言的共时态进行语法描写，这是一种十分片面的做法。

3. 形式和意义的关系处理不当

索绪尔谈到语言是一个符号系统时，对“符号”这一概念

一直建议用双向结构来理解，

即符号是由能指和所指结合在一起构成的。能指指的是语言的形式；所指指的是语言的意义。正确的语言分析应遵守这一根本法则来进行，可是由于人们一般地把“符号”仅仅理解为能指，后起的结构主义语言学在语言的研究上也就跟着偏离下去了。

20 世纪 70 年代以后，整个结构主义思潮，随着科学的发展，已经显得很陈旧了，他自身也由结构主义发展到自身的反面——解构主义流派。

第三章
结构主义语言学思潮下我国语言教育的第一次转向

在结构主义语言学思潮的影响下，20世纪初我国语言教育发生了第一次转向，即从传统的语言教育转向结构主义语言教育。

第一节 西方结构主义语言学的西学东渐

一、西方结构主义语言学理论的西学东渐

受结构主义语言学的语言观和方法论的影响，中国语言学界接受结构主义语言学理论可分为三个不同的阶段，每个阶段都与中国国内的政治状况有关。总体说，每个状况都一落千丈结构主义的产生和发展，在时间上不同步，时差很大。但是，这并没有隔绝和阻断结构主义语言学理论对汉语研究的渗透。这三个阶段正是中国历史和社会发生急遽变革的时代。下面分别就这三个阶段的情况概略介绍如下：

（一）第一阶段——“无动于衷”

第一阶段，从20世纪初到20世纪40年代末。这近50年的时间里，中国处于革命和战争频繁发生的时期，先是1911年的辛亥革命，接着是军阀混战，第一次国内革命战争，第二次国内革命战争，然后是抗日战争，40年代末的解放战争。革命和战争交替频繁发生，社会处于不断的巨大的变革之中，国家无暇也无能力也无环境和条件进行经济建设和文化建设，一切学术研究处于停滞甚至是倒退状态。就在这时欧洲的结构主义语言学理论和思想诞生、发展了，30年代在美国又迅速兴起，但是它的影响力无法穿透中国的黑幕，进入中国的学术界，所以对中国的语言研究不可能产生什么作用。因为思想文化的传播，多是靠被传播地区的“唐僧”们以“取经”的方式展开的。中国这时虽然也有不少学者去西方“取经”，但是效果和状况，都是微乎其微和无济于事的。

在上述大的社会背景下，中国的语言研究基本上是在中国自己的传统的语文学的道路上蹒跚地前行。抛却中国的传统语文学不说，就借鉴西方语言学情况来说，一是清代的闭关锁国政策被迫打开之后，语言学开始仍然冷冷清清，只有马建忠学习西方结构主义语言学体系建立了汉语语法体系，写了《马氏文通》一书，其后陆陆续续地有了汉语语法的研究。1916年索绪尔的《普通语言学教程》出版，1926年布拉格学派成立，30年代哥本哈根的语符和美国的描写语言学的创立，并没有引起中国语言学者的注意。为数很少的中国语言学家他们对西方语言学理论和方法论的学习和借鉴仍然把目光集中在传统语法学，历史比较语言学和普通语言学方面，一是因为结构主义语言学思想理论刚刚兴起，传统语言学的势力还很大，它的扩展和传播只在科学技术发达的西方得到推行，在中国这样科学技术当时十分落后的状况下，麻木的学术神经是不会掀起什么波澜的；二是中国对西方的科学技术和现代文化的了解刚刚从愚昧无知的状态下醒悟过来，不要说西方新的学术思想我们赶不上，就是已经衰落的、即将过时的东西我们都还觉得十分新鲜。所以这个时期中国学习、借鉴西方语言学理论思想和方法论仍然是传统语法学和历史比较语言学。一批学者在汉语方言调查，少数民族语言研究、汉语语法研究方面取得了不少研究成果，做出了自己的贡献。所以我们把这一时期中国在结构主义语言学的研究状况称为“无动于衷”时期。

（二）第二阶段——“凿壁借光”

这一阶段是20世纪50年代到20世纪70年代末，新中国建立到“文化大革命”结束。在中国是一个很特殊的历史时期，社会主义革命成功，各种事业取得发展，国家的精神面貌和历史以往时期相比焕然一新。但是因为国际上社会主义和资本主义两大阵营的对立，冷战的铁幕壁垒森严，中国先是绝对的一边倒，全面倾向于苏联，站在与西方国家对立面的立场上，对西方的一切都是全然排斥的，政治上的对立决定了一切。后来中国又开展了“反修防修”和“无产阶级文化大革命”，不仅与西方资本主义完全对立，就是对“老大哥”苏联也展开了全面的批判，一切交流都中止了。这时中国的自我封闭达到了前所未有的程度。20 世纪 70 年代中后期有些松动，但由于整个国家、全体人民都卷入了“文化大革命”的浪潮中，一切活动几乎都停滞了，更谈不上文化的发展和学术研究了。就语言学来讲，和其他文化活动、学术研究一样，这一阶段又分为两个时期：前期 1950 ~ 1965，后期 1966 ~ 1978。前期处于“左倾”教条主义思想控制时期，特别是意识形态领域，后期则是无所作为完全空白时期。前期全面学习苏联，完全无条件地接受苏联的语言学教条主义思想，即以斯大林的小册子为指导的苏联语言学，不敢也不允许越雷池一步。认为只有苏联的语言学是绝对正确的，是马克思主义的，是绝对真理；而欧洲、美国的语言学都是资产阶级的，是腐朽、没落的，是绝对唯心主义的。在这样的学术气氛之下，学者们不敢轻易谈论西方，更谈不到借鉴和引用。语言学者们的研究偶尔涉及一点儿，轻则遭到指责，重则遭到批判，1958 年以后，这种冷冻冰封的气氛稍稍有点缓解。中国少数学者本着科学的态度，开始尝试用结构主义的理论和方法来研究汉语，解决汉语中的一些疑难问题。“左倾”教条主义的铁围被悄悄地钻透，结构主义语言学的理论和方法也就逐渐地、一点一点地渗透到中国的语言研究中来。中国学者这时引进结构主义理论和方法，不是大张旗鼓地公开进行的，他们一不宣扬，二不声张，避开“左倾”教条主义思想的批判锋芒，在具体的研究中暗暗进行。因此，我们把这一阶段对结构主义语言学理论和思想的引进，称之为“凿壁借光”阶段。

（三）第三阶段——“自由取舍”

这一阶段从20世纪80年代开始至今，中国进入了一个新的历史时期，闭关锁国的状态代之以对内改革对外开放的社会主义市场经济秩序逐渐建立，一切不利于经济建设和发展的观念、体制、思想都在被改革之列。中国的科学、文化和学术同经济一样进入了一个全面开放、环境非常宽松的时代；一切事业都得到空前蓬勃的发展，科学技术、文化更是如此。在这个时期里，语言学理论思想和方法的引进、借鉴和学习的一切壁垒都被取消，学者们可以根据自己的认识和经验，选取任何一个派别的思想和理论主张，而不会遭到批判和阻挠；关键在于运用得如何，对汉语的问题解决得如何。但是，当我们可以自由取舍的时候，结构主义语言学和结构主义思潮，已经进入“灯火阑珊”的阶段，西方各语言学派、各种学术观点纷纷“走马换将”，“你方唱罢我登场”，甚至使我们跟踪介绍都有点来不及。这时，语言学界不仅介绍结构主义的学说，同时介绍各种新起的学术流派，在引进的领域里真正实现“百家争鸣”的局面。对于中国引进、借鉴西方结构主义语言学理论和思想来说只是一个补课的作用而已。

二、中国语言学家学习借鉴结构主义语言学理论和思想的特点

（一）一个优良的传统——拿来主义，为我所用

鲁迅先生在“五四”运动时就对待西方文化，提出“拿来

主义”的主张，目的是对非本民族的、非本国的文化不要盲目排斥，盲目拒绝。当然要“拿来”的应是先进的、对发展民族文化有利的东西，如果暂时不能判断是否有利，不妨先拿来试用，用实践来检验。“拿来主义”其实是中华民族文化的传统，中国历史上多次发生民族的大融合，民族融合的同时也就发生了民族文化的融合。单从文化的角度来说也是如此，比如印度佛教，传入中国后与本土的道教和儒教就融合在一起了，禅宗的教义和思想里有很多道教和儒教的内容，是儒、释、道融合的体现。但是它并不是民族的融合形成的，它是文化本身相互作用的结果。

对于结构主义语言学来说也是如此，中国学者在那种学术铁幕的控制之下，仍然以“拿来主义”的态度，引用它的理论和方法，对于汉语的研究来说到底如何，适用还是不适用，是全部都不适用还是部分不适用，不能用国家关系、社会制度是否对立来做判断的标准，应该拿来试用一下，看试用的结果如何来作出正确的合乎客观实际的判断。我们的前辈学者，在那样铁幕控制之下，甘冒挨批判和失去自己心爱的学术事业的风险，暗暗地试用结构主义语言学的理论和思想，正是本着“拿来主义”的态度的勇敢的行动。

（二）科学的取舍精神——合则留，不合则去

“拿来主义”是说对于一切外来的东西，在没有经过实践检验之前，不要盲目拒绝和排斥，拿过来再说；但也不是盲目地照抄照搬，不是抄袭和简单的模仿，这里面本身就包含着一种

科学的精神和态度。“拿来主义”是指学习借鉴之前的态度，先拿过来；“合则留，不合则去”是指学习过程中和学习结束时的做法和结果。这是一种优良的传统，一种科学的精神和态度。只要坚持这种科学的精神和态度，做任何事情和活动都会取得成功。

中国学者对西方语言学的借鉴一开始就采取了这种科学精神和态度。马建忠（1845～1900）在1875年出使欧洲留学法国，回国之后，撰写中国第一部语法学著作《马氏文通》时，就采取了这种态度。他借鉴拉丁语法的框架和印欧语语法学方法，用来分析上古汉语和唐代汉语，建立了汉语语法学系统，并没有完全照搬拉丁语语法的条条框框，而是结合汉语的实际，如词类系统里增加“助字”一类、句法系统中把“静字”（形容词）和“动字”（动词）并列承认二者同时能做谓语，就是一种创造，摆脱了拉丁语法学理论的束缚，反映了汉语的特点。20世纪50年代，中国学者在借鉴结构主义理论时，仍然继承了这一代优良传统。比如朱德熙先生和吕叔湘先生，他们学习借鉴美国描写语法学时，就采取这种精神。将描写语法学中适于汉语语法的理论和方法拿过来分析汉语语法，取得了极大的成功。美国描写语法分析完全依靠形式，朱、吕二位先生则不然，他们进行汉语语法分析则是充分考虑了意义在其中的作用。印欧语言形态比较发达，根据形势能够进行比较充分的分析；汉语缺乏形态，如果一味强调形式，语法分析很难进行。二位先生以及后来一些学者仅仅抓住了汉语的特点，仅仅学习借鉴描写语法学适用于汉语实际的理论和方法对汉语进行了分析，结果极大地推动了汉语语法学的发展。

（三）创新发展，开拓进取

“合则留，不合则去”的科学取舍精神，不是原地不动，不是量的减少，它本身就包含着创造。否则，只是把适用的留下；把不适用的去掉，那样不仅数量上大大减少，必然影响到质量，会产生大量的例外，使引进的外来理论和方法，处于作废和半作废的状态，最终不能解决实际问题。所以，科学的引进和借鉴本身就包含着创新发展、不断前进的精神。在应用外来的理论和方法时，必须根据应用对象的情况，以解决问题为标准。解决问题的部分予以保留，不适用的部分舍去，没有解决的部分就要根据实际情况，对理论和方法加以改进，使之适用。这种改造就是创新，就是对引进的原有理论和方法的发展，就能使我们的研究和事业有所前进。这是一个最基本的道理，是我们对一切引进的东西所应有的正确态度，也是中华文化得以发展的优良传统之一。一切科学都是这样，语言科学也是这样。我们的前辈学者和语言学家，在对待结构主义理论和方法上采取的就是这种态度，汉语语言学发展过程也反映了这一特点。

三、我国第一部用西方语言学理论研究中国语法的著作《马氏文通》

1898 年我国语言学者马建忠（1845～1900）写成了语言学专著——《马氏文通》,《文通》首开运用西方语言学理论研究汉语语法的先河，之后语法研究成为 20 世纪中国语言学最活跃和成就最为显著的一个领域。

《文通》是一部古汉语的语法专著，全书由正名（给语法术语下定义)、字类（即词类）和句读三部分构成。马氏借鉴西方理论，在词类上将实词分为名、代、静、动、状 5 类；虚词分为介、连、助、叹 4 类。在句法上，用句、读表示句法的单位，“句”是一个完整的意义单位，是独立的，“读”是不独立的。“读”又可分为两类：一类是与主句相对的分句，一类是作为句子成分的词组。马氏第一次为汉语创制了一个完整的语法体系，系统地揭示了汉语语法的特点。《文通》是我国的第一部语法学著作，它开辟了语法学研究的新纪元，使汉语的语法研究成为一门独立的学科。

《马氏文通》出版后，风行一时，早期评价颇高，渐有质疑、勘误。20 世纪 20 年代对它就有了模仿外国文法的批评；20 世纪 30 年代在文法革新的大潮中，对《马氏文通》“机械模仿”的批评声浪更高。这是可以理解的，也是学术发展过程中不可避免的现象。因为引进一门学科，开始模仿的成分多一些是难免的；研究深入以后，人们对此不满，要求更注重汉语自己的语法特点，批评过头一些，只是矫枉过正罢了。但是，20世纪80年代又冒出一种彻底否定《马氏文通》、甚至彻底否定自《马氏文通》以来的整个汉语语法研究的噪音，这是难以令人首肯的。梁启超在《中国近三百年学术史》中说："眉叔是深通西文的人。这部书（指《文通》）是把王、俞之学融会贯通之后，仿欧人的文法书把语词详密分类组织而成的。"在《论中国学术思想变迁之大势》中说："近世俞荫甫为《古书疑义举例》，禀高邮学，而分别部居之。而最近则马眉叔建忠著《文通》，亦凭借高邮（眉叔著书时，余在上海，居相邻，往往有所商榷，知其取材于《经传释词》《古书疑义举例》者独多也），创前古未有之业。中国之有文典，自马氏始。推其所自出，则亦食戴学之赐也。"梁启超指出了《马氏文通》的两个来源，这是符合实际的评价。王力先生在《中国语言学史》中说："《马氏文通》可以说是富于创造性的一部语法书。"这个评语一点也不过分。

我们今天应该明确，《马氏文通》决不是机械模仿、一律照搬，而是"以西方语法作为模特儿来研究语法"（王力语）。马建忠在《后序》中明确说："斯书也，因西文已有之规矩，于经籍中求其所同所不同者，曲证繁引以确知华文义例之所在。"他是这样说的，也是这样做的。他相信中西语法的相同规律，也注意了它们的差异。因而作出了多方面的创新和成绩：

西方语言有形态变化，讲语法主要是讲形态；马建忠认识到"中国文字无变也"，完全不讲形态。他在《例言》中说：

“是书本旨，专论句读。”指出讲字类也是为了讲句读。实际上他在分卷讲字类时是在讲各类词的句法功能，把句法和词法结合起来讲。这同讲形态的西方语法有很大的不同，怎么能说是机械模仿呢？德国汉学家加贝伦兹1881年所写的汉语语法，在西方一直受到推崇；但是他模仿拉丁语、德语给汉语立五个格，大讲“格论”，对比之下，更说明马建忠不是机械模仿。

马建忠说：“助字者，华文所独，所以济夫动字不变之穷。”在词类中专设助字一类，这是明显的创造。

马建忠看到了汉语句子不一定要有主语的特点，总结出几种没有主语的句式，比如他说：“大抵议论句读皆泛指，故无起词，此则华文所独也。”这也是很大的创造。

马建忠继承训诂学研究虚词的传统，重视虚词和词序的分析研究，结合西方的语法学，把汉语的虚词研究推向了一个新的高度，更是他的重要贡献。

正如王力先生在《中国语言学史》中说的：“有许多人都批评他照抄西洋语法，这其实是没有细读他的书。”应该说，《文通》的写法，是一种融会中西的做法，这是中国近代学术发展的必由之路。

由于马建忠中西学术根底都很深厚，他把传统小学研究和西方的语法学结合起来，做得比较出色，因而《马氏文通》才经得起时间的考验。它比后来的好多汉语语法著作、包括今天的许多古汉语语法论著都高明。王力先生说：“马氏精通拉丁语和法语，他拿西洋语言来跟汉语比较，是全面而精到的，而后来那些一知半解、仅凭一部《纳氏文法》来比附的相比较，有上下床之别。”朱德熙先生说：“只要看《文通》问世二十余年以后出版的一批语法著作，无论就内容的充实程度论，还是就发掘的深度论，较之《文通》多有逊色，对比之下，就可以看出《文通》的价值了。”他们的评论是中肯的。

我们只拿《汉语大字典》来作个比较，有关虚词的训释就大多不如《马氏文通》。例如“而”字，《马氏文通》指出：“而字为连字，不惟用以承接，而用为推转者亦习见焉。然此皆上下文义为之。不知而字不变之例，惟用以为动静诸字之过递耳，是犹‘与’‘及’等字之用一联名代诸字也。”这就是说，“而”字的根本作用是连接两个谓词性成分。马建忠的分析论述是非常高明而精确的。《汉语大字典》却把这种“而”字分立为13个义项：副词义3个：“相当于‘才’”，“相当于‘只’‘惟独’”，“相当于‘犹’‘还’”。连词义7个（略）。助词义2个：“相当于‘之’‘的’”，“相当于‘以’”。语气词义一个：“相当于‘岂’‘难道’”。这是杂采传统训诂学的释义而成的，是虚词训释中最庞杂不可取的典型。《马氏文通》关于介词、连词、助词（语气词）的分析论述都相当精彩，往往胜过某些后出的语法论著。20世纪50年代以来，《马氏文通》的影响越来越大，正是由于它的内容充实，发掘有深度，所以直到今天还有重要参考价值。自从《文通》问世以后，汉语语法研究者都以《文通》为基础，例如章士钊的《中国国文典》，又如陈承泽的《国文法草创》等。

汉语语法的研究原是训诂学的附庸，《马氏文通》的出版开创了汉语语法学的领域，并日益壮大，已经成为显学。他把百年来的汉语语法研究都归作机械模仿西方语法的历史，固然是荒谬的；许多语法学史的论著对百年来汉语语法研究的论述也很平面，往往是从研究现代汉语语法的角度来立论的。

众所周知，《马氏文通》研究的对象是古汉语语法，它引用的资料上起周秦，下迄韩文，跨越一千多年。这是一种泛时的语法研究。《马氏文通》出版后二十多年时间出版的一批语法著作，大都是沿袭《文通》的模式写成的国文法，也就是所谓的文言文法。这是汉语语法学的泛时语法研究阶段。

“五四”前后提倡白话，语法研究转向研究国文语法，这是一种共时的语法研究。黎锦熙的《新著国语文法》是最早的代表作。20 世纪 30 年代末有文法革新的讨论，20 世纪 40 年代有王力的《中国语法理论》、《中国现代语法》、吕叔湘的《中国文法要略》、高名凯的《汉语语法论》。三四十年代虽然也有一些古代的专书语法研究和古代的专题语法研究，如黎锦熙《三百篇之“之”》、王力的《中国文法中的系词》、丁声树的《释否定词“弗”“不”》、吕叔湘的《释您、俺、咱、喒，附论们字》等。这还只能算是汉语历时语法研究的开始阶段。总的看来，三四十年代是以研究现代汉语为主的时期，成果主要表现在现代汉语语法方面。这是以汉语语法学共时语法研究为主的阶段。

20 世纪 50 年代以来，现代汉语语法研究从原本的一统天下的传统语法到结构主义语法的兴起，再到转换生成语法、格语法、系统功能语法的多头引进；分析方法也从一统的成分分析方法到层次分析法转为主流，再到变换分析法、语义特征分析法、语义格分析、语义指向分析的应用。现代汉语语法研究的理论方法在不断改进，研究的广度、深度都有长足的进展。丁声树等的《现代汉语语法讲话》、陆志韦等的《汉语的构词法》、张志公等的《暂拟汉语语法教学系统》、朱德熙的《语法讲义》、吕叔湘的《汉语语法分析问题》等是这个时期影响最大、最具代表性的现代汉语语法著作。这无疑是后半个世纪汉语语法研究的最重要的成果。但是，我们却不能不看到，20世纪50年代以来汉语历史语法的研究发展也是非常迅速的。王力的《汉语史稿》中册1958年出版，第一次给汉语语法的历史发展勾画了一个轮廓，大大推动了汉语历史语法的研究。20世纪80年代汉语历史语法研究形成了全面开花的局面，既有古代汉语专题语法研究，也有古代汉语专书语法研究，还有断代语法研究。研究方法也更重视语言的历时性、系统性和定量分析。王力的《汉语史稿》中册和20世纪80年代改写而成的《汉语语法史》、刘世儒的《魏晋南北朝量词研究》、管燮初的《西周金文语法研究》、吕叔湘的《近代汉语指代词》等是这方面的代表作。应该说，已经形成了现代汉语古今语法研究平分秋色的局面，是共时语法研究和历时语法研究并驾齐驱的第三阶段。

前面所述，马建忠在做《马氏文通》时对汉语词类和句法的处理，就是比较典型的一例。后来的学者，如朱德熙先生在处理汉语语法的问题时也是如此。朱先生借鉴描写语法学的部分方法和转换分析法，用于对现代汉语的分析，提出了符合汉语特点新的规律。一些研究成果，既改进了汉语语法分析的方法，又丰富了结构主义语法，是他从描写语法的理论和思想中受到启示，根据汉语的实际创造出适用于汉语的新的语法分析方法。这些东西，从总体上说是源于结构主义理论和方法体系的。但又不是结构主义体系中原有的内容，他们是一种全新的东西，是结构主义理论和方法在中国的发展和创新。

我国现代汉语语法研究的奠基人是黎锦熙（1890～1987）。他于1924年出版《新著国语文法》，这是我国第一部白话文语法著作。黎氏在词类研究上，将词分为五类九品：实体词——名词、代名词；述说词——动词；区别词——形容词、副词；关系词——介词、连词；情态词——助词、叹词。在单句研究上，将句子分为六大成分，三个层次：主要成分——主语、述语；连带成分——宾语、补足语（合成谓语和复杂谓语）；附加成分——形容附加语（定语）、副词附加语（状语）。在复句研究上，将复句划分为等立复句和主从复句。等立复句分为四类：平列句、选择句、承接句、转折句；主从复句分为六类：时间句、原因句、假设句、范围句、让步句、比较句。《文法》所确立的句本位思想、句成分语法观念，是黎氏语法体系的两大特点，也是对现代汉语研究的历史性贡献。值得一提的是他采取图解法来进行句子语法分析，使抽象的语法结构直观地表现出来，使人一目了然。经过30年代末至40年代初开展的“中国文法革新大讨论”，20 世纪 40 年代出现了 20 世纪上半叶现代汉语语法研究的鼎盛时期。代表性著作有王力的《中国现代语法》和《中国语法理论》、吕叔湘的《中国文法要略》、高名凯的《汉语语法论》等，这几部著作都以结构主义普通语言学理论为指导，力图揭示汉语语法自身的特殊规律，在我国语言学史上具有重要的历史意义。

总之，《马氏文通》开创的研究汉语语法的道路越来越宽广，现代汉语语法的研究和汉语历史语法的研究都在中国语言学研究领域中占有非常显著的地位。它在 20 世纪已经形成一个成绩斐然的新学科。

四、中国现代接受西方结构主义语言学理论的著名语言学家

如前所述，中国语言家在接受外国语言理论时秉持科学的研究态度，他们的学术思想总的特点是不拘一格，兼容并包，从而造就了自己的博大精深。在接受和引进西方结构主义语言学理论和方法时同样如此，所以他们的理论体系中，既有西方结构主义语言学的成分或者说西方结构主义语言学的影子，但他们又不是完全的或纯粹的结构主义语言学者。这些语言学家包括高名凯、朱德熙、吕叔湘、陆俭明等人。我们这里只就他们的理论中受西方结构主义语言学启发或影响的部分加以简要的介绍。

（一）高名凯

高名凯（1911～1965），中国著名语言学家，福建平潭县人。1935 年毕业于燕京大学哲学系，随即进入燕京大学研究院。1936 年赴法国，改学语言学，1940 年毕业，获博士学位。1941 年在燕京大学任教，1942 年任北京中法汉学研究所研究员，1945 年起任燕京大学国文系教授、国文系主任。1952 年任北京大学中文系教授、语言学教研室主任。高名凯的学术活动分为两个阶段：新中国成立前，主要从事汉语语法研究；新中国成立后，主要从事语言学理论研究。出版的主要著作有《汉语语法论》（1948）、《普通语言学》（1954）、《语言与思维》（1956）、《语法理论》（1960）、《语言论》（1963），此外与人合作、参与集体编写词典、教科书多种，撰写论文数十篇，并有多种文学、语言译注出版。高名凯在汉语语法研究中有自己独到的见解，反对模仿通俗拉丁语、英语语法，而主张用普通语言学理论作指导、根据汉语语法实际建立汉语语法体系；在语言学理论方面则受索绪尔的影响很深，主张严格区分“语言”和“言语”、“历时”和“共时”。他在教学中全面而又详细的介绍索绪尔的语言学观点，逝世前他把索绪尔的《普通语言学教程》译成汉语，对索绪尔的语言学理论思想在中国的传播作出了很大的贡献。它不仅全面介绍索绪尔的理论思想，还在自己的著作中贯彻、发展索绪尔和结构主义的理论和方法，在《语言论》的著作中，以索绪尔的理论为指导，以布拉格的音位学体系框架为榜样，全面分析了语言结构体系，提出了一整套的各种语言要素的单位和单位变体的结构分析方法：

语音系统：音素，音位、音位变体

语义系统：义素，义位、义位变体

词汇系统：词素，词位、词位变体

语法系统：法素，法位、法位变体

法　　位：形位，序位；形位变体，序位变体

此外，他认为语言系统也是一定的“位”，也有“变体”：

地方变体——地方方言

语言：社团变体——社会方言

言语变体——言语方言

《语言论》一书，资料丰富，内容翔实，科学体系十分严谨，有很多独到的见解，极富启发性。

（二）朱德熙

朱德熙（1920～1992），著名语言学家、语法学家、语文教育家、古文字学家，江苏省苏州市人。1939 年入昆明西南联合大学物理系学习，1940 年转入中文系，中间休学两年，1945 年毕业。曾师从唐兰先生学习古文字学。1946 年起在清华大学中文系任教，1952 年去保加利亚索菲亚大学讲学，1955 年回国，一直在北京大学中文系任副教授、教授。1979 年出席巴黎第十二届国际汉藏语学会议并在巴黎讲学。历任北京大学中文系现代汉语教研室主任、中文系副主任，北京大学副校长，国际汉语教学学会会长、中国语言学会副会长、会长等职。1990 年赴美讲学，1992 年病逝于美国。

朱德熙先生长期从事现代汉语语法和古文字学研究，有卓著的贡献，在语文教育、写作修辞方面也有很好的成绩。在现代汉语语法研究中，朱德熙先生是最早引进结构主义理论和思想的中国学者，也是使用结构主义方法成果最卓著的学者。朱德熙先生最早引进“语素”的概念，并结合现代汉语的实际对汉语的语素进行了分析和分类研究。他说：“我们知道，语言是一种符号系统。任何符号都包含形式和意义两方面。音位是没有意义的语音形式，它不是符号，只是组成符号的材料。我们进行语法分析，就不能只研究符号组成的材料，必须进一步研究符号本身。语法系统里的基本符号是语素。语素可以定义为：最小的有意义的成分。”朱先生的著作是 1982 年出版的，但是早在此 20 多年前，1959 ~ 1960 年他给学生讲授语法专题时，观点就已经明确了。

更为重要的是，朱德熙先生成功的使用结构主义语言学的方法来分析汉语的语法，取得了极大的成功。1956 年发表了《现代汉语形容词研究》一文，1961 年又发表了《说“的”》这两篇文章成为现代汉语语法分析的经典，他们是运用结构主义分布分析方法于现代汉语语法研究的成功的典范。1962 年发表《论句法结构》一文，提出词类、词序、层次、推倒式是确定各类型句法结构的基本要素，开始用变换分析方法区分同型结构。变换分析方法，是受海里斯转换分析法的启发而创造出来的适用于汉语句型分析的有效方法，今天已经被多数语言学者接受和熟练运用。

朱德熙先生引进结构主义的理论和方法，从来不是机械的模仿和照搬，仅仅是一种启发，然后在汉语的土壤中耕耘，在现代汉语的语法研究中开花结果。美国描写语法学过于强调形式，朱德熙先生从来都是形式和意义结合，从形式入手以意义为依据去分析语法现象。对语素概念的使用是如此，对分布分析法和转换分析法的使用也是如此。不要以为“变换分析法”与海里斯的“转换分析法”仅仅一字之差，他们之间有着明显的甚至是本质的区别。变换分析法完全是立足于汉语的基础上提出来的，朱德熙先生为此专门提出了“句法变换中的平行性原则”，这个同海里斯的代数式的形式操作是完全不同的。后来朱德熙先生又提出“表层语法意义”和“深层语法意义”的理论，这都是对结构主义理论和方法在汉语中的应用的一种创造，是完全可以作为一种独立的理论或学派来看待的。只不过结构主义的理论和方法早已产生，对汉语语法研究产生一定的影响，而且可以看出朱先生的理论、方法与结构主义理论、方法之间有一种蛛丝马迹的联系，我们才做出上面的判断。

（三）吕叔湘

吕叔湘（1904～1998），江苏省丹阳县人，中国著名语言学家、语文教育家。

1926年毕业于前国立东南大学外国语文系，后在丹阳县立中学、苏州中学、安徽省第五中学任教。1936年赴英国留学，先后在牛津大学人类学系、伦敦大学图书馆学科就学。1938年回国后，先后任云南大学文史系副教授，华西协和大学中国文化研究所研究员，金陵大学文化研究所研究员兼中央大学中文系教授。1952 年起中国科学院语言研究所（1978 年改属中国社会科学院）研究员、副所长、所长，并兼任《中国语文》杂志编委、主编。兼任文字改革委员会委员、副主任。此外还兼任全国政协委员、全国人大代表、常委会委员，法制委员会委员等职。1998 年病逝。

吕叔湘先生研究的重点是汉语语法，对近代汉语语法和现代汉语语法学的发展有重要贡献，此外对中国的语文教育事业也有很大的功勋。在汉语语法研究方面，他早年接受西方传统语法的理论和方法，将叶斯伯森的“三品说”用于对汉语词类的分析，20 世纪 40 年代就出版了《中国文法要略》一书，成为当时极为有影响的一本学术著作。吕叔湘先生当时虽然用“三品说”的理论和方法分析了汉语的词类问题，但是整部著作的指导思想却突破了西方传统语法理论的框架，结合汉语的实际，建立以意义分析为主的语法理论体系，对今天的语法研究仍然有着深刻的影响和重要的作用。担任中国语言研究所所长以后，他领导中国科学院语言研究所“语法小组”继续探讨适合汉语语法研究的道路。与丁声树先生合作，1952 年起，在《中国语文》杂志上连续刊登“语法讲话”的文章，那时他便开始用结构主义描写语法的理论和方法并加以改造来研究汉语语法，试图为汉语语法的研究找到一条畅通的道路。1962 年他连续发表《说“自由”和“黏着”》《关于“语言单位的同一性”等等》两篇重要论文，1977 年以后发表《汉语语法分析问题》等重要语法理论著作，仍旧在探讨如何应用和改造结构主义描写语法学的理论和方法用于汉语语法研究。直到病逝前仍然笔耕不辍。

（四）陆俭明

陆俭明，当代语言学家、语法学家，江苏吴县人，1936 年 11 月 5 日生。1955 年入北京大学中国语言文学系学习，1957 年进入语言专门化专修语言学和汉语，1960 年毕业留校任助教，1979 年升为讲师，1980 年升为副教授，1985 年升为教授，1986 年被国家学位委员会评为现代汉语博士生导师。陆俭明长期活跃在国内和国际汉语语言学界，1981 年赴美国斯坦福大学讲学，1982 年出席在北京召开的第十五届国际汉藏语学术会议，此后多次到香港、台湾和日本、美国、韩国、新加坡、泰国等地和国家讲学。担任过多个学术机构和团体的领导职务，曾任中国语言学会副秘书长、秘书长，国际中国语言学学会常务理事，北京大学学术委员会委员，北京市语言学会副会长兼常务理事；目前任北京大学人文学部学术和学会委员会委员，北京大学汉语语言学研究中心主任，北京大学计算语言学研究所副所长，中国语言学会副会长兼常务理事，中国对外汉语教学学会顾问等一系列学术职务。

谈到结构主义语言学在中国的时候，不能不提到陆俭明先生。陆俭明先生长期从事汉语语言学的教学和研究工作，专攻现代汉语语法学。他师承朱德熙先生，对汉语语法学的发展做出了十分显著的成绩。在学术研究中，他兼收并蓄，不拘一格，吸收国内和国际各语言学派理论和观点之所长拿来用于汉语语法的研究，在此基础上发展创新，形成自己的理论体系和风格。在对结构主义描写语法学的吸收和应用方面，尤其如此，绝不简单模仿和照搬，他既接受结构主义语法学重视语言结构的形式分析，又结合汉语的特点和实际，充分注意意义对语言结构的某种作用，成功地把形式和意义结合起来，取得了极大的成功。他的《八十年代中国语法研究》一书，既是他对中国当时语法研究的精彩评述，又是他对自己语法研究的科学总结。陆俭明可以说是把结构主义语言学的理论、方法同汉语实际相结合的典范，他将结构主义的理论和方法糅进、融合到自己的整个学术研究中去，他对结构主义语言学的理论和方法同对待其他学派的理论和方法一样，充分体现了中国语言学家在学术上的“拿来主义”“合则留，不合则去”“发展创新，开拓前进”的优良传统。这是我们后辈学者在学术研究中应该学习和保持的科学精神和态度。

第二节　我国现代语言教育的第一次转向及其发展成就

20 世纪，结构主义语言学的方法论使整个人类科学研究的思维方法发生了重大改变，重量化、重实验、重实证研究、重体系建构成为主导的研究方法。而西方结构主义语言学影响最为直接的还是我国的语言教育。

一、我国现代语言教育的第一次转向

就我国语言教育而言，以章士钊 1907 年出版《中等国文典》作为中学堂、师范学堂的教科书和以黎锦熙 1924 年出版《新著国语文法》作为学校语法教材为标志，我国语言教育从过去的传统语言教育开始了向结构主义现代语言教育的第一次转向。在此之后，语言知识以不同的形式越来越多地被系统地引进语文教材，逐步使语言知识成为语言教学内容的组成部分。

1904 年语文独立设科后，随着西方先进的教育思想的传入，新学逐步取代旧学成为语文教育的主要内容，《马氏文通》的广泛传播使现代语言学的成果被引入教育的领域。章士钊在 1907 年出版《中等国文典》就是为学校编写的文言语法讲义，后经学部审定作为中学堂、师范学堂的教科书。《中等国文典》在当时产生的影响却是深远而广泛的：该书曾经是 1907—1935 年间中学、中等师范学校“教育部审定”的语法教科书，当时教育部对《中等国文典》的批词云：“据呈及《中等国文典》……阅悉，吾国向无文法专书，初等作文，苦无标准，该书本之西洋文法规律，而纯以国文风味出之，征引详审，绝无牵强晦涩之弊……尤足以资深造，应准作为中学校及师范学校国文教科用书。”1907 年初版，1922 年第 12 版，1930 年第 16 版，1933

年、1935年又分别再版，再版次数累计近20次，这也算是语法学专著再版史上的一个奇迹。《中等国文典》“所定之名，良不及马氏、严氏之雅，而内地学子通常习用者，则本书之名为多”。黎锦熙先生在《1925年国语界防御战纪略》一文中回忆自己在学术上的成长道路时说：“章士钊先生，吾乡名士也。少读其《初等国文典》，即私淑其人”，“锦熙之粗知文法，实章先生启之也。”因此，章士钊的《中等国文典》是20世纪前30年唯一的一本语法学教科书，其在普及语法教育方面，功不可没。从1898年汉语语法学的诞生，迄今也只有一百多年的历史，在其步入近现代化进程的一开始，《马氏文通》是开山之作，已无异议。但在其后，接踵而起，并在语言学的语法领域进行深入开拓的便是章士钊的《中等国文典》，《中等国文典》是汉语语法教育史上重要的里程碑之一。

为了适应白话文运动、国语统一运动和学校教学的需要，黎锦熙的《新著国语文法》著作问世之后，修订4次，先后印刷24版之多。在长达二三十年的时间里，学校语法系统多以此书为准则。

《新著国语文法》在章节安排、教学的原则和方法上都有明确的目的和具体的论述，在我们见到的语法著述中，对教学指导如此详尽具体的，并不多见，这是需要我们继承和发展的。黎先生的这种“句本位”教法是符合汉语实际的，是适合学生心理的，这里需要说明一点的是，黎先生以句法为核心，并不意味着词法可以忽略。黎先生说：“中国语法除以句法为中心外，复合词和独立的词类研究，实在也是语法研究的重要环节，它们大有影响于用词造句的纯洁与健康，特别是在欧化的白话文普遍流行的时候，我们讲中国语法的，其次就要认识这一点。”由此可见，黎先生是相当重视词法的，他认为句法和词法是“纲”和“目”的关系，在教学程序上，要“先理会综合的宏纲（句子），再从事于分析的细目（词类）”，“先就句子底发展，娴习词类在句中各部分的种种位置和职权，然后继续地研究词类的细目。”从中我们可以看到，黎先生只是反对孤立地讲词类，主张把词类放到句子中去讲。具体做法，“第一步是词汇意义上略辨词类和例词，提高短语的三种类型和举例，使学习者掌握一些基本的语法知识，认识汉语是有词类的；第二步是尽快转入句法成分和句子类型的教学，同时在造句中配讲用词，这叫做把词类撒到句中去讲；第三步是在掌握句法的基础上，再来总结各类词的语法特点，进一步讲词类和构词法，第四步是研究复式句。”黎先生的这种深入浅出、循序渐进的语法教学法为教学提供了极大的方便。因此《新著国语文法》作为学校的语法教材，一直延续到“暂拟系统”的诞生。

到 1949 年，语言知识教学被正式列入华北人民政府教科书编审委员会草拟的《中学语文科课程标准》。在教学目标上，规定“能够就语汇、语法、修辞三方面区别方言和普通话能够彼此转译，达到相对的准确。”在教材编写上，规定“语法、修辞法、作文法都不作孤立的教学”，“必须就实际的听、说、阅读之中相机提出教材”。在教学安排上，规定要“从实际的听、说、阅读之中多多提出实例，让学生自己去发现规则”，“要及时地提出实例，作彼此之比较研究”等。

可以说，20 世纪上半叶，正是我国语言教育由几千年传统的朴素的经验主义语感教育逐步转向符合汉语特点的科学的结构主义语言知识教育的一个探索时期。

新中国成立后，国家指示全面学习苏联的教育理论和经验。在苏联，俄语和文学是分开教学的，1953 年，中央语文教学问题委员会给党中央写了《关于改进中小学语文教学的报告》，正式提出汉语、文学分科的问题。报告指出：“我国中小学的语文教学，历来都是把语言和文学混在一起教，这样教学的结果，不论从语言方面看，还是从文学方面看都遭到了很大的失败。一般语文教学着重在语言文字的解释方面，并没有有计划地教给学生以系统的语言规律的基本知识，所用教材也不适于进行语言教育，其结果是使学生缺乏严格的语言训练，在写作中形成语法、修辞、逻辑上的严重混乱，贻害很大。”此外，许多语言学家也大力呼吁要重视语言教学。如张志公先生从现代科学的高度指出了学习现代汉语语法的重要意义：“对于自己须臾不能离的语言具备一点科学的认识，这是适应现代世界科学化的需要和提高思维能力的需要”，“学习语法有助于提高理解和运用语言的能力。语法，作为语言实践规律的总结，掌握了它，自然能够指导语言实践”①。

---

① 董菊初．张志公语文教育思想概说［M］．北京：人民教育出版社，2001：46.

1954年，我国中学实行汉语、文学分科教学实验，语法教学得到了国家前所未有的重视。分科以前的教材思想性比较强。在当时，发挥了一定的思想政治教育作用。但是，由于语文知识教学和训练的要求不明确，加上编排上缺少系统性、科学性，越来越明显的不能适应语文教学发展的需求。广大的教师迫切要求进行教材和教法改革。

早在1951年3月，中央教育部召开的第一次全国中等教育会议上，就提出了语言文学分科的设想，指出：过去的国文课，语言、文学、社会科学混合在一起，有很大的混乱。不能在语言科学的教学里解决讲授社会科学的问题，不要以文学的任务代替语言的任务，二者可以互相帮助，但是不能互相代替。

1951年6月，《人民日报》在《正确的使用祖国的语言，为语言的纯洁和健康而斗争》的社论里指出“语言的使用是社会经济政治文化生活的主要条件，是每人每天所离不了的。学习把语言用的正确，对于我们的思想精密程度和工作效率的提高都有很重要的意义。”还指出：“只有学会语法、修辞、逻辑，才能使思想成为有条理的和可以理解的东西。但是我们还只是有很少的人注意到这个方面，我们的学校无论小学、中学或大学都没有正式的内容完备的语法课程。”随后，在全国开展“学习苏联教育经验”的热潮中，许多教师也感到，语言、文学混在一起教不符合语文教学的规律，应该像苏美和西欧其他一些国家那样，把语言和文学分开，进行系统的语言和文学知识教育。到了1953年6月，随着苏联专家普希金教授关于《红领巾》教学意见的发表，要求语言、文学分科的呼声越来越高。

1953 年 12 月，中央语文教学委员会给党中央提交《关于改进中小学语文教学的报告》，进一步分析了语言文学混教的弊病。强调语言文学必须实行分科。报告指出："我国中小学的语文教学，历来都是把语言和文学混在一起教。这样教学的结果，不论从语言方面看，从文学方面看，都遭到了很大的失败。一般语文教学着重在语言文字的解释方面，并没有有计划的教给学生以系统的语言规律的基本知识，所用教材也不适于进行语言教育，其结果是使学生缺乏严格的语言训练，在写作中形成语法、修辞、逻辑上的严重混乱，遗害很大。另一方面，一般语文课都不注意文学教育，没有经过文学培养青年的高尚品格和健康的人生观，也没有使学生得到必要的系统的文学基本知识和文艺欣赏能力。这些事实都说明了语文混合教学的结果是语言教育和文学教育两败俱伤，都不能得到应有的效果。这是因为语言与文学虽有密切的联系，但毕竟是两种独立的学科，而这两种学科教学除了一定的共同任务之外，应有各自的独特的任务，把两个负担不同人物的学科混淆在一起教学，当然得不到良好的效果。"

1954 年 2 月，中央政治局扩大会议批准了这个报告，决定中学语文实行汉语、文学分科教学。

1955 年 8 月，教育部副部长叶圣陶就汉语、文学分科教学的意义及有关问题向北京市语文教师作了《关于语言文学分科的问题》专题报告。

与此同时，中央教育部制定和发行了《初级中学汉语教学大纲（草案）》。为了便于进行汉语教学，在人民教育出版社中学汉语编辑部主持下，拟订了一个“暂拟汉语教学语法系统”，作为全国中学一致采用的语法教学系统。教学大纲制定以后，人民教育出版社根据新的教学大纲陆续编出了《初级中学汉语课本》并编有教学参考书供各地进行使用。

1956年4月，中央教育部正式发出了《关于中学、中等师范学校的语文分汉语文学两科教学并使用新课本的通知》，通知决定于1956年秋起，中学、中等师范学校的语文课分汉语、文学两科进行教学，并且使用新编的汉语课本和文学课本。从1955年暑假开始，中央教育部曾指定北京、上海、天津、济南、扬州、广州等地区的79所学校，在初中一年级对“分科”新教材进行试教。为了更好的总结交流试教工作经验、统一思想认识，中央教育部于1956年6月在北京召开了全国语文教学会议。会上叶圣陶副部长又做了《改进语文教学，提高语文教学的质量》的报告。报告充分肯定了解放以后语文教学工作的成绩，同时指出存在着“目的和任务不够明确”“缺乏系统性和计划性”和“缺乏科学的教学法”等三大缺点。针对这三个缺点，报告强调了分科的重要性。报告还详细阐述了文学教学、汉语教学和作文教学各自的任务、各自的教材设计、教学要点和相互关系，并指出，完成这些任务，实现这些要点，语文教学将会出现一个崭新的面貌。

根据中央教育部颁布的《初级中学汉语教学大纲（草

案）》规定，初中汉语教学任务是教给学生有关汉语的基本的科学知识，提高学生理解汉语和运用汉语的能力。初级中学毕业的学生应该明了现代汉语普通话的基本规律，掌握足够的词汇，学会标准的发音，养成正确的写字和正确的使用标点符号的技能、技巧和良好的习惯，具备熟练的阅读能力和正确的表达自己的思想的能力。

《大纲》还规定了汉语教学的内容，应该包括语音、词汇、语法、修辞、文字、标点符号等六项，同时对每项内容的具体要求都做了简要的提示。

《大纲》还提出了初中汉语教学的程序和时间安排，第一学期除复习小学汉语知识以外，主要是学习语音，第二学期学习文字和词汇，第三学期到第五学期学习语法和标点符号，第六学期学习修辞的基本知识。语言、文学、词汇的教学贯穿在全部汉语教学之中。

《大纲》指出，汉语教学方法中必须始终贯穿的基本原则是：观摩具体的语言材料，对这些材料进行分析、比较、概括，得到规律，再通过具体的材料印证这些规律，运用这些规律，从而巩固对他的认识和掌握。同时又强调汉语教学应该把注意集中在练习作业上，只有通过练习，才能真正掌握和运用这些规律。

根据《初级中学汉语教学大纲（草案）》和《暂拟汉语教学语法系统》而编写的《初级中学汉语课本》共分 6 册，第一编“绪论”和第二编“语音”；第二册：第三编“文字”和第四编“词汇”；第三册：第五编“语法”（上）；第四册至第六册，包括“语法”（下）和“修辞”。各编、章的后面都附有“练习题”。

二、《暂拟汉语教学语法系统》述评

（一）《暂拟汉语语法教学系统》的产生

1953年12月，中央语文教学问题委员会在《关于改进中小学语文教学的报告》指出：“我国中小学的语文教学，历来都是把语言和文学混在一起教。这样教学的结果，不论从语言方面看，从文学方面看，都遭到了很大的失败。一般语文教学着重在语言文字的解释方面，并没有有计划地教给学生以系统的语言规律的基本知识，所用教材也不适于进行语言教育，其结果是使学生缺乏严格的语言训练，在写作中形成语法、修辞、逻辑上的严重混乱，遗害很大。”

1954年中央决定全国中学实行语言与文学分科教学。为适应《汉语》教学的实际需要，人民教育出版社成立中学汉语编辑室，由著名语言学家张志公先生主持，着手制定《暂拟汉语语法教学系统》，作为编写《汉语》课本的依据。1956年由21位专家学者合作撰写的、旨在详细介绍这个语法教学系统的《语法和语法教学》出版。人民教育出版社遂以《暂拟汉语语法教学系统》和《语法和语法教学》为依据，编写中学《汉语》课本第三、四、五册的语法部分。1958年中学语文分科教学取消，但《暂拟汉语语法教学系统》一直沿用下来。

《暂拟汉语语法教学系统》广泛吸收了当时我国语法学研究的主要成果，曾经以教科书的形式在中学汉语教学中使用，产生了很大的影响。当时师范类大学也基本采用这个语法教学系统，而且国内学者的语法著作也或多或少地采用它。

（二）《暂拟汉语语法教学系统》的内容

“暂拟汉语语法教学系统”主要包括以下主要内容：1. 词和词的构成；2. 词类；3. 实词；4. 虚词；5. 助词和叹词；6. 词的组合；7. 句子；8. 句子成分；9. 复杂的谓语；10. 主谓结构作句子成分；11. 联合结构作句子成分；12. 特殊的句子成分；13. 句子成分的倒装和省略；14. 单部句；15. 复句；16. 复句的紧缩。

（三）《暂拟汉语语法教学系统》的语法体系

《暂拟汉语语法教学系统》在语法形式和语义相结合的原则指导下，吸收融会各家之说，形成一个新的语法体系。

1. 词和词的构成

词是最小的、能够自由运用的语言单位。

词按照所含音节的多少可以分为单音词和多音词。单音词是包含一个音节的词；多音词是包含两个或两个以上音节的词。

词按照所含意义成分的多少可以分为单纯词和合成词。单纯词是包含一个意义成分的词；合成词是包含两个或两个以上意义成分的词。根据构成方式的不同，合成词可分为两种：不含辅助成分的合成词和包含辅助成分的合成词。不含辅助成分的合成词又可分为联合式、偏正式和其他方式（注意、裹腿）。包含辅助成分的合成词又可分为：（1）桌子、棍儿、石头；（2）学者、教员；（3）硬性、机械化。

2. 划分词类的标准

“暂拟汉语语法教学系统”划分词类的标准是“词汇·语法范畴”，根据词的意义和词的语法特点来划分词类。词的语法特点表现在：（1）词的本身能用什么手段表现哪些附加意义，如名词可用辅助成分“子”、“儿”等表示附加的感情色彩，动词和形容词可用辅助成分的方式表示不同的语气；（2）词的组合能力，如名词和动词可以用词序组合起来，名词不能跟副词组合等。

3. 词类

“暂拟汉语语法教学系统”把汉语的词分为实词和虚词两大类。实词能够作句子成分，并且在一定的语言环境里一个词就能成为一个句子；虚词不表示实在的意义，不能作句子成分（只有副词可作状语），在任何场合都不能成为句子，基本用途是表示语法关系。实词包括名词（包括方位词）、动词（包括能愿动词、趋向动词、判断词）、形容词、数词、量词、代词（包括人称代词、指示代词和疑问代词），虚词包括副词、介词、连词、助词（包括结构助词、时态助词和语气助词）、叹词，总共11类。

4. 词组

词组是由实词和实词按照一定的方式组织起来，在句子里的作成分的一组词。

词组按照词与词之间的关系可以分为联合词组、偏正词组、动宾词组和主谓词组。虚词的组合叫做“结构”，例如介词结构、方位结构、“的”字结构等。

5. 句子和句子成分

（1）句子

句子是语言运用的单位。一个句子可以表达一个完整的意思——陈述一件事（陈述句），提出一个问题（疑问句），表示一个请求或命令（祈使句），抒发一种感情（感叹句）。句子有语音的标志：第一，有一定的语调——陈述的语调，疑问的语调，请求命令的语调，感叹的语调；第二，在连续说话中，句子与句子中间有一个较大的停顿。在书面形式上，句子的语调和停顿用一定的标点（句号、问号、叹号）表示出来。

（2）主要成分——主语和谓语

“暂拟汉语语法教学系统”坚持传统语法的分析方法，认为句子基本上是由词构成的，而且主要是由两个词（主语、谓语）构成的。主语和谓语是句子的主要成分。

主语是谓语陈述的对象，表示谓语说的是“谁”或者“什么”。主语的一般表示法：名词或者代词用在谓语的前边。

谓语对主语加以陈述，表示主语“怎么样”或者“是什么”。谓语的一般表示法：动词、形容词或者名词带判断词，用在主语的后边。

谓语还包括合成谓语和复杂谓语。合成谓语有三种：a. 判断词用在名词谓语前边，构成一种表示判断说明的合成谓语，叫做“判断合成谓语”（明天是八月十五）；b. 能愿动词用在别的动词或者形容词谓语前边，构成一种合成谓语，表示可能性、必要性、意志或愿望，叫做“能愿合成谓语”（你必须学好英语/天气应该热了）；c. 趋向动词用在别的动词谓语后面，构成一种合成谓语，表示动作趋向，叫做“趋向合成谓语”（他跳下去了/南边飞过来一群大雁）。复杂谓语是动词的连用格式，或者动词、形容词的连用格式。常见的格式有5种：a. 第一个动词带有助词“着”或“了”，有表示第二个动词的方式或时间的作用；b. 前后两个动词意义上都以中间的宾语为对象；c. 第一个动词用“请、叫”等表示要求、指使的动词，它带的宾语表示要求、指使的对象，第二个动词表示要求、指使的目的（请医生来/让老王去）；d. 第一个动词用“喜欢”等表示心理活动的词，它带的宾语表示对象，第二个动词（也常用形容词）表示“喜欢”等的原因（怨他不懂事/喜欢她心灵手巧）；e. 前后两个成分互相说明，共同说明主语（到操场踢球/上街买菜）。

（3）次要成分——定语、状语、宾语、补语

定语、状语、宾语、补语是句子的4种次要成分。

定语是修饰或限制名词的成分，形容词、数量词、名词、代词常在名词前边充当定语。

状语是修饰动词或形容词的成分，形容词、副词、数量词、时地名词、介词结构常用在动词或形容词前作状语。

宾语是动词的连带成分，包括以下几种情况：a. 名词、代

词用在动词后边作宾语；b. 名词、代词宾语借介词“把、连、对”的帮助用在动词前边；c. 疑问代词宾语跟副词“都、也、不”配合用在动词前面；d. 表示开始、停止的动词和表示心理活动的动词可以用动词作宾语。

补语是动词或者形容词的补充成分，动词、形容词、数量词常用在动词、形容词后面充当补语。副词“极、很”也可以用在形容词后面做补语。

（4）句子成分的扩展

句子成分可以扩展。例如主语、谓语由于有了定语、状语、宾语或补语，就成为扩展的主语、谓语，也就是主语部分和谓语部分。又如，定语、状语、宾语、补语自身又可以有它们的定语、状语、宾语、补语，因而成为扩展的定语、状语、宾语、补语。

（5）特殊句子成分

独立成分和复指成分是句子中的特殊成分。独立成分是不属于主语、谓语、定语、状语、补语任何一种成分，在句子结构里不大受其他成分制约的一种成分。复指成分是两个成分同指一件事物。

（6）主谓结构和联合结构能作句子成分

词组或结构一般不能作句子成分，但是主谓结构和联合结构能作句子成分。主谓结构作谓语构成一种句型，常见的有：

a. 主谓结构结合紧密，使用上跟一个词一样，它的主语是全句主语的属性或所属部分。例如：老李性格直爽/他很胆小。

b. 主谓结构里的谓语是动词，后面没有宾语，全句主语在意义上是受这个动词支配的。例如：这个字我不认得/什么困难他都不怕。

c. 成对的代词互相呼应，构成一些固定的主谓结构模式，可以作谓语。例如：我们以后谁也别管谁。

主谓结构也可以作主语、定语、宾语、补语。

联合结构可以充当句子中的各种句子成分。

（7）句子成分可以倒装和省略

句子成分的倒装是为了达到某种修辞目的，或者说话比较急促，因而把句子成分的一般词序颠倒过来。倒装的成分之间有停顿。倒装的成分一般带有逻辑重音，都可以还原。

句子成分的省略指在一定的语言环境里，省去句子的某个或某几个成分不说。省略的成分是明显的，如果需要补，就可以肯定地补出来，没有两可的情况。

6. 单句

单句是由一个独立的主谓结构形式形成的句子。但不是所有的单句都具备主语和谓语两部分。由主语和谓语构成的句子叫做“双部句”，由谓语一部分或者不能断定是主语还是谓语一部分构成的句子叫做“单部句”。

单部句又分为无主句和独词句。无主句是只有谓语部分没有主语部分的句子，它说不出主语或不需要说出主语，一般不能补上补语。无主句不依靠语言环境就能表达完整的意思。

独词句是只有一个词或者一个词组构成的句子。

7. 复句

复句是由两个或两个以上在意思上有联系的单句构成的比较复杂的句子。复句分为联合复句和偏正复句两类。联合复句包括并列关系复句、选择关系复句和递进关系复句 3 种。偏正复句包括转折关系复句、假设关系复句、条件关系复句、因果关系复句、取舍关系复句和连锁关系复句 6 种。

（四）《暂拟汉语语法教学系统》的意义与价值

《暂拟汉语语法教学系统》叙述简明、体系精要、描写全面、材料丰富，努力贯彻语法形式与语义相结合的原则，继承了前人语法研究的成果，又吸取了新中国成立后词类讨论和主宾语讨论的成果，是中国语法学界集体智慧的结晶，也是中国语法学发展史上影响最大的语法体系。

《暂拟汉语语法教学系统》以中学汉语课本的形式通行全国，极大地方便了中学语文教学，使语法科学深入到社会的各个方面，产生了极大的影响。当时不但中小学乃至大学都依据“暂拟汉语语法教学系统”教学，而且学者们在著述时也都在不同程度上向它靠拢。

《暂拟汉语语法教学系统》的学术价值主要体现在：

1. 重视词法，详细描述了词的构成方式和各个词类语法特点，使汉语词类划分具有科学的基础，汉语词类划分不必照搬西方语言学的形态理论，从而深化了我们对词类的认识。

2. 由于汉语缺乏形态变化，着重意念表达，所以“暂拟汉语语法教学系统”在确定主语和宾语时，从话语运用上的主题和句法结构上的主语联系起来加以考虑，不以施受意义确定主宾语。

3. 重视句子结构的分析，例如单句按照句子成分的不同配合，可以产生多种多样的句型，研究句型有助于掌握句子的结构规律。

4. 材料丰富，归纳的语法现象相当全面，描写与分析深入细致。例如详细描写了各个词类、各种句子成分，第一次详细地描写了“复杂谓语”的各种格式，具体描写了紧缩句的各种格式。

（五）《暂拟汉语语法教学系统》的缺陷

《暂拟汉语语法教学系统》属于传统语法体系。它把语法分为词法和句法两部分，词法部分主要是词类，句法部分主要是句子成分，同时认为句子成分和词类之间存在对应关系。这些都是典型的传统语法观点，是由印欧语语法学那里传来的。但是汉语缺乏形态变化，构成句子主要靠大小语言单位一层一层地组合起来，词组比词更为重要，因此不宜把这种句子分析方法机械地套用到汉语的句子中。

三、《中学教学语法系统提要（试用）》和《现代汉语常用字表》述评

（一）《中学教学语法系统提要（试用）》述评

《中学教学语法系统提要（试用）》(以下简称《提要》)，是

1981 年 7 月在哈尔滨召开的“全国语法教学讨论会”后开始起草的，在两年多的时间中，经过六次广泛征求意见，六次修改，终于在 1984 年 2 月定稿并公开发表。和原来的《暂拟汉语教学语法系统》（以下简称《暂拟系统》）相比，《提要》经过增删、改动，显然更为科学、合理了，这主要表现在以下几个方面：

1.《提要》重视句子结构层次的分析，使析句方法更好地反映语言中客观存在的层次性。而《暂拟系统》则把不同层次的句子成分放在一个平面上，使人感到层次不清。

2.《提要》重视短语（词组），不仅分析短语的篇幅大大增加，而且承认短语可以作句子成分，并且指出“大多数短语加上一定的语调就可以成为句子”。《暂拟系统》对于短语很不重视，在稍稍分析了短语的结构关系后，析句中便把短语搁在一边。除了联合短语和主谓短语外，一般不承认短语能充当句子成分。

3.《提要》把语素、词、短语、句子、句群看作五级语法单位，和《暂拟系统》相比，增加了“语素”和“句群”这两个内容。提出了“语素”这个概念，对于理解语言的构成、语言的组合规律以及语言和文字的关系是有好处的。研究“句群”，对于用好语言是颇有意义的。

4.《提要》取消了复杂谓语和三种合成谓语的说法，避免了自相矛盾的毛病。因为“复杂谓语”和“合成谓语”这种句法结构并不只是充当谓语，事实上还可以充当其他成分。再说，在“他是能够跳过去的”一句里，该算哪种合成谓语？

5.《提要》取消了动词、形容词名物化的说法。因为“名物化”实际上是句子成分定类论的另一种说法。从理论上来说，这与根据词的组合能力划分词类是相矛盾的；从实践上来看，“名物化”的说法将产生非常严重的转类；在教学上，“名物化”的说法也带来许多麻烦。因而是不可取的。《提要》还取消了三种动词附类和一种名词附类的说法，而把它们改为动词和名词的小类，便于理解和掌握。

6.《提要》对复句的类型不再划分联合、偏正两大类。因为哪些小类归联合，哪些小类归偏正，有不同意见；在偏正复句中，哪些是正句，那些是偏句，也有不同说法，给教学带来了不必要的麻烦。

从以上几个方面来看，《提要》弥补了《暂拟系统》的缺陷，增添了对提高运用语言能力有用的内容，这是值得欢迎的。不过有几点似乎还可以进一步商榷。

1. 关于短语分类的问题

《提要》对短语作了详细的描述，而且着重从功能上分析短语的作用，这对掌握短语的用法是很有好处的。但是在给短语分类中，标准并不一致。前面三类——名词短语、动词短语、形容词短语，显然是从功能上划分的；可是后面四类——主谓短语、介宾短语、复指短语、固定短语又着眼于结构上进行划分。把用于不同标准划分的结果放在一个平面来表述，似乎欠妥。如果索性用不同标准作多种划分，可能反而清楚一些。

2. 关于短语充当句子成分问题

《提要》明确指出“短语可以作句子成分”，这是完全正确的。比起《暂拟系统》只承认联合短语和主谓短语才能充当句子成分来说，是一个很大的进步，更符合语言实际。如《提要》“3.1.7 名词短语的用途”中指出，“名词和名词短语都可以做主语、宾语、定语”，并举出“西双版纳密林是大象出没的地方”中的“西双版纳密林”是名词短语作主语，这是很正确的。如果仅仅把“密林”看作主语，那么后边的谓语就不配合了。因为原句要表达的意思，不是说只要是“密林”都“是大象出没的地方”。可是《提要》后面的“6.5.1 单句的图解”中，又作了这样的分析：“（三班）班长‖［用几句话就向老师］说〈清楚〉了（班里刚才发生的不愉快的）事情。”这就引出了一个问题：“主语、谓语”和“宾语、补语、定语、状语”是处在一个平面还是两个平面？如果是一个平面，这六种成分都是句子成分的话，那么，既然“三班”作了定语，实际上等于否定了“三班班长”这个名词短语充当主语。这样前后就不一致，短语作句子成分就没有贯彻到底。如果把六种成分理解为属于两个平面，又不能从《提要》中找到明确的根据。为了让“短语可以作句子成分”这个原则贯彻始终，能不能作这样处理：在六种成分中，只承认“主语”和“谓语”是句子成分（还可以再加上其他特殊的句子成分，如“独立成分”等），而把“宾语、补语、定语、状语”看作短语的成分。至于主谓短语内部，可以用“小主语”和“小谓语”去称呼，以区别作句子成分的“主语”和“谓语”。

3. 关于几种附属成分

《提要》中一共提到四种附属成分：独立成分、评论性成分、关联性状语、解释性状语。“独立成分”的含义基本上和《暂拟系统》一样，易于被人们理解、接受。而三个作为附属成分的状语，就带来一些问题：

一是如何确定各自的界限。像“评论性短语”和“独立性短语”就很接近，如果仅仅以不同位置来区分，标准是简单明确了，不过在理论上似乎缺少说服力。因为“独立成分”的特点“不作主语、谓语、短语、补语、定语、状语，也不同这些成分发生结构关系”。正因为“独立成分”不和其他成分发生结构关系，所以它的位置就比较灵活，既可以在句子中间，也可以在句首或句末。就拿《提要》中举的例子来说，“那边山上的枫树，你看，叶子都红了。”这个独立成分“你看”也可以移到句首句末，说成“你看，那边山上的枫树，叶子都红了。”或者说成“那边山上的枫树，叶子都红了，你看。”再说，把“例如”看作“关联性状语”，而把“比如”则看作“独立成分”，似乎说不大过去。

二是状语的定义该怎么下。原来人们把动词短语、形容词短语中的修饰语看做状语、现在提出“评论性状语”、“关联性状语”、“解释性状语”，显然，原来那样理解状语就不合适了，状语就需要另下定义。

三是《提要》中列举的评论性状语和解释状语的例子，如果不出现在“句子前头”，也不在“句子中间”，而出现在句子末尾时，它们又该叫什么呢？如“这么远的路，你最好早一点出发”，如果说成“你最好早一点出发，这么远的路”，其中“这么远的路”又该如何分析？

总之，由于这些作附属成分的状语，提法比较新，加上界限不明确，人们不易理解、接受。是不是可以这样处理：把《提要》中的“评论性状语”归入“独立成分”，同时允许“独立成分”不仅出现在“句子中间”，也可以在句首，还可以在句末；把“关联性状语”中的一部分归入关联词语，另一部分也可以归入“独立成分”；把“解释性状语”中列举的“大热天”和“这么远的路”都看作一个句子——名词性非主谓句，和后边的分句构成一个复句，表示因果关系。张志公先生说，“哈尔滨会议上一致提出，制定《提要》一定要着重考虑教学语法的实用性，着重考虑教学的需要。”（《语文学习》1984 年第 4 期第 4 页）从教学实际出发，尤其是从中学语法教学的实践出发，注意到对附属成分这类语言现象的分析，无疑是必要的。不过，如果用现成的说法能说明问题，还是不增加新的名称术语为宜。

（二）《现代汉语常用字表》述评

为了适应语文教学、辞书编纂以及汉字机械处理和信息处理等各方面的需要，国家语言文字工作委员会汉字处从 1986 年 6 月开始研制现代汉语常用字表。1987 年 7 月国家语委邀请教育、语言、信息处理等方面专家对字表草案进行论证；同年 8 月委托山西大学计算机科学系作抽样检验。国家教委有关部门参加了字表草案的修订工作。国家语委汉字处根据各方面提出的意见对字表草案进行整理修正，国家语言文字工作委员会汉字处于1988年编制的《现代汉语常用字表》（以下简称《字表》）共收入现代汉语常用字3 500字。该字表由国家语言文字工作委员会和国家教育委员会于1988年1月26日联合发布，并由语文出版社于1988年出版。

《字表》全书共分两部分：第一部分是“现代汉语常用字表”，第二部分是“现代汉语常用字词例”。“现代汉语常用字表”又分为“常用字（2 500字）”和“次常用字（1 000字）”两部分。“常用字”和“次常用字”均分别列为“笔画顺序表”“部首顺序表”和“汉语拼音字母顺序表”三表。《字表》不仅是一个字频字表，它和《现代汉语通用字表》一样，也是一个语言文字规范的重要文件。因此，《字表》的“笔画顺序表”应体现出现代汉字的笔画、笔形、笔顺的规范性；它的“部首顺序表”不仅要体现出现代汉字部首的统一性和规范性，而且也要体现出现代汉字的笔画、笔形、笔顺的规范性；它的“汉语拼音字母顺序表”则要体现出现代汉字字音的规范性（如异读词的读音等）。

《字表》自发布以后，在现代汉字规范化方面起到了非常重要的作用。但是，由于某些原因，《字表》还存在着不尽如人意的地方。比如把笔画不同、形体不同的偏旁部首原形和变形定为一体，并且让他们以此去掌握汉字的部首归属和部首查字法显然是不妥的。现在小学汉字教学和考试中一般都有汉字属性或字形分析这项内容，如某字属于某部几画、整个字一共几画，等等。如果我们按照《字表》的“部首顺序表”对常用汉字的归属来进行汉字字形教学，那么学生们一定无所适从。例如，如果我们告诉学生：“队”是“阜”部2画，整个字一共4画。学生们一定会问：“队”为什么要归在“阜”部而不在“仔”部？“阜”是8画，“人”是2画，为什么“队”是4画而不是10画？

四、《暂拟汉语教学语法系统》和《中学教学语法系统提要（试用）》产生的背景和原因

汉语、文学分科教学一开始也遇到了很大的问题，因为以前的语法体系属于“专家语法”，具有不同的流派，是研究语法的专家对语法现象及语言的结构规律的描写和解释，而语言教学需要的是“教学语法”（跟专家语法相对而言，偏重于运用，具有一定的规范性）。“教学语法”应从学校语法教学的实际出发，尽可能集中各家语法研究的成果，又便于进行基础教学的一个语法系统。当时，语法学界关于语法体系的观点有很多分歧，影响最大的体系有四家：一是黎锦熙的《新著国语文法》，一是吕叔湘、朱德熙的《现代语法修辞讲话》，一是王力的《中国现代语法》，一是集体著作《现代汉语语法讲话》。编写汉语教材，首先得有一个统一的语法体系，因此汉语教材的编写遇到了很多困难，但这一问题又必须解决。为此，1954年人民教

育出版社成立了中学汉语室，由著名语言学家张志公先生负责，组织起草适合于教学的汉语语法的体系。张先生在建立这个语法体系之初就确立了两个原则：一是尽可能融会多年来我国语法体系的研究成果，以便使青年学生在今天语法界共同的成就上学习；一是这个系统的内容（从立论到术语）应尽可能是一般人，特别是中学语文教师比较熟悉的。语法学界和语文教学界通力合作，经过多次研讨，在1954年上半年草拟了一个教学语法体系，随后在北京、天津等地进行试教，并根据试教的情况先后作了两次修改，于1955年暑假编成初、高中汉语语法基本知识教学参考资料。在试教的基础上，1956年再一次作了修改，制定出《暂拟汉语教学语法系统》，最后经审订，作为中学编写语法教材和进行语法教学的依据。

《暂拟系统》是新中国成立后为适应中学语法教学的需要而制定的第一个教学语法系统。

所谓“教学语法”，是与“专家语法”相对而言的。专家语法具有不同的流派，它是研究语法的专家们对语法现象及语言的结构规律的描写和解释。教学语法偏重应用，带有一定的规范性。他从中学语法的实际出发，尽可能集中各家语法研究的成果，而又便于进行基础教学的一个语法系统。由于当时的语法学界存在着严重的语法体系分歧，因此汉语教材的编写遇到了不少困难，但这一问题又必须解决。正如张志公1986年11月在东京“日本中国语学会第35届年会”上所指明的那样：当年制定“暂拟系统”时，“影响最大的体系有四家，一是黎氏《新著国语文法》，一是吕、朱二氏《现代语法修辞讲话》，一是王氏《中国现代语法》，一是集体著作《现代汉语语法讲话》……《汉语》教科书编者面临的任务，就是在这种局面下折中众说，建立一个择善而从、本身能够站得住的，又像上边说的那样能被大家接受的教学语法体系”。因此，在建立这个语法体系时，确立了两个原则：一是尽可能融会多年来我国语法体系的成果，以便使青年学生在今天语法界共同的成就上学习。一是这个系统的内容（从立论到术语）应尽可能是一般人，特别是中学语文教师比较熟悉的。因为采用大家熟悉的讲法比采用还没有经过验证的新讲法要妥当一些。所谓“暂拟”，说明这个系统还不够完善，要在实践中加以检验，并进行修改；同时也说明一旦有一部比较规范的语法著作，这个教学语法系统就要重新修订。

这一《暂拟系统》的产生有着一定的社会基础。自1898年马建忠发表《马氏文通》以来，我国语法学界在汉语语法研究方面取得了很大的进展。新中国成立后，汉语语法取得了更迅速的发展和提高，特别是1951年6月《人民日报》发表《正确使用祖国的语言，为语言的纯洁和健康而斗争》的社论以后，语法学习和语法教学已经得到了普遍的重视。

1954-1956年，为了在中学试行汉语、文学分科教学，需要编写汉语教材，语法便成了其中的重要内容。为了建立一个在语文教学中共同使用的语法体系来解决语法教材问题，在有关领导组织下，语法学界和语文教学界通力合作，经过多次集体讨论，终于在1954年上半年草拟了这个教学语法体系，随后在北京天津两地进行试教，并根据试教情况作了初步的修改。修改后即发至全国各大学中文系广泛征求意见，经过专家和教师讨论，又做了一次修改，并于1955年暑假编成初、高中汉语语法基本知识教学参考资料，并在部分中学进行试教。1956年1月再一次做了修改，制定出《暂拟汉语教学语法系统》，最后经语法学者和有关领导审订，作为中学编写语法教材和进行语法教学的依据。1956年7月，在当时的中国科学院哲学社会科学部的领导和主持下，由《中国语文》杂志社邀集全国语法学者在青岛举行了语法座谈会，讨论语法研究中的各种问题。这个《暂拟系统》也被提到会上征求意见。与会同志尽管学术观点并不相同，但一致表示支持这个《暂拟系统》作为中学汉语学科共同采用的教学语法体系。同年，编出了《语法和语法教学》论文集，由20多位语法工作者分工撰文，介绍、阐述了这个系统。同时据此编定了汉语教科书，并在全国中学使用。1958年分科教学停止试行，汉语、文学两科教材也停止使用，重新恢复了语文课。但是，《暂拟系统》在中学语文教学实践中却仍然被使用着。

在《暂拟系统》里，采用的是由词——词组——句子组成的三级语法单位，其中词是最小的一级单位。句子则是最大的一级语法单位。整个内容分为16个部分：词和词的构成，词类，实词，虚词，助词和叹词，词的组合——词组，句子，句子成分，复杂的谓语，主谓结构作句子成分，联合结构做句子成分，特殊的句子成分，句子成分的倒装和省略，单部句，复句，复句的紧缩等。

《暂拟系统》是语法工作者和广大语文教师集体智慧的结晶，它着眼于教学实际应用，具有一定的规范性，是我国语法研究和语法教学的一个里程碑。它有较强的科学性和实用性。《暂拟系统》制定出来以后，对教学起了很大的作用，从那时起，语法的普及程度大大提高了。现在语文老师通常用的术语，基本上与《暂拟系统》一致；在分析病句指导阅读和写作、讲求语文规范化时，很多说法也是与《暂拟系统》相一致的。直到现在，在编辑中学语文教材时所遵循的语法规范，也还是《暂拟系统》。许多高师院校、高等院校所采用的语法材料，也大多与《暂拟系统》保持一致。但它也存在着某些不足之处，如：（1）部分内容繁简失当。有些内容过于烦琐，特别是关于词的语法特点部分，如介绍动词和形容词的语法特点时说："能用助词'着、了、过'和趋向助词'起来、下来'等表示时态的变化、动作的趋向或者性状的变化，有一定的重叠形式表示一定的附加意义，都能用肯定否定相叠表示疑问"，这种说法对语法研究者来说，是可以理解的；而对中学生来说则是十分烦琐，不易理解的。而且中学生在这方面出现的错误也不多，没有指导实际应用的意义。（2）有些界说不尽合理。《暂拟系统》中有的定义不够明确，词的两头都有划界的问题，一头是如何区别单独成词的语素和单独不成词的语素，另一头是如何确定什么样的语素组合只是一个词，什么样的语素组合构成词组。

又如《暂拟系统》把实词同实词的组合称词组，实词同虚词的合称结构，但在划分词组和结构时并未贯彻。它在副词和实词组合时却叫偏正词组，数词和量词组合时却叫数量结构，这是自相矛盾的。(3) 突出语法单位语素不够，《暂拟系统》把词作为最小的语言单位，而忽视了作为最小一级的构词单位语素。修订后的语法系统，则把语法单位由三级扩大为五级，即增加了“语素”和“句群”两级。语素，是最小的语音语义的结合体，是不以词为存在前提的；他可以单独成词，也可以互相组合成词，同时语素还可以和词组成新的词，语素是最小的语言单位。就汉语教学来说，让学生掌握语素是十分重要的。语素的构词能力很强，研究语素构词规律是研究更高的各级语言单位组合规律的基础。同时，语素与汉字多为一对一的关系，了解语素、语义与字形的多种关系，就可以正确理解词语，避免望文生义；可帮助学生辨析同义词、反义词，比较同音字，并能在实际运用中选择，还可以减少错别字、不生造词语。此外，《暂拟系统》未把词组作为语法教学的重点，也是不足之处。

1956 年又编出了《语法和语法教学论文集》，由 20 多位语法工作者分工撰文，详细介绍、阐释了这个系统，同时据此编定了汉语课本，并在全国中学使用。汉语课本共六册，第一册：语音；第二册：文字和词汇；第三册到第五册：语法和标点符号；第六册：修辞。这套课本建立了比较完整的汉语教学体系，能使学生接受比较系统的汉语知识。课本注意引导学生在对具体语言材料的分析、比较和概括中得出语言规律，掌握语言规律。通过汉语课本的系统学习，学生遣词造句的能力容易较快地提高。实践证明，当时这套汉语教材的教学取得了一定的成效。

随着汉语语法研究的深入，在总结经验和问题的基础上，1984 年又制定和颁布了《中学教学语法系统提要（试用)》，作为一个更为简明、科学的语法体系在中学语法教学中得到推广。《中学教学语法系统提要（试用)》采取了语素、词、词组（短语)、句子、句群五级语法单位，和《暂拟汉语教学语法系统》相比，它增加了语素、句群两种单位。考虑到语法教学的需要，增补了句群部分，因为句群内句子和句子的组合存在着语法关系，因而可以纳入语法范畴。句群的引入扩大了语法的研究范围，提高了语法教学的实用性。句群的教学可以有助于提高学生语句组织的能力，提高语言运用水平。就词法来看，词类划分标准主要依据词的语法功能，兼顾词汇意义。就句法来看，《中学教学语法系统提要（试用)》不再区分词组和结构，一概称短语或词组。并明确提出汉语中短语的重要性，短语具备汉语各级语言单位组合方式和组合关系，可以看成语素、词到句子的中间站，通过短语的结构分析向上可以贯穿句子，向下可以沟通词，因为它们的组合方式和结构关系一致，抓住中间站——词组(短语)，可以使语法体系描写更加简洁、明确。对句子的分析，以短语充任句法结构为标准区分为单句、复句，单句分成主谓句和非主谓句。承认短语和词都可以充当句子成分，对句子的分析采取的是层次分析和中心词分析相结合的方法。

1958年分科教学停止试行，重新恢复了语文课，但是自50~80年代的30多年间，我国语言教育基本上是以《暂拟汉语教学语法系统》和《中学教学语法系统提要（试用）》的教学语法体系为依据的。1988年国家语言文字工作委员会、国家教育委员会发布《现代汉语常用字表》，列出2 500个常用字和1 000个次常用字。《系统提要》和《常用字表》的公布，为教学大纲的制订、语文教材的编写和语言教学的科学化提供了必要的依据。

可以说，从《暂拟汉语教学语法系统》到《中学教学语法系统提要（试用）》和《现代汉语常用字表》是我国结构主义语言知识教育的一个发展时期。

五、结构主义语言教育观下我国语言教学的发展成就

总结20世纪结构主义语言教育观下语法教学的经验，主要取得了以下几个方面的成就：

（一）以章士钊1907年出版《中国国文典》作为中学堂、师范学堂的教科书和以黎锦熙1924年出版《新著国语文法》作为学校语法教材为标志，我国首次将语法教学引入了学校语言教育，这在我国的语言教育史上具有划时代的重要意义；

（二）《暂拟汉语教学语法系统》是新中国成立后为适应中学语法教学的需要而制定的第一个教学语法系统，它是不同于专家语法的一部专门的学校语法系统，它为此后中学编写语法

教材和进行语法教学提供了依据；

（三）从《暂拟系统》到《系统提要》是我国语法教学的一个质的飞跃。在《暂拟系统》基础上建立的《系统提要》更符合现代汉语实际和语法教学实际；

（四）实践已经证明，并将继续证明：将语法教学引入学校语言教育，大大提高了学生的语法素养，对于学生的语言水平也有很大的促进。

第三节　从《暂拟系统》到《系统提要（试用）》

自《暂拟汉语教学语法系统》的产生到《中学教学语法系统提要（试用）》的制订，其间有二十五年的时间。① 之所以间隔这么长的时间，主要是由于“文化大革命”十年动乱使我

---

①《暂拟系统》于1956年制订。1981年7月在哈尔滨召开了“全国语法和语法教学讨论会”。会议议定了《〈暂拟汉语教学语法系统〉修订说明和修订要点》。会后，根据《修订说明和修订要点》确定的原则，起草了《中学教学语法系统提要（征求意见稿）》。经过六次广泛征求专家和教师的意见，六次修改，于1984年2月才以《中学教学语法系统提要（试用）》的名称在《中学语文教学》月刊上正式公布。本文所提“二十五年”是自1958年至1981年这段时间说的。

国的语言研究工作陷入混乱和停滞状态所造成的。二十五年间，我国教学语法研究取得的成绩主要体现在《中学教学语法系统提要（试用）》这项集体智慧的结晶。

教学语法同理论语法或描写语法既有联系又有区别。张志公先生说："理论语法和描写语法是教学语法的基础，教学语法是对理论语法和描写语法研究成果的普及、推广和应用，同时也是对理论语法和描写语法的验证。"① 因此，当我们谈论教学语法问题的时候，必然要涉及理论语法或描写语法。

一、《暂拟汉语教学语法系统》的贡献

1951 年 6 月，《人民日报》发表了题为《正确地使用祖国的语言，为语言的纯洁和健康而斗争》的社论。社论强调指出语言的使用对于社会经济政治文化的重大作用。为了充分发挥语言的社会效能，社论要求人们必须进一步学会语法、修辞、逻辑。其中特别提到"我们的学校无论小学、中学或大学都没有正式的内容完备的语法课程"这一严重现象。此后，1953 年 12 月，中央语文教学问题委员会向党中央递交的《关于改进中小学语文教学的报告》中，就我国中小学语文教学的现状及存在问题，批评了在语文教学中"没有有计划地教给学生以系统的语言规律的基本知识"乃至"使学生缺乏严格的语言训练，

① 张志公．关于建立新的教学语法体系的问题［A］，教学语法论集［M］．北京：人民教育出版社，1982.

在写作中形成语法、修辞、逻辑上的严重混乱，贻害很大”。1954 年初，中央决定在全国中等学校实行汉语和文学分科教学。同年 6 月，政务院公布了《改进发展中学教育的指示》，明确地规定了中学教育的目的，一再强调中学语文教学必须给予学生以一定语言教养的问题。当时的教育部副部长叶圣陶也表示了个人的意见。他认为：“语言学和文学性质不同，语言学是一门科学，文学是一种艺术。性质既然不同，知识体系就不同，教学任务也有所不同，所以必须分科”①。

为了适应中学汉语、文学分科教学的形势，迫切需要编写一套供全国中等学校使用的汉语课本。可是，编写这样一套课本，其中，主要是语法部分的内容，在当时决不是一件轻而易举的事情。原因是我国系统的语法研究自 1898 年马建忠著《马氏文通》以来，只有半个多世纪，我们对于汉语的调查和研究工作还做得很不充分。同时，继《马氏文通》之后，我国曾经出版过许多语法著作，形成了一个语法系统相当分歧的局面。这些都为汉语课本的编写带来极大的困难。为了妥善从事，人民教育出版社于 1954 年成立了中学汉语编辑室，听取各方面的意见，先着手拟订一个教学语法系统，然后根据这个系统，编写中学汉语课本的语法部分。

在拟订这个教学语法系统时，中学汉语编辑室根据各方面共同一致的意见，从教学语法的性质特点考虑，确立了两个基

① 叶圣陶．关于语言文学分科的问题，人民教育［J］．1956（8）．

本原则：一是综合性的原则。就是“尽可能地使这个系统能把几十年来我国语法学者的成就融会起来”成为“一个综合性的系统，而不是单纯依据任何一种系统”；二是通用性的原则。就是“采用已经为大家所熟悉的一些讲法”。根据这个原则，“尽可能地使这个系统的内容（从立论到术语）是一般人，特别是中学的语文教师比较熟悉的”。因为从教育学的原则考虑，对于“有些最近才提出来的新的看法，尽管它在将未未尝不可能被证实为正确妥善的，但是在今天大家对它还很生疏的时候，教学系统里就不急于采取”。按照上面所确定的原则，中学汉语编辑室在1954年上半年初步草拟了一个系统。这个草拟的语法系统在各有关方面的协助下，经过反复试教，广泛征求意见，邀集语法学者连续多次地座谈讨论，然后又进行反复修改和审订，到1956年上半年才以《暂拟汉语教学语法系统》的名称正式公布。中学《汉语》课本于1975年完成。课本共分六册，其中第三至第五册是语法。以后，对《汉语》课本加以修改，出版了《汉语知识》。

《暂拟系统》以及根据这个系统编成的中学《汉语》课本都是集体性的产物。它包含着参与讨论、修改、审订和试教的我国老一辈著名语言学家如黎锦熙、王力、吕叔湘、高名凯等人以及许多语法学者、语文教师的辛勤劳动。

《暂拟系统》的产生，对我国语法教学做出了巨大的贡献。它比较集中地反映了我国自《马氏文通》以后至《暂拟系统》制订时语法研究的重要成果。其中以对《新著国语文法》（黎锦熙）和《语法讲话》（语言研究所语法小组）以及关于词类、主语宾语问题两次讨论的成果吸收比较多。自从《暂拟系统》问世之后，大多数高等学校都以这个系统为蓝本编写语法教材。许多语法学者也按照这个系统的观点撰写语法著作，对汉语语法作进一步的深入研究，从而大大地促进了语法科学的向前发展。根据《暂拟系统》编写的中学《汉语》课本的出现，在中国语文教育史上无疑是一件大事。它是我国最早的一部汉语统一教科书。它的产生不仅使当时正在进行的汉语、文学分科教学得以实现，而且使广大群众，特别是中小学教师在语法系统林立的情况下，有了一个可以共同遵循的“纲领”，避免给教学带来混乱，造成困难，也使语法知识能够较快地得到普及。

二、《中学教学语法系统提要（试用）》产生的背景和原因

既然已经确立了一个通用的教学语法系统，为什么还要重新制订一个《中学教学语法系统提要（试用）》呢？这主要是基于两个方面的原因：一是由于经过二十多年来的语法教学实践，人们逐渐发现了《暂拟系统》存在的缺点和问题，而且有些问题在刚开始使用时就暴露出来了；二是因为二十多年来，科学在发展，语法领域里的学术研究和对各种语法理论及方法问题的探讨不断取得新的成果，作为一个教学语法系统，应该与时俱进。

中学汉语编辑室在介绍《暂拟系统》时就已经说明，中学汉语教学中暂时共同采用这个系统，是为了适合教学的要求，并不意味着这是一个成熟的、没有缺点的系统。尽管在构拟《暂拟系统》的过程中已经得到各有关方面的积极的、具体的支持和协助，可是由于汉语语法学里还有不少悬而未决的问题，这个系统也不可避免地存在着没有解决或者解决得不妥善的问题。“文化大革命”的十年动乱之后，语法学者和语文教师在《中国语文》《中学语文教学》《语文学习》和其他一些刊物上，对《暂拟系统》纷纷发表了意见，指出这个系统的不足之处。归纳起来，这些意见比较集中地反映了《暂拟系统》在科学性方面存在的问题。

张志公先生在《关于建立新的教学语法体系的问题》里曾经说过：“作为一个体系（或称系统），首先要有科学性。要求这个体系根据我们今天所能认识到的是比较科学的。所谓比较科学，指的是互为表里的两个方面：一是这个体系比较准确地反映汉语的实际，在理论上是言之成理的，站得住脚的；一是能够把对汉语的认识以及它的理论根据比较准确地表述出来”。① 拿上面的要求来衡量，我们认为《暂拟系统》有许多地方是不够科学的。下面简要地说三个问题：一是词的分类标准问题；二是“合成谓语”问题；三是析句方法问题。

---

① 张志公．关于建立新的教学语法体系的问题［A］，教学语法论集［M］．北京：人民教育出版社，1982.

《暂拟系统》划分词类是“词汇·语法范畴”标准。这个标准是由苏联语言学家谢尔巴院士建立并由苏联语言学家维诺格拉多夫院士发展起来的。用《暂拟系统》的话来说，“词汇·语法范畴”标准就是词类是根据词的意义和词的语法特点（包括句法特点和形态特点）来划分的。显然，这是一个力图把意义、功能、形态三者结合起来的综合性词类标准。按理说，这个标准比之单纯用意义标准来划分词类（如《马氏文通》），或者单纯以句法功能标准来划分词类（如《新著国语文法》），或者单纯拿形态标准来划分词类要高明得多。但我们认为，运用“词汇·语法范畴”这个标准来分析形态丰富的俄语是适合的，可是采用这个标准来分析缺少形态的汉语，在实践中就往往产生只强调词的意义而忽略词的语法特点这种偏向，也就等于把词的意义看成划分汉语词类的主要标准。苏联著名汉学家龙果夫教授在他的《现代汉语语法研究》一书里曾经坦率地说过：“我们说词汇·语法范畴而不简单地说语法范畴，因为决定汉语的词的句法功能和词的各种句法上的联系的主要的东西是词的意义”。《暂拟系统》之所以把副词和叹词归入虚词，其主要根据就是词的意义。可是，把副词和叹词划为虚词，并不完全符合汉语的实际。因为副词在句子里可以作状语（个别可以作补语，在一定条件下可以作定语），有少数副词能够单独回答问题，而且有些副词的意义还比较实在。叹词则常常独立成句，或者作句子的独立成分。赵元任先生在《汉语口语语法》里称叹词是“最地道的零句”。所谓“零句”，就是非主谓句。所以，划分汉语词类采用“词汇·语法范畴”标准，是值得商榷的。事实上，《暂拟系统》之后的许多语法书，基本上没有采用“词汇·语法范畴”标准。有的另立标准，有的对这个标准加以改造。

《暂拟系统》关于“合成谓语”（包括“判断合成谓语”、“能愿合成谓语”、“趋向合成谓语”）的提法过于笼统，它不能明确地表示出词语之间的结构关系，在句法分析中难以自圆其说。例如：

①他们是世界上一切伟大人民的优秀之花！

②组织起来的群众具有无穷的力量。

③我说的是应该拿起我们的武器。

按《暂拟系统》的分析，例①在“合成谓语”（“是”和“花”）里面还有其他成分，《暂拟系统》分析为“定语”。在一个成分中间又夹有其他成分，已经使人难以理解。而且句中的“合成谓语”和“定语”究竟是一个层次上的成分，还是不同层次上的成分？《暂拟系统》无法作出回答。例②“组织起来”在结构类型上符合这个系统“合成谓语”的说法，但在句子里却不作谓语。这样，“合成谓语”在理论上就不能一贯到底。例③的“是应该拿起”是什么结构？属于哪种“合成谓语”？很难分辨清楚。

《暂拟系统》的“合成谓语”理论与该系统中动词“附类”（另外，还有名词“附类”）的建立有密切的关系。所谓“附类”，按《暂拟系统》的说法，就是“都带有或多或少的虚词性”。动词的“附类”（包括“判断词”“能愿动词”“趋向动词”）如“是、应该、愿意、起来、下去”等，在句法上与一般动词是不能平起平坐的。这些词如果作谓语，只能和句中的名词或动词或形容词合起来一同作谓语，构成“合成谓语”。通过上面几个例句的简单分析，我们可以看出，“合成谓语”在句法分析中困难重重，它无法对汉语的语言事实作出科学的、合理的解释，给教学带来了困难。因此，近年来许多语法学者和语文教师主张取消“合成谓语”，也不在动词（和名词）中设“附类”。把《暂拟系统》的“合成谓语”和“附类”另作处理。

分析句子结构的方法，一般称为“析句方法”。它是语法系统中的一个重要问题，也是语法教学上的一项重要内容。现在，我们来看看《暂拟系统》在析句方法上所贯彻的是什么原则。

下面引用根据《暂拟系统》改编的《汉语知识》中几个例句（符号也按原书标出），按照《暂拟系统》的析句方法，略作分析和评议。

①金萍//江苏人。

从语言的实际出发，这个句子的谓语应该是“江苏人”这个以名词为中心的偏正词组。可是，《汉语知识》却只承认名词“人”是谓语，而“江苏”竟成了作谓语的名词“人”的定语。这就破坏了句子谓语的完整性，使得主语和谓语之间的陈述与被陈述关系也无法解说清楚。

②他//同群众联系得很密切。

《汉语知识》把这个句子的结构分析为“主//状—谓—状—补”。照这种分析，就是说，谓语“联系”的前面“同群众”

（状语）和后面“很”（状语）、“密切”（补语）都是“连带成分”。实际上，“很密切”这个以形容词为中心的偏正词组是整个儿作动词“联系”的补语。“是”只能是这个偏正词组内部的修饰成分，它和补语不是一个平面上的成分。

③革新技术//才能更好地提高效率。

照《汉语知识》的分析，这个句子的“主语部分”是一个动宾词组，动词“革新”才是句子的主语，“技术”被分析成宾语。有人指出这不是一个单句，而是一个紧缩复句。这里暂且不论。单就“主语部分”有宾语这个问题，就令人难以捉摸。

从上面的分析中，我们可以看出，《暂拟系统》的析句方法基本上是恪守着传统语法以词为句法单位这一原则。这就是说在分析句子时，遇到偏正词组或动宾词组，必须找出它的中心词，才算找到了句子成分。这样一来，就常常会把一个完整的机体（句子）肢解成一小块一小块的零星碎片，令人眼花缭乱，使人无法看清楚句子的结构层次，也无法了解句子的格局。胡裕树先生主编的《〈现代汉语〉使用说明》举了个例子，“有人认为把‘我买到了最近非常流行的一本语法书’分析成‘主—谓—补—状—状—定—定—定—宾’，使人非常不安”。这种析句方法的弊病，正如有的语言学家所批评的“用‘原子主义’的态度孤立地观察语言现象，忽视现象间的联系和制约”。[①] 如

---

① 徐通锵，叶蜚声．“五四”以来汉语语法研究评述，中国语文［J］．1979，（3）．

果说《暂拟系统》的析句方法与传统语法的析句原则稍有不同，那就是句子里出观联合词组或主谓词组时，可以不用中心词（实际上，这两类词组无法找出中心词），让整个联合词组或主谓词组作句子的一个成分。可是这样，《暂拟系统》的析句方法就成了在理论上缺乏一贯，在方法上搞调和折中。

《暂拟系统》不够科学的地方，除了上面提出的几个问题外，还表现在“前置宾语”“复杂的谓语”和“名物化”等问题上。

张志公先生在谈到教学语法系统的时代性问题时指出：“历史在前进，科学在发展，我们不能满足于曾经取得过成绩的过去的某种做法，要跟着时代前进”。又说：“我们现在是在20世纪80年代来探讨建立一个汉语的教学语法体系的问题，我们的头脑里不能没有‘80年代’这个概念”。①

在汉语语法研究上，我们一直是向西方的语言理论和研究方法学习的。从1898年马建忠发表《马氏文通》到20世纪40年代，汉语语法研究一直是在传统语法的间架里进行的。传统语法，就是西方国家在古代希腊、拉丁语法基础上长期以来形成的传统的语法系统。自20世纪40年代末至50年代初开始，国内对于汉语语法的研究，除了继续沿用传统语法的理论和方法以外，语法学者开始把注意力和兴趣转向对西方结构主义语

① 张志公．关于建立新的教学语法体系的问题［A］，教学语法论集［M］．北京：人民教育出版社，1982.

法和后来的转换生成语法的探索上，并且试图从理论和方法上运用结构主义语法和转换生成语法来描写汉语语法，来挖掘和说明汉语语法的特点。其中影响比较大的是以美国描写语言学派为代表的结构主义语法学。

20 世纪 50 年代初，以“中国科学院语言研究所语法小组”的名义，在《中国语文》1952 年 7 月号至 1953 年 11 月号上连续发表的《语法讲话》（后经修订，改用丁声树等著《现代汉语语法讲话》的名称，出版单行本），在词类划分和析句方法上，都非常明显地受到结构主义语法的“分布理论”和“层次分析法”的影响。周法高先生在《二十世纪的中国语言学》一文中，对《语法讲话》给予了高度的评价，指出该书“参考了美国结构语言学派和该派以外的语法理论，有些地方兼顾到实用的方便，并没有结构语言学派那样拘泥”是国内出版的“最好的一本语法书”。① 语法学界在新中国成立初期展开的关于词类问题和关于主语宾语问题的两次大讨论，都被认为是在结构主义语法的影响和冲击下而引起的。《语法讲话》和两次语法大讨论都对《暂拟系统》的制订产生过深刻的影响。其中有些成果已经被《暂拟系统》所吸收。

《暂拟系统》制订之后，20 世纪 60 年代初，朱德熙先生在《中国语文》上发表了《说“的”》一文。该文把结构主义语

① 徐通锵，叶蜚声．“五四”以来汉语语法研究评述，中国语文［J］．1979，（3）．

法应用于汉语研究，论证汉语中虚词“的”不是一个语素，而是形式相同的三个语素：“的$_1$”“的$_2$”“的$_3$”。这篇论文的发表，引起了语法学者极大的兴趣。黄景欣先生在《中国语文》1962年8至9月号上写了《读〈说“的”〉并论现代汉语语法研究的几个方法论问题》的文章，对《说“的”》一文的方法论提出了批评。黄先生认为《说“的”》一文对于结构主义语法没有做到批判地接受，也未能正确地运用于汉语语法的研究上。嗣后，吕叔湘先生在《中国语文》1962年11月号上发表了《关于“语言单位的同一性”等等》的论文，参加了朱、黄两位先生的讨论。吕先生指出：“研究汉语语法，采用什么样的方法才能取得比较圆满的结果，这是多年来未能解决的问题。这两篇论文（朱、黄两位先生的论文）讨论的虽然只是一个‘的’字，却涉及研究语法的整个方法论问题”。后来由于众所周知的原因，使得这场关于语法研究方法论问题的讨论无法继续下去。

经过一段长时间的沉寂，在20世纪80年代初，由对《暂拟系统》的批评，引发了一场关于析句方法问题的大讨论。《中国语文》1981年第2期发表了史存直先生的《句子结构和结构主义的句子分析》的论文，对结构主义语法的“层次分析法”和“分布理论”提出了批评。史先生认为“所谓‘层次分析法’既不符合句子的自然结构，而所谓‘分布理论’就更把句子的结构破坏了”。对于由传统语法发展而来的成分分析法，史先生的看法是“不但有层次，而且也能保持住句子的格局”，

“所以用它来分析句子也能和句子的自然层次相符合”。文章既反对采用结构主义的层次分析法来分析汉语的句子结构，同时也不赞成在汉语分析中采用层次分析法和成分分析法相结合的方法。由于析句方法问题直接关系到语法系统的建立，所以对这个问题的讨论非常热烈。继史存直先生的文章发表之后，《中国语文》和其他的语言学刊物，语文教学刊物以及高等院校学报，都陆续发表了不少有关析句方法的文章，展开了争鸣。讨论中就汉语的析句方法，提出了三种不同的意见：一是主张继续采用成分分析法，二是主张采用层次分析法；三是主张成分分析法和层次分析法相结合，或以成分分析法为基础，吸收层次分析法的长处，或以层次分析法为基础，吸收成分分析的长处，也就是在结合中对两种析句方法采取扬长避短的办法处理。尽管意见分歧，但有一点大家的认识是完全一致的，这就是析句时必须充分重视语言结构层次性这个特点。

《中国语文》1981 年第 6 期发表了张志公先生《分歧点和交叉点——分析句子问题琐谈》一文。文章指出，这次关于析句方法问题讨论所起的作用，如同“三十年代末的‘文法革新’讨论，新中国成立后五十年代关于词类问题的讨论，关于主语、宾语问题的讨论，关于单句、复句问题的讨论，每次都对语法研究产生过积极促进的作用”。张志公先生在文章中概括了这次讨论的特点，着重论述了成分分析法和层次分析法两种析句方法的交叉点，还提出这次讨论在方法上存在的问题。自此，关于析句方法问题的讨论，基本上告一段落。

“文化大革命”十年动乱之后，各种语言学刊物如雨后春笋般创刊（复刊），语法研究蓬勃开展，如前面谈到的关于析句方法问题的讨论，语法学者和语文教育工作者表现出了前所未有的热情。几年来，出版了许多语法专著，高等学校协作编写（或修订）了几套各具特色的《现代汉语》教科书，其中的语法部分都吸取了新的研究成果，反映了新的时代特点。特别是吕叔湘先生的《汉语语法分析问题》这部重要著作的出版，无论对教学语法系统的建立或者理论语法的研究，都具有很大的指导作用。

国内对于转换生成语法的探索和运用于汉语语法的研究，前者，可以朱德熙先生的《论句法结构》（载《中国语文》1962 年 8 至 9 月号）一文为代表。该文采用转换生成语法的转换形式（朱先生称“变换”），对汉语句法中的同形异构现象作出解释，找出它们的区别点。十年“文革”以后，这种转换形式得到了比较普遍的运用。例如，由黄伯荣、廖序东先生主编的高校协作教材《现代汉语》下册语法部分里，为了揭示结构上大体相同的句法形式在语义上的关系，就是通过深层结构和表层结构的转换手段找出它们的区别来的。下面是该教材的用例：

①我们打赢了球。—我们打球，我们赢了。

②我们打破了球。—我们打球，球破了。

③我们打完了球。—我们打球，打完了。

这样一转换，便可以看出上面三个句子的补语表意作用是不同的。例①“赢”的是主语“我们”。例②“破”的是宾语

“球”。例③“打”球这动作完成了。①

运用转换生成语法的短语规则和转换规则全面地对汉语作出描写的著作，有徐思益著《描写语法学初探》一书。该书所探索出的一整套新的汉语语法描写方法，开始引起语法学者的重视。以上情况，反映了语法学者对汉语语法的研究，“正在孕育着新的路子，准备向语言的深层进军”。②

三、《中学教学语法系统提要（试用）》制订的原则和缺陷

《中学教学语法系统提要（试用）》（以下简称《系统提要》）制订的原则，是以《暂拟汉语教学语法系统》为基础，进行了必要的修订，“形成一个在原有基础上有所改善、有所前进的新系统，作为学校，主要是中学，教学语法的依据”③。简言之，《系统提要》就是《暂拟系统》的修改本。这个原则的确定，“主要是基于这样的考虑：作为教学用的一个体系，需要保持一定的稳定性和连续性，这样有利于教学工作的进行。从《暂拟系统》本身来看，它是当年许多语法学者和语文教师共同

---

① 黄伯荣，廖序东．现代汉语（修订本）［M］．兰州：甘肃人民出版社，1981：371—372.

② 徐通锵，叶蜚声．“五四”以来汉语语法研究评述，中国语文［J］．1979，（3）．

③《暂拟汉语教学语法系统》修订说明和修订要点，教学语法论集［M］．北京：人民教育出版社，1982.

制订的，它吸收了直到五十年代我国语法学者的研究成果，具有一定的科学性，因此它才会被采用。二十多年来它在语法学界和语文教育界产生了广泛的影响，多数中学教师比较熟悉，他们不希望大动。如果要建立一个全新的语法体系，现在也还不具备这样的条件”。①

《系统提要》对《暂拟系统》作了一些修改，关于这个问题，《中学语文教学》自1984年3月号起开辟了“教学语法讲座”专栏，连载了有关文章，比较《系统提要》与《暂拟系统》的异同，阐发《系统提要》的具体内容，同时还发表了个别专家的评论文章，故不再重复。总的来说，《系统提要》能较好地解决了《暂拟系统》存在的缺点和问题，同时又在很大程度上反映了自《暂拟系统》以后，特别是近几年来语法研究的成果，形成了一个在《暂拟系统》的基础上有所刷新、有所前进的语法系统。例如，这个新的语法系统取消了“附类”和“合成谓语”以及复句中联合复句和偏正复句的划分。不采用“名物化”和“双部句”“单部句”的说法。不讲“前置宾语”。把《暂拟系统》中“复杂的谓语”（包括“谓语的连续”和“谓语的延伸”）处理为“连动句”和“兼语句”两种句型，又将“插说”按两种不同的办法分别处理，等等。而最有特色的是在语法单位里增补了“语素”和“句群”，在汉语中确立

① 张志公．张志公谈《中学教学语法系统提要》，中学语文教学［J］．1984，（4）．

了五级语法单位（语素、词、短语、句子、句群）的理论；突出了短语的地位，扩充了短语的内容；采用了成分分析法和层次分析法相结合的析句方法等。

当然，《系统提要》也并不一定是一个很完善的语法体系，它肯定会存在一些缺点和问题，有些问题，今后将会在中学语文教学实践中逐渐被发现和修正。

大多数语法学者认为，句子结构分析的目的应当一是既要反映出语言结构的层次关系，又要了解句子的格局，归纳出句型。在20世纪80年代初那次析句方法问题的讨论中，有不少语法学者指出了传统的成分分析法和结构主义语法的层次分析法都不能彻底解决汉语句子结构分析中的某些具体问题，因而提出应该在成分分析法和层次分析法的基础上，扬其所长，抑其所短，把这两种析句方法结合起来，或以其中的一种分析法为基础，兼顾另一种分析法，从而构拟出一种适合于汉语的析句方法。实际上，在新中国成立以后的语法研究中，我国大多数语法学者正是沿着这条“结合”的路子，不断地进行着探索的。《暂拟系统》的析句方法就已经吸收了层次分析法的某些因素。比如这个系统分析句子时，如果是主谓句，首先就把句子切分成两个部分。前一部分叫“主语部分”，后一部分叫“谓语部分”。可惜的是，《暂拟系统》并没有朝着“结合”的路子走下去。这个系统所采用的基本上还是成分分析法。经过了20世纪80年代初这场讨论，《系统提要》终于选择了这条“结合”的路子。张志公先生在谈到《系统提要》的析句方法时说：“《提要》吸收了结构主义语法在分析句子的方法上的长处，试图把多分法（即成分分析法）和层次分析法结合起来，既重视句子结构层次的分析，也兼顾到句子的基本间架即中心词，同时还注意到非中心词在表达上的重要性。”① 笔者认为这种把成分分析法和层次分析法结合起未的析句方法，是解决汉语句子结构分析的正确方法。那么这种既不同于成分分析法，也不问于层次分析法的“结合”方法姑且称“综合分析法”，因为《系统提要》并没有对这一问题作出回答。

第四节　结构主义语言教育的问题分析

在结构主义语言观影响下，我国语言教育尽管在语言知识的系统性和科学性方面做了大量的研究，对学校语言知识的教学质量有了前所未有的提高，但也存在不少问题。这些问题可以主要归纳为以下两个方面：

① 张志公．张志公谈〈中学教学语法系统提要〉，中学语文教学［J］．1984，（4）．

一、重结构，轻语用；重语法，轻语义

结构主义语言学的知识观过分强调语言知识的客观性。反映在语言教育中则集中体现为教学中科学至上主义的倾向，在语文教科书的设计、编排上尽量追求语言知识体系的科学性和完整性，而对学生的言语实践关注不足，更多地注重语言结构的分析与描述，而忽视了对生动的言语现象的多样性、丰富性的具体解释与感悟。教科书的这一倾向，又导致在语言教学中教师以指导学生研究语言而取代了组织和指导学生学习言语，以对语言材料（包括内容和形式）的详尽的结构剖析取代了学生对言语材料的感受、积累和运用。应用语言学家 S. 皮特·科德说："我们要培养的是使用语言的人，而不是语言学家，是能'用这种语言'的人，而不是'谈论这种语言'的人。"① 我们的语言知识教学恰恰忽视了发展学生言语运用能力的根本宗旨，也完全抛弃了几千年来我国语感训练的优良传统。

在重结构和重科学的思想影响下，语言教育十分注重对语法知识和语法术语的系统掌握，再加上语法教学方法的不得当，学生在语法学习上花了很多的精力，但普遍感到许多语法知识在使用的时候用不上，而学生对语义的理解却很肤浅，自然语感的培养就更是无从谈起。

---

① S. 皮特·科德. 应用语言学［M］. 上海：上海教育出版社，1983：12.

二、“语言知识中心论”主导下的语文教学和考试

语言是工具，所以语文学科是工具学科，由此演变为“语言知识中心论”。这个观点认为了解和运用文字的“能力”“技术”必以有关知识的获得为前提或者说是基础，其公式是：知识——训练——技术。由于训练是将知识转化为能力的途径，因而也可以名之为“训练中心论”。所谓“训练中心论”是就其表现形态而言，“语言知识中心论”是就其思想内核而言。叶圣陶曾明确提出“语言教学”的第一任务是“让学生认识语言现象，掌握语言规律，学会正确熟练的运用语言这个工具。”①“认识语言现象”显然是为了“掌握语言规律”。而“学会正确熟练的运用语言这个工具”必先“掌握语言规律”，所以“语言规律”必然居于中心地位，而“语言规律”即语言知识也。

20 世纪 50 年代初，特别是 20 世纪 70 年代末以来，“语言知识中心论”成了语文权威性的教学指导思想。“一篇课文在单元教学中，只作为语言训练的一方面材料。”“单元之中的课文是如此，扩而大之，单元与单元之间，阶段与阶段之间也是如此。这样确定的教学目的就一课看少而小，从教学的全局来看，就一步一个脚印，构成一套由少到多，由小到大，由此及彼的

① 陈必祥．中国现代语文教育发展史［M］．昆明：云南教育出版社，1987：230.

知识积累和能力训练的科学系统，最后达到初中语文过关的总目的”①。阅读和写作教学也总在“着重建立现代语文读写能力的训练序列”，总是强调所谓的“知识点”“训练点”。

“语言知识中心论”有两个方面的问题。一是以学习对象的科学体系来替代学习主体的心理过程。语言知识是把语言当作客观对象进行科学研究得到的认识，一般可分为语音、词汇、语法等三个层面，语言的科学体系是由一个一个部分组成的，因而可以一个一个部分学习。我们所必须面对的事实是：掌握了一种语言的科学体系并不就是等于具有了理解、运用这种语言的实际能力。“一个人可能对一种语言掌握了大量的知识，但却一点也不会运用这一语言。”“语言学家对他们不会讲的语言常常能谈得头头是道”②。也就是说运用一种语言的实际能力和懂得一种语言的有关知识是不同的两码事，不能混为一谈。皮特·科德说得好，语言，“在把一切都学到手以前，没有哪一部分是可以完全学会的”③。学习语言的心理过程和语言本身的知识体系，一为主观范畴，一为客观范畴，性质完全不同。以为学习语言知识体系的过程就是学会语言本身的过程，就好比把苹果营养的分析等同于人们对苹果营养成分的消化吸收一般。

---

① 陆继椿．积极探索语文教学规律［A］．李杏保．语文学科参考资料类编［M］．北京：高等教育出版社，1996：215-216.

② 皮特·科德．应用语言学导论［M］．上海：上海外语教学出版社，1983：333.

③ 皮特·科德．应用语言学导论［M］．上海：上海外语教学出版社，1983：12.

应用语言学的研究告诉我们："由于语言具有系统的相互联结关系，因而认为任何一个项目可以孤立的进行教或学的这种想法是不实际的"①。"我们应当做的是叫人们一种语言，而不是教给他们关于语言的知识。""我们要培养的是使用语言的人而不是语言学家，是能'用这种语言讲话'的人而不是'谈论这种语言'的人。"②"语言知识中心论"主张课文教学为讲授语言知识服务，每一篇课文"只取一瓢饮"，只有走"肢解"课文这一条路。

我们再也没有比实际言语与语言知识之间的对比更为典型、更为生动的例证来说明这句格言的了。言语之树长青，而语言理论则绝对是灰色的，要想运用语言学知识来知道一个人的读、写、听、说等言语活动，只是一些人的幻觉而已。完全有理由断言：任何一个人，包括最伟大的语言学家在内，都不是也不可能依凭词语的理性范畴和语法规则来理解和生成句子。任何一个人的实际语言能力，绝不可能主要由他在学校里或从书上学得的语言知识转化而来。

在"语言知识中心论"的主导下，阅读教学被"知识化""练习化"了，因而也被"标准化" "机械化"了。无须用"心"动情，重要的只是记忆和训练，人必须像电脑那样绝对服

① 皮特·科德．应用语言学导论［M］．上海：上海外语教学出版社，1983：291.

② 皮特·科德．应用语言学导论［M］．上海：上海外语教学出版社，1983：306.

从命令，要你写“同心协力”，如果你竟写成“齐心协力”，判错是天经地义的。

在“语言知识中心论”的主导下，语文教学评价也实施标准化测试，使得语文测试演变成了近似语法知识训练成绩的考核。中考和高考指挥棒使语言教学也成了纯语言的技术性传授，其中的人文内涵被排挤到狭小的空间几乎完全丧失。可见，在应试教育中考和高考指挥棒的制约下，语文标准化考试、题海战术和人文精神的失落等都与结构主义语言教育观的形式主义倾向密切相关。

20 世纪初，法国也曾经出现这样一种倾向：只重视文法逻辑等语言训练，忽视了思想情感及其他语文因素，其结果仅仅是发展了学生的一些极其表面的语文能力，而不会反映多彩的现实生活，说和写缺乏鲜明的个性，最终被称为“法语教学的危机”而加以纠正。前车之覆，应引为后车之鉴。

第四章

解构主义语言学

语言学的发展使20世纪后半叶西方思想界出现了一种新的哲学思潮——解构主义（又称后结构主义）思潮。解构主义是西方哲学中与解构主义方法论联系起来的一种哲学思潮，这种哲学思潮在语言学中的观点就是解构主义语言学。同结构主义语言学家一样，解构主义语言学家对解构主义的理解也并不相同，但是他们对结构主义语言学的批判与解构上是基本一致的。

第一节　解构主义和逻各斯中心论

解构主义诞生于法国，它的奠基人是法国的哲学家、语言学家德里达（1930～2004），其代表性的著作是《书写学》《语言与现象》《书写与歧异》，这三部力作构成了德里达解构主义语言学的奠基石。在书中他系统地提出了自己的解构主义哲学，这使他成为“法国哲学场景的中心”①。由于适应了“五月学潮”失败后的法国社会，特别是青年知识分子的需要，解构主义很快被法国社会所接受。后来德里达游学美国，由此解构主义随之走出法国，向美国和整个欧洲大陆广泛传播开来，迄今已发展成为风靡当代西方的一股具有广泛影响力的哲学思潮。

直到今天，解构主义思潮仍然深刻地影响着自然科学和社会科学的各个方面，尤其是语言学和语言哲学。

顾名思义，德里达的解构主义首先要消解的是结构主义作为基石的“结构”概念。正像英国学者 R. 赖安曾经指出的那样，“把德里达的理论放进哲学领域之内，人们可以把他的解构原则同以拉康、福柯、巴尔特等人为代表的一种更为广泛的努力联系起来。这些人不是共同代表了一种改革运动，为既存结构的修正假定了某种原则……他们是对这些既存的整个结构提出了质疑”②。但又不仅仅局限于此，德里达是以结构主义为突破口，进而对一切建立在二元对立逻辑之上的固定的等级结构实施彻底的颠覆，对以等级结构论和结构中心论为特征的“在场形而上学”实施彻底解构。他曾明确指出，“结构要被破坏、解开，沉淀物要被排除掉”。并指明这里讲的“结构”包括

① K. 白尼斯等编．后哲学：终结还是转变？（英文版）［M］．美国：麻省理工学院出版社，1987：119.

② 参见 R. 赖安等编．当代西方文学理论导引［M］．李敏儒，伍子恺译．成都：四川文艺出版社，1986：115.

"各种类型的结构"，从"语言的、'逻各斯中心论'的结构"到"声音中心论"的结构，等等。由此可见，颠覆结构主义的"结构"只是德里达的目的之一，颠覆整个西方形而上学的思想根基才是他的最终奋斗目标。在德里达看来，整个西方的哲学传统都可以用"逻各斯中心论"来说明。结构主义的所谓固定结构论，不过是柏拉图以来的逻各斯中心论在当代的一种表现。

德里达的解构哲学首先对这一统治西方哲学达上千年之久的逻各斯中心论实施了解构。因为"在西方的和著名的法国思想中，占统治地位的话语……一直被形而上学——逻各斯中心论抓在手中"。

所谓"逻各斯中心论"（logocenterism），在德里达那里指的是一种以"在场"（presence）为中心的本体论。这种本体论将某种外在的绝对参照物作为本源、基础、中心和出发点。"logos"是希腊哲学中的一个重要概念。希腊人相信一切知识或事物中都有个逻各斯。逻各斯既指理性，又指说话（也有学者将逻各斯中心论译作言语中心论）；既指智慧，又指宇宙的灵魂。总之是指某种能够作为所有思想、语言和经验之基础的东西。追求现象背后的逻各斯（实体、理性、本质、终极意义、首因、真理、实在、结构）就成为哲学的终极关怀。从柏拉图的"理念"、笛卡儿的"我思"、斯宾诺莎的"实体"、黑格尔的"绝对精神"到胡塞尔的"先验自我"、分析哲学的"语言"和列维—斯特劳斯的"结构"，无一不是逻各斯中心论的表现形式。而德里达则义无反顾对逻各斯主义发起战争。按照他的观点，世间并不存在什么绝对的真理、普遍的规律、超验的意义和绝对的精神，他将任何依赖于绝对牢靠的基础、高于一切的原则和等级结构森严的思想体系统统称之为“在场的形而上学”。逻各斯中心论就是一种典型的“在场的形而上学”。他对逻各斯中心论的解构，实质上是对“在场的形而上学”的解构。因为逻各斯中心论本身就假定了逻各斯的在场，假定了逻各斯的中心地位。德里达要解构的就是逻各斯的“在场”或中心地位，也就是对传统哲学的解构。

在德里达看来，哲学一直是一种“在场的形而上学”，并认为这种“在场的形而上学”是我们所知道的唯一的形而上学。这种形而上学是以二元对立逻辑为基础的。按照德里达的说法，哲学总是围绕着诸如真/假、确定的/隐喻的、实在的/虚构的、经验的/先验的、观察的/理论的、事实/价值、严肃的/非严肃的、客观的/主观的等无数对立来建构自己的。而第一项总是先于、支配第二项。从柏拉图到卢梭，从笛卡儿到胡塞尔，所有的形而上学家都认定善先于恶，肯定先于否定，纯先于不纯，简单先于复杂，本质先于偶然，原要先于摹本。这并非形而上学众多特征中的一个，而是形而上学的迫切要求，是形而上学的最恒常的、最深刻的、最潜在的程序。[①] 而德里达的解构主义哲学意在揭露这种建立在二元对立基础上的等级结构，进而颠覆和彻底改造它。下面我们具体考察一下德里达对“在场的形

① 参见（美）卡勒．论解构［M］．陆扬译．北京：中国社会科学出版社，1998.

而上学”的一种典型表现形式——以设定言语高于书写为特征的“言语中心主义”的解构，通过这一个案演示，从中可以看看解构主义是如何实施解构操作的。

在《论书写学》中，德里达指出：自柏拉图以来，西方哲学传统便一直是言语中心主义的①。这一“主义”是以强调口说的言语的首要、中心的地位为特征的。文字和书写在这一传统中只占次要的地位。言语被认为是第一位的、本源的、在场的，书写则被认为是第二位的、派生的、不在场的。因为言语是直接的、透明的、同一的，而书写则是间接的、多样的和充满差异的。

哲学家柏拉图就曾经坚持认为，在灵魂与自身的无声对话中，真理有纯粹的直接性，即使在两个人的交谈中，意义也是确定的，因为这一意义尚能诉诸此时此地的话语环境（语境或上下文），也就是说，言语与意义处于一种“直接的、自然的关系中”。而书写（本文）则没有这种优点，它总是脱离原初的场景和语境，它可以不依赖于作者而独立存在。

在言语中心论那里，言语被看作自然的、直接的交流，书写被看作一种人造的、间接的表现。儿童先学会说后学会写以及许多人、许多文化和民族只有言语没有书写的事实就证明了这一点。言语被看作与意义处在一种直接的接触中。从讲话者

① 言语中心主义与逻各斯中心主义的关系在德里达那里是很奇特的，一方面，二者是同一个东西（logocenterism）；另一方面，言语中心主义是个别，是逻各斯中心主义的一种重要表现形态。

发出的词语是他当下思想的自发的、几乎完全透明的符号，这也正是聆听者希望把握的。相反，写作是由物理的标志组成的，这些物理标志是与可以产生它们的思想相分离的。其特征就是言说者的不在场，它割断了与讲话者和作者的联系。因此书写不仅被看作一种用来再现言语的特殊技术，而且也是对言语的一定程度的扭曲。对书写的这种评价是与哲学一样的古老的。柏拉图就曾经谴责书写是一种误用的交流形式，因为它与本源（言语）是相分离的。在他看来，书写导致了各种各样形式的误解，因为讲话者不能在当场对听者解释他心中所思所想的。此外，对书写（本文）的意义也可以有多种歧义的解释。因此书写低于言语，它仅仅是一种有严重缺陷的外在符号，是言语的“人为的替代品”。这种思想一直主宰着西方哲学传统。海德格尔对苏格拉底是“不写作的哲学家，是古往今来最纯正的思想家”的称赞，表明海德格尔也仍停留在言语中心主义的窠臼中。正像J. 库勒分析的那样，尽管传统哲学家也从事书写，“但他们并不认为哲学应该是书写。他们所写的哲学将书写看作一种表达的手段，这种手段往好了说是与它所表达的思想不相干的，往坏了说则是思想的障碍”。

由此我们便发现，德里达不仅点出了言语与书写的二元对立，而且揭露出对立的双方并没有“和平共存”①。也就是说这

---

① 参见H. J. 席沃尔曼等编．后现代主义与大陆哲学（英文版）［M］．美国：纽约州立大学出版社，1988：194.

一对立是以前者（言语）对后者（书写）的压迫为特征的。对立的一方总是拥有特权，而另一方则总是受到贬低和压制。这意味着，一种暴力的“等级制”和“从属的秩序”存在于这一对立中。德里达对言语中心主义的解构便旨在推翻言语对书写的压迫。

众所周知，“解构”一词来源于海德格尔在《存在与时间》中提出的“destruction”一词，原意为分解、消解、揭示等。海德格尔使用这个词以表示把结构加以分解或拆开，从中把意义发掘出来，使之得到显现。德里达继承并发展了这一概念，对之补充了“消除”“抹去”“反积淀”“分裂”“问题化”等多重含义和丰富表述。德里达清楚地意识到，要消灭或毁灭所有形而上学的观念是不现实的，因此也是不可能的。德里达的解构要做的是揭露表面上单纯、和谐的形而上学观念的内在矛盾和内在紧张的态势，也就是使所有形而上学的本质性的观念“问题化”。因此，在德里达那里，“解构”是一种“双重运动”，德里达称之为“双重写作”或“双重科学”。这双重中的一重就是对等级制的结构进行“颠覆”，将对立的双方进行颠覆。然而，这种“颠覆”并不是从外面进行的，而是采取“同居”的形式从内部实施的，也就是利用被颠覆对象的潜在矛盾，使其自行瓦解，不攻自破。德里达形象地称之为“自毁原则”。

根据德里达的观点，如果我们取消了传统哲学体系所赋予言语的中心的、首要的地位和特权，将书写置于“中心”位置，那么，整个言语中心论就难以存身了，以其为基础的形而上学体系也会因此而坍塌。这方面，结构主义语言学的创始人索绪尔理所当然和首当其冲成了德里达批判的靶子。因为索绪尔在他的《普通语言学教程》中坚持言语优于书写的立场。他曾经讲过："语言和书写是两个不同的符号系统。书写仅仅是为了表达语言而存在。语言学的对象不是字词的书写形式和词的言语形式这两者，而是只有词的言语形式才构成语言学的对象。不过，说出来的词与它的书写形象结合得如此紧密，以至后者把主要作用据为己有。人们甚至赋予有声符号的书写以比符号本身更为重要的意义。这种看法犯了类似通过看一个人的照片比直接看这个人本身更能了解这个人的错误。"德里达对索绪尔言语优于书写这一观点的解构，利用的就是索绪尔的结构主义语言学理论中的漏洞和矛盾。

众所周知，索绪尔语言学中的一个重要原则是"任意性原则"，该原则强调能指（有声意象）和所指（概念）的关系是任意的。树（所指）可以被叫做"树"（能指），也可以被叫作"tree"。而且树之所以被叫作"树"，是因为它不是"花""竹"。这就涉及索绪尔语言学中的另一个重要原则——差异的原则。即符号的意义存在于与其他符号的差异之中。也就是说，在索绪尔看来，指称依赖于差别，在场的事物只有在同不在场的事物的比较中才能识别出来，正像鷓鴣的规定是使它区别于其他鸟类的手段一样。也正是在这里，德里达发现了索绪尔的漏洞。

根据索绪尔的设想，所指词“树”是两个能指词的差异的产物（例如与“花”相区分的产物）。可是我们为什么不可以说它也是和“草”“竹”“麦”等相区分的产物呢？这就是“符号的任意性”或武断性（the arbitrariness of the sign）。以此类推，这一过程永无终点。其结果便是，每个符号都没有一个固定的位置，都是由无限延续的符号的差异构成的，这样便“剥夺了”符号的中心地位。不仅如此，能指与所指之间明确的界线也消失了。所谓固定的所指仅仅成为一种幻想。因此差异性不仅适用于能指，而且也适用于所指。这样一来，意义便不能在任何固定的符号中被完整地发现，它散播在一连串的能指中。传统哲学的意义、终极意义概念在这里遇到了挑战。德里达的结论是，词语实际上并没有一个最终的、超验的中心或意义。符号的本质是游移不定的，是差异。德里达指出，结构主义乃至传统哲学抬高言语、抑制书写和文字，便掩饰了语言游移不定和差异的本质特征。

德里达这里对具有固定意义的所指的拒斥，实际也就是对具有特权的言语的拒斥。德里达认为，言语中心论通过将书写看作言语的寄生的、不完满的再现而赋予言语以特权，采取的是一种置语言的某些特征于不顾的方式，是一种简单、粗暴的做法。索绪尔的想法是，如果距离、不在场、误解、不可信任和模棱两可是书写的特征，那么，通过将书写从中区别开来，人们可以建构一种以言语为理想的交流模式。在这种模式中，语词提供意义，听者可以在原则上准确地把握讲话者心中所想的东西。索绪尔的这一理想面临着重大的危险。索绪尔自己也曾谈到书写的“危险”：它将自己伪装成语言，甚至有时“篡夺”言语的地位。“书写的专制”是强大的，例如可导致发音的错误，可使醉心于书写形式的语言学家落入圈套。被认为是言说的再现的书写威胁着它所服务、供职的系统的纯洁性。

但是，如果书写可以影响言语，那么二者的关系就较最初显现的更为复杂了。言语第一性，书写第二性的等级关系由于索绪尔求助于书写来说明语言单位的性质而受到了扭曲。人们如何才能说明纯粹差异的语言单位观念呢？“既然事物的同一状态在书写中，即在另一种符号系统中是可观察的，我们将用书写来作某些比较，这将澄清整个问题。”例如，字母 t 可以被写成各种各样的形式，只要它区别于 l，f，i，d 等字母就行了。不存在 t 的本质特征，它的同一性纯粹处在关系——差异关系中。

这样一来，被索绪尔认为不应该是语言学考察对象的书写转而成为语言学单位性质的最好说明（例证）。言语被理解为书写的一种形式。这样便发生了一种颠倒，使书写是言说的派生形式的等级制倒了个儿，言语被表现和解释为书写的一种形式。德里达这里给出了一个新的书写概念，这是一个广义的书写概念，它既不属于通常意义上的言语，也不属于通常意义上的书写，它处于说与写之间。换句话说，它既是言语又是书写。这种广义的书写概念将口头书写和文字书写作为亚种包括在自身之内。

通过对言说与书写在柏拉图、卢梭、胡塞尔、列维-斯特劳斯和孔狄亚克的本文中的相互作用的考察，德里达表明，如果书写是被传统地赋予它的性质规定的，那么言说也是书写的一种形式。也就是说，如果书写是建立在“差异”基础上的，如果“距离”、“不在场”、“间接性”、模糊性是书写的本质属性，那么言语也同样是建在“差异”之上的，书写所拥有的否定性特征也同样为言语所拥有。例如，书写经常被看作仅仅是记录言语的一种手段，它可以被重复。但事实证明，可重复性是任何语言学符号的条件而不仅仅是书写的条件。书写可以被看作仅仅是一种物质的记录，然而正像德里达指出的，“如果‘书写’意指铭刻特别是意指持久的符号的设置，那么一般意义上的书写便包括了整个语言符号的领域”。广义的书写是一种“原书写”（archi-ecriture）、“原文字”或“原始写作”，这种“原书写”是狭义的言语与书写的条件。换句话说，在德里达看来，言语和书写具有相同的结构，如果有人希望像索绪尔那样揭示这一结构的话，那就必须从书写中揭示它。言语单位之间的关系特征只有在书写中才能得到阐明。不仅如此，只有当一个词能作为一个例子被重复、引用和产生时，它才能用来去指称。这种特性存在于书写中而不是言语中。因为人们并非先有明确固定的意义，然后用口说出，再写成拼音文字。按照德里达的说法，“在狭义的书写出现之前，书写早已在使人能开口说话的差异即原书写中出现了”。

这样一来，言语中心主义的言语高于书写的等级关系便被颠倒过来，言语被书写所规定和说明，书写成了言语的样板。

第二节　德里达的“新概念”和对二元逻辑的颠覆

如果以为德里达解构言语中心论的最终指归就是实施颠倒和确立写作的首要地位，那就将德里达的解构理解得过于简单化了。殊不知，对等级结构实施颠倒仅仅是他的解构工程的第一步。解构的第二步，也就是解构的更深一层的含义，就是确保此类等级结构永远不再建立。“极端概括地来讲，形而上学概念的对立面……决不是两种术语的对抗，而是一种从属物的等级和次序。解构不能限制为或立即转化为一种中立情况：它必须通过双重表达、双重科学、双重书写的方式，实践对古典的对立的颠覆，整个地取代那个系统。只有在那种情况下，解构才会在它批判的对立领域，提供给自己干预的方法。”① 像海德格尔一样，德里达明确意识到：在颠覆形而上学的等级结构过程中，必须小心避免重新建立同样的等级结构。因为等级制的

① 雅克·德里达．哲学的边缘（英文版）［M］．美国：芝加哥大学出版社，1982：329.

对立结构本身就是形而上学的。人们一天不跳出二元对立的思维逻辑，就一天无法摆脱形而上学的泥潭。

那么，怎样才能从根底上彻底摧毁形而上学的等级结构呢？

德里达为我们提供了从事摧毁的新工具，他称之为“新概念”。这种“新概念”“新”就“新”在它“不再是和永远不能被包括在以前的范畴中”。[①] 这里被德里达所珍爱的新工具就是他的“分延”（differance）概念、“痕迹”（trace）概念和“增补逻辑”（logic of supplement）。运用这些新概念，德里达对深受哲学上的二元对立逻辑影响的形式结构进行了解构，对“在场的形而上学”实施了进一步的彻底摧毁。

为了彻底断绝“在场的形而上学”对本源、起源和来源的追求，使形形色色的等级制成为无源之水，德里达创造了“分延”概念。这是解构主义的一个至关重要的概念，但它的含义却极为复杂。德里达尽力避免对“分延”下定义，极力避免使“分延”概念化。分延既不是一个词也不是一个概念。这是因为概念化将会把根源、中心、特别是意义引入分延之中。这将重复形而上学的错误做法。

概括一下德里达自己的阐述和一些西方学者的分析，differance 一词至少有下面三层含义：其一是区别、区分、差异，其二是拖延、推迟、延宕，其三是散播（dissemination）。其中，

① 雅克·德里达．哲学的边缘（英文版）［M］．美国：芝加哥大学出版社，1982：329.

“区分”“区别”是指空间上的不同，也就是说，符号、本文都是在与其他符号、本文不同的情况下才得以在场的；而推延、延宕则是指时间上的差异，指一个符号只有在其所指的事物不在场的情况下才成其为符号。符号的使用将使所指的出场遭到拖延。总之，分延的一个根本性特征是不确定性，它处在“永恒的运动之中”。用德里达自己的话说就是：“它不是一种存在——在场，无论你把它看得多么美妙，多么重要或者多么超验。它什么也不支配，什么也不统治，无论在哪儿都不以权威自居，也不用大写字母来炫耀自己。不仅不存在分延的领地，而且分延甚至还是任何一块领地的颠覆。这无疑正是它……令任何渴求某种领地，渴求某种领地过去未来之在场的思想望而生畏的原因。”在《意蕴》一文中他明确谈到：“分延阻止任何词，任何概念，任何重要阐述根据一个中心的神学的在场概念去概括和支配区分的运动……”① 正是由于德里达引进了“分延”概念，言语中心主义的言语优于书写的传统便彻底崩溃了。正是由于“分延”的出现，一种新型书写或文字——原书写才能得以问世。而原书写的产生便为我们提供了一个不稳定的、非圆满的、不单纯的本源，一个有差异结构的本源。这样的本源其实已就不复为本源了，这便从根基上使等级制的重新建立永远成为泡影。因为分延作为语言的基础，产生着构成语言的差异效果，但本身又不能被看作固定的第一因或本源。它颠倒

① 雅克·德里达．观点（英文版）[M]．美国：芝加哥大学出版社，1981：26.

了传统的言语高于书写的等级制，但并不因此将狭义的书写放在中心的在场的地位，再造一个形而上学的二元对立的等级结构，而是彻底打破了传统的言语与书写的对立，书写成了包含言语于自身之内的书写，从而彻底摧毁了言语中心论的等级制。

德里达对作为言语与书写等级对立的深层基础的“在场与不在场”的二元对立的解构，运用的也是“分延”这一有力武器。

在德里达看来，没有什么东西是直接在场的。人们不可能认识任何在场的东西，除非我们有了一些关于类似那些不在场东西的概念。也就是说，我们只有通过把那些本属于不在场概念的特征给予在场这个概念，才能理解在场概念的意义。“在场的形而上学”所追求的“在场”概念实际上是根本不存在的。古希腊哲学家芝诺的“飞矢不动”之所以成为悖论，就是因为人们执着于在场的概念而不能自拔。一旦我们假定现实便是特定的一瞬间所在场的东西，悖论便产生了。芝诺的悖论本来是用来证明运动的不可能的，但在德里达手里便成为阐明建立在在场概念基础上的体系之困难的极富有说服力的例证。因为唯有在每一瞬间先已打上过去、未来的痕迹之时，方可想象运动的在场。换句话说，现实的瞬间不再是一个给定的概念，而成为它与过去和未来关系的产物了。作为在场的时间基础的现时的瞬间本身已包含了不在场，即包含了过去与未来。这样一来，在场便具有了它的对立面——不在场的性质。代替以往的根据在场规定不在场，我们将在场看作广义不在场的结果，或者说是“分延”的结果。如此一来，在场和现在概念便变成了衍生的，变成了差异的结果。正如德里达所强调的那样，我们应该将在场看作“分延的结果”①。

在德里达看来，我们之所以能够认识到对象的在场，仅仅是因为在在场之中有着它不在场的“痕迹”，仅仅是因为我们有了关于不在场的概念。这里的关键是，没有任何东西是直接呈现在我们面前的，也就是说没有任何东西是完全在场的，因为我们只有通过符号系统才能达到它，所有理解和认知都是严格地由符号来传递的。对象的在场总是被“推迟”。因为前已述及，符号的使用将使所指的在场遭到拖延，如果这些符号之间的关系变化了，对象就不再被看作在场的了。其结果是，在场被不在场所规定和说明，在场被不在场所代替。需要指出的是，这里用来代替“在场”的“不在场”已经是包含了“在场”的“不在场”。这个产生差异的“不在场”就是“分延”，正是在这个意义上，德里达说“分延”是“在场和不在场的被忘却了的本源”。而这个本源本身又是有差异的。“没有什么东西是完全在场或不在场的，存在的仅仅是差异和痕迹的痕迹。”这种悖论式的“本源”概念就与形而上学的纯之又纯的绝对同一的“本源”明确地划清了界限。

显然，“痕迹”概念在使二元对立的等级结构永无建立可能

① 雅克·德里达. 哲学的边缘（英文版）［M］. 美国：芝加哥大学出版社，1932：16.

的战役中也起了重要作用。

如前所述，正是符号的任意性和语言的差异性暗中破坏了在肯定的实在基础上建立一种语言理论的企图，其结果是产生出一个悖论性的关于痕迹的概念。因为“痕迹”既是在场的“又是不在场”。对德里达来说，语言一旦以“分延”为基础，则符号就变成“痕迹”（trace）。因为按照差异性原则，一个符号总是在与其他符号的差异关系中，即在与其他符号相对立和比较中才显出意义，其他符号都有助于规定它的意义，在它上面留下它们的“痕迹”。也就是说，在场的符号都带有不在场的符号的痕迹，在场被不在场所规定。痕迹在德里达那里意味着某种写下又被抹掉的东西，它总是半隐半现。痕迹的在场和不在场永远无法确定。它是一种不在场，但它又总是在在场的事物中宣告自身的在场，尽管它不是在场的事物。“痕迹”永远在出现/消失，在一个没有对等替代物的链条中呈现自身、延搁自身。用德里达的话说，“痕迹并不意味着本源的消失……按照我们的思路，痕迹意味着本源根本没有消失，意味着它从未被构成，除非它是由相反的非本源即痕迹所构成的，然后，痕迹变成了本源的本源。”“痕迹”概念的出现不仅破坏了传统的本源概念，而且还直接威胁到传统的本文概念。本文不再是一个超验所指的给定结构，也不再是一个意义明确的封闭的单元。而是一系列的“痕迹”。用德里达的话说就是：“本文不再是一个业已完成的写作集子，不是一本书里或书边空白之间存在的内容，它是一种起区别作用的网状结构，是由各种痕迹织成的织物，这织物不停地指出其身外的东西，指出其他起区别作用的痕迹。”这样一来，本文便变成了“互文”（intertext），“互文”概念突出了语言的变动不居的性质。它没有一个固定不变的中心，没有一个终极的意义。相反，它为我们提供了多种意义的可能性。这就将语言从固定僵死的结构中解放出来。“没有终极意义就为表意活动的游戏开辟了无限的空间。”

“增补”（supplement）概念在德里达解构以言语中心论为代表的在场形而上学的征程中也立下了汗马功劳。

“增补”一词来自卢梭关于教育是对天性的增补的观点。按照《韦伯斯特词典》的界定，“增补”是“某种使对象完全或追加的东西”。一部词典的增补便是后来追加的部分。然而这词典之所以有可能增加一个补充，本身就意味着它是不完全的。在卢梭那里，“语言被制造出来是用来讲话的”，书写仅仅是“言语的增补”。但在德里达看来，问题在于倘若不是言语先已有了缺陷，先已有了据说是书写所特有的性质（诸如说话人的不在场，容易被人误解、曲解等），那么它也就无需由书写来补充了。这样我们便发现有两种“增补”：一是卢梭式的、消极的；一是德里达式的、积极的。而德里达的“增补”并非凭空飞来的东西，它就居住在卢梭的“增补”中，是发现卢梭“增补”的漏洞和矛盾的产物。

按照德里达的“增补”理论，在卢梭所津津乐道的自然与教育的二元对立中，如果不是“自然”本身就已存在缺陷，又何必要后来的“教育”来增补呢？如此一来，自然对教育的首要地位就值得怀疑了。由于对增补的描述揭露了内在于自然中的缺陷或不在场，而有缺陷的自然又必须需要教育来增补，于是，作为额外补充的教育也成为它所增补之物的本质性的条件。

卢梭还谈到作为“危险的增补”的手淫。像书写是对言语的增补一样，手淫是对正常性生活的补充，不过是一种不正常的补充、实践或技巧。但依解构主义的观点看，手淫也是对正常性行为的代替或替代。作为替代物要发生作用，手淫必须在某些本质性的方面与它所要替代的正常性行为相似。而事实上手淫的基本结构与正常性行为的结构是一致的。而正常的性行为因此可以被看作广义的手淫的一个环节。

进一步，德里达认为卢梭的“增补”为我们揭示出一条无限的增补之链。例如，书是对言语的增补，但言语本身也已经是一种增补了。卢梭在《爱弥儿》中说，儿童迅速学会使用言语是为了补充他们自己的弱点。这样，增补的和被增补的之间的绝对区别消失了，言语与书写之间的绝对界线被消解了，二者都同样起着分延、散播和表达的作用。

德里达揭示了形而上学战略在卢梭本文中的运作。这一战略是由通过将“增补”定义为简单的外在性、纯粹的补充或纯粹的缺席来排除不在场构成的。“被增补的东西什么都不是，因为它要增补的对象是完全的在场（full presence）。言语对直觉的在场（实在、本质等）的增补；书写对活生生的自我在场的言语的增补；手淫对所谓正常性经验的增补；文化对自然的增补；邪恶对天真的增补；历史对起源的增补；等等，莫不如此。”德里达坚持认为，这些结构在我们思维中的重要性意味着言语对书写的特权不是一个作者能够避免的错误。相反，将书写视作言语的补充而将之弃置一旁是整个形而上学历史的杰作，而且是一种根本性的操作。而在德里达看来，形而上学的这种策略在进行操作的同时也在消解着自身。

“增补链”的存在表明，不仅不在场的东西需要补充，而且在场的东西也需要补充，补充不再是一个无足轻重的外在的东西，而是需要补充之物赖以存在的先决条件。尤为重要的是，德里达以卢梭的情人华伦夫人为例证明了，“在场并不是原始的、本源的，而是被建构的”。“在场不是绝对的。”不存在形而上学所追求的“纯粹的在场”。据此，德里达对列维-斯特劳斯进行了批评。因为这位结构主义之父从未停止对一种（在某时某地正存在着的）“未触动的文化”的渴望。① 加之他对自然与文化二元对立的拥护，这使得德里达得出这样的结论：结构主义尽管是一门新兴的科学，但仍然抛锚在逻各斯中心主义的港湾中。

增补不仅是个概念，而且是一种逻辑——增补逻辑。“增补逻辑”在德里达那里的一个重要功能是对抗、拒斥、解构传统哲学的“二元对立逻辑”。德里达声称，“增补逻辑”在西方哲学史上一直受到压迫和排斥，他则要为这种“受压迫”的逻辑正名。

与二元逻辑局限于“不是……就是”（非此即彼）相反，

---

① 参见 H. J. 席沃尔曼等编．后现代主义与大陆哲学（英文版）［M］．美国：纽约州立大学出版社，1988：185.

德里达的“增补逻辑”坚持“既是……又是”（亦此亦彼）。二元逻辑的基本规律是同一律（A=A）和矛盾律（A≠-A）。而“增补逻辑”则展示了一种差别的原则，它强调“既是A又是非A”。例如，pharmakon 是《斐多》篇结尾时，苏格拉底所喝的东西。形而上学的传统的做法是，迅速将 pharmakon 翻译解释成毒药。而在德里达看来，这种对 pharmakon（=毒药）含义的过分武断的规定是很有典型意义的，它是以压抑苏格拉底在《申辩》篇中的讲话为前提的，它暴露了二元逻辑在其中作祟的形而上学思维的局限。

如果我们耐心读完苏格拉底的最后讲话，我们就会发现，死亡在苏格拉底那里并非像人们想象的那样是件坏事，而是“一种善”，他认为一个有德行的人是没有理由怕死的。换句话说，pharmakon 既是毒药又是治疗的药物，pharmakon 在治疗药物与毒药之间游戏。前面提到的“痕迹”的既是在场的又是不在场的游戏，增补的“既是剩余又是缺乏”的游戏也是这种“逻辑”的产物，而这种思维是二元逻辑所不能理解的。德里达拒绝为 pharmakon 之类的概念确定一个单一的意义，相反，他强调指导它们使用的张力和摆动的游戏。他的目的，正像西方学者 A. D. 施瑞福特强调的那样，“不是赋予这些概念以基础的优先性，而是使自己的写作从属于康德所倡导的批判哲学的传统”①。

---

① 参见 H. J. 席沃尔曼等编．后现代主义与大陆哲学（英文版）［M］．美国：纽约州立大学出版社，1988：195—196.

德里达批判的矛头始终没忘对准二元逻辑。针对传统哲学的二元逻辑对确定性的追求，德里达大力强调区别或差异的不确定性以及意义的不确定性。这也就说明了为什么他总是使用多种语言的双关语，玩弄文字游戏和故意含糊不清。在他看来，著名的在场与不在场，概念与现象，理智与情感，中心与边缘之间的对立并非像传统哲学家认为的那样是确定的、非此即彼的，而是不确定的、亦此亦彼的。根据德里达的考察，每对概念的头一个之所以往往被人们认为具有较多的价值，是达到真理的较好指南，这只是因为人们忽略或掩盖了它与第二个概念具有的共同特征。这些特征使双方都具有同样的可错性。以胡塞尔为例，他把呈现给意识的事物置于特殊地位，认为这是我们的知识和我们的理解由此出发的基础。但在德里达看来，胡塞尔之所以能够这么说，只是因为他掩盖了一个事实，即人们在把在场（呈现）的东西看作如此这般时，总是不自觉地与那些不在场的事物相比较。其实，在场的事物只是不在场的事物的一种特例，它并没有什么优于其他事物的地方。

本着这一原则，德里达对哲学与文学之间历史悠久的、壁垒森严的对立发动了著名的颠覆战。

将哲学与文学对立起来一直是柏拉图以来西方哲学的一个重要传统。由于哲学以追求真理和确定性为指归，而文学则是虚构的、隐喻的和讲究修辞的，所以哲学被认为比文学优越。文学只是哲学的派生物。德里达的分析表明，作为中心的、优越的哲学不过是所谓的它的派生物——文学的一种特殊情况而已。文学话语和哲学话语在原文学（archi-literature）中具有共同的本源，彼此间具有共同的特性。哲学也是一种文学。例如，哲学本文中的隐喻比比皆是，“隐喻看来包含在全部哲学语言之中”。柏拉图的“洞喻”就是一显著的例子。这样一来，耸立在哲学与文学之间长达上千年之久的高墙坍塌了，哲学与文学的绝对对立消解了。

进一步，德里达认为，传统哲学所强调的一系列对立概念都是以这种方式（具有共同的结构、特征）纠缠在一起的，因此那些使用这些概念的著作的最终意义就很难弄懂。例如，索绪尔以宣扬言语高于书写起家，却以将书写等同于言语收场，他的著作“真正”是说言语优于书写呢，还是书写优于言语呢？或者都是？或者都不是？回答是模糊的。这样的著作是不可能加以明确解释的。试图用某种确定的标准来判断它们的真正的意义做法本身就是逻各斯中心主义的一种表现。在坚持后现代思维的德里达看来，这样一种确定的一般标准是不存在的。

与对不确定性的追求相联系，针对二元逻辑对同一、统一的迷恋，德里达刻意强调差异、矛盾和冲突。他的“解构”正像米勒分析的那样，就是一种“既否定又肯定的自相矛盾的行为”①。德里达的解构主义在解构形形色色的传统形而上学的过程中，成功运用了“自毁原则”，他一方面寻求揭露传统哲学在

① J. 米勒．作为寄主的批评家［A］．王逢振．最新西方文论选［M］．桂林：漓江出版社，1991：183.

追求同一性、统一性的名义下进行的极权统治，另一方面将被这一传统压迫、排除、边缘化的东西引上前台，从内部为这一传统培养出一个掘墓人。通过完成对一系列传统哲学本文特别是柏拉图、卢梭、热内、康德、孔狄亚克、黑格尔、马拉美、索绪尔、胡塞尔、奥斯丁等人本文的双重解读，德里达告诉我们，上述各种本文远不像人们所想象的那样是统一、一致和完美的，而是由不同的、对立的思路编织而成的，而且这些思路是不为作者所知并且不管作者的初衷如何的，它们决不能从综合中获得，而只能在文本之不断冲突中彼此替代和置换。以德里达对胡塞尔现象学的解构为例，德里达证实：意义（在胡塞尔看来，它是在发出话语时呈现给意识本身的自觉意向的一种理想透明物），并不像胡塞尔所希望的那样，是一种单纯的在场，一种在意识的内在透明中，在其自身中并属于自身的被给定的某物，相反，它总是并且曾是一系列“痕迹”和差别的产物。同样，意义的理想性似乎是依赖于“重述”的可能性，但这种可能性又使胡塞尔本人的意义的理解性概念自食其果。在此，德里达所做的，用 B. 约翰逊的话来说，就是在胡塞尔的本文中“逗弄出了意谓的一些敌对力量”。[①] 这种“逗弄”激化了胡塞尔的论证的真正逻辑，表明它是如何“自我毁灭”的，也就是揭示了胡塞尔的符号现象学是如何自相矛盾的，从而导致

① 参见 B. G. 常．存在的遮蔽：海德格尔与德里达［J］．国际哲学季刊（美国），1985，（6）．

它的自行颠覆。这颇有些“以其人之道，还治其人之身”的味道。德里达就是用这种方法瓦解传统形而上学体系的。他曾明确谈到：“我们的话语是不可避免地属于这个形而上学的对立物体系的。我们只要用‘某种’组织，即某种‘策略的安排’，让它在这个领域和自己的努力范围之内反对它自己的种种策略，这可产生出一种‘制造混乱的力量’，这一力量扩展到整个这一体系，从四面八方分裂它，并一遍又一遍地为它‘划定界线’。这样，我们就能显示出那种成见的破裂。”

第三节　从德里达《文字学》看解构主义

德里达作为解构主义理论的创立者和旗手已广为人知，解构主义理论产生有着深刻的理论背景和时代背景，它是自尼采开始到海德格尔以来对西方哲学中的柏拉图主义进行清算的哲学运动的继续，它试图更为彻底地颠覆本质主义与逻各斯中心主义，改变长久以来文字对言语的从属和被压抑地位，以解放蕴藏在文字之中的无穷活力，但是理论本身的矛盾使这一目标的实现困难重重，并常常不免陷入虚无主义和相对主义的泥坑，因此有必要审慎理解解构主义的理论意义和时代作用。

德里达是当代法国杰出的新生代哲学家，他所提出的“解构”概念正在被越来越多的文学批评、社会历史研究、哲学研究的学者们所引用、解释、争论着，德里达的名字作为当代的为数不多的思想家的代表，成为后现代思潮的标志之一，读懂德里达也似乎成为了解当代人类世界思想成果的必修课程。然而像许多研究者已经提出的，德里达是“西方哲学史上最晦涩的思想家之一”，甚至比号称古希腊晦涩哲学之最的赫拉克里特亦有过之，德里达的晦涩，人所公认，因此解读德里达本身就成了现代西方哲学研究的热点之一，按照德里达的说法解读就是符号的延异（difference），这一过程本无一个终极趋向，或者一个确定的目标，而是一种无向性延伸，这就使得对德里达的解读呈现出一种活跃而异彩纷呈的局面。

德里达著述等身，已刊印的有《论文字学》《文字与差别》《言语与现象》《哲学的边缘》《撒播》《绘画真实》《丧钟》《明信片——从苏格拉底到弗洛伊德等》《符号海绵》，近期的《马克思的幽灵》；等等，其中多部著作已被译成世界多种文字，并在人文社会科学的各个领域产生了广泛的影响，德里达最广为人知，也最能体现其思想特征的就是解构主义，这一思想同时也成为后现代思潮的主要特征。解构的英文译名是 deconstruction，从字面上说就是对原有的结构作破坏和拆解，这一构词很好地说明了解构的意义，德里达说，解构首先是一种方法，一种策略。其应用的领域涵盖整个人类知识总体，这一领域极其广泛，甚至我们对解构的意义的解释也当在解构之列，因此这一方法本身便蕴含着一个矛盾，如果一切都在解构之列，那我们拿什么去实现这种解构，这可能是导致德里达哲学晦涩的原因之一，因此德里达不得不一再说明“解构在一定程度上居住在这种结构中，只有居住在这种结构中，解构才是可能的”① 然而“由于必须从内部入手，由于要从旧结构中借取破坏工作的所有策略上和结构上的办法，解构工作始终在一定程度上成为其自身工作的牺牲品。”我们当然不能以形式逻辑来说明这一方法的不可能性，但是这在一开始便提醒我们这种方法的复杂、困难、甚至是危险性，解构的对象是人类知识，我们当然不可能事无巨细，一一进行，只能从它的基础做起。人类知识的载体是文字，我们不可能离开文字来谈人类知识，因此德里达非常重视对语言文字的研究，像《文字与差别》、《言语与现象》、《符号海绵》都属此类，其中《论文字学》是其解构主义思想的主要策源地，本文就试图以对《论文字学》的解读来一窥解构主义的脉络。

首先，文字学 grammatology 一词的译名来自希腊语字根 gramma，有字符、字母的意思，德里达正是想从字符这一语言最基本的构成因素开始，来解读整个西方文化。在西方哲学史中从古希腊开始，就有一种对一、本源的情有独钟的追寻，泰勒斯把世界的本源归结为一种元素，其后的恩培多克勒、德谟克里特虽然对世界元素稍有扩展，但是一个基本的思维取向就

① 雅克·德里达．论文字学［M］．上海：上海译文出版社，1999：32.

是认为世界是有本源的，因此对本源的诉求始终贯穿着西方思想史，柏拉图可以说是这种追寻的一个界碑，本源不再是某种可触可感的实体，而是只有思想和灵魂才能接近它的观念（idea）或者有译作理念，在赫拉克里特那里叫做逻各斯（logos），逻各斯是世界的本源，也是思想的目标和对象，是灵魂的家园，但是，逻各斯并不像水、或者火那样可触可感，他要行诸于世，为人所知则必须通过语言，这样语言问题从西方哲学诞生之日起就是同哲学不可分离的重要命题。广义的语言按照其表现形态分为口头语言（或者又作言语，discourse，oral）和书写语言（verbal），他们的作用是相同的，就是作为逻各斯（soul）的外在表现（body），这样人类接近逻各斯（相当于本源，本质，或者在上帝的无限理智中被思考的意义）的方式有三种，首先是灵魂，其次是口头表达，再次是书面纪录，这三者之间的关系是显而易见的，灵魂最接近本质，口头语言是对心灵情感的直接表达，而书写纸是对口头语言的纪录，这种分析在整个西方古典哲学中一直占据着统治地位，在洛克、莱布尼兹、黑格尔那里都有论述，其中尤其以古典语言学的集大成者索绪尔那里表现得最为集中。索绪尔对语言学的一个重要的贡献就是把语言学归入符号学之中，对文字的作用索绪尔有一标志性论述："语言和文字是两种不同的符号系统，后者唯一的存在理由是在于表现前者。"这一论述再清楚不过地表明了文字相对于语言所扮演的角色，这正是德里达所不以为然的。

德里达要建立的文字学目标明确，那就是针对"处处支配着文字概念的人种中心主义”，或者是“逻各斯中心主义”，颠覆这种支配了人类几千年文明史的精神钳制，从而建立另一种代表了人类未来趋向的新的“世界的文字概念”，这一概念具有比拼音文字更悠久的历史，但却被拼音文字的产生所掩盖，并且“受隐喻、形而上学和神学的钳制”，这里德里达的文字概念已大大不同于我们在人种中心主义背景下所习见的文字，也就是说这一文字已不仅仅是对言语的符号化记录，不再是能指的能指，而是对应着一个“未来世界的思维方式”，至于这种未来的方式究竟如何对德里达来说“已经在望，但是无法预知”，可见德里达是要在今天的范式中建立一种未来的哲学（或许这一称呼并不符合德里达的原意），这就不难理解我们为什么要把德里达们所要建立的哲学称为后现代了，但是这一努力所要克服的困难是显而易见的，德里达觉得即便做最好的打算，这一工作可以克服一切技术上认识上的障碍，砸烂一切神学和形而上学的桎梏，文字学也可能“不会像现在这样并且以这一名称出现，无法确定其计划和对象的统一性，甚至既不能阐述他的方法，也不能描述其适用范围”①，那么在这样一种冒险的工作中德里达究竟要干什么呢？

德里达的问题是放置在语言在信息时代的爆炸性发展的时代背景之上的，如德里达所言，语言问题从来就是思想家们关注的重要问题。从孔子的“名不正则言不顺”，到柏拉图的《巴

---

① 雅克·德里达．论文字学［M］．上海：上海译文出版社，1999：3-6.

门尼德斯》对话无不如此，但是它“过去从未像现在这样渗透到形形色色的全球性研究领域以及在意象、方法和思想体系方面千差万别的话语之中”语言在今天的特征就是“膨胀”而且是符号本身的膨胀，各种各样自觉不自觉的观念包裹在各色语言华丽外衣中，形成诸如时尚、前卫之类的诱剂，甚至语言本身就构成了对人的控制与引诱，而作为历史——形而上学的固有目标即找寻关于真理、目的的终极体系并未呈现，人们依然生活在不确定性的游梦之中，真理与逻各斯作为无限所指的承诺并未兑现为语言的确定性。德里达用一段颇具隐喻性的描述展现了历史——形而上学语言观的窘境：

“一个历史——形而上学时代必须最终将整个尚不确定的领域确定为语言，它之所以必须这样做，不仅是因为欲望试图从语言游戏中夺取的东西又被这场游戏所夺回，而且是因为语言本身的生命同样受到了威胁，它茫然无措，在无穷无尽的恐惧中随风飘荡，他在自身的限制似乎消失之时，在不再心安，不再被看来超越它的无限所指包容和环绕之时，被抛回到自己的有限性。”①

德里达认为伴随着这一时代的另一个特征就是文字的崛起，而且新时代的文字已经远远超越了历史——形而上学意义上的文字的范围，也就是说文字已经不仅仅充当一般语言的特殊形式、派生形式、附属形式，不再是能指的能指，或者主要能指

① 雅克·德里达．论文字学［M］．上海：上海译文出版社，1999：7.

的不一致的复制品，文字在任何意义上都不再是语言的支系，而是反过来语言被包含在文字之中，文字的应用已经大大超过语言的范围，在人们无法用音义结合语言来表达的领域，文字扮演着越来越活跃的角色，德里达提供的例证包括理论数学、控制程序、生命细胞中最基本的信息过程，这些显然都是传统语言所无法表述的领域，同时在这些领域之中的使用的表达式也无法转译为音义同一体，在语言无能为力的范围之外能保证理性的正常运作的是文字，当然德里达的《文字学》中的文字也迥异于或者说涵盖了现存的我们称之为文字的一切形式："我们通常用文字来表示这些东西：不仅表示书面铭文（inscription）象形文字或表意文字、表音文字的物质形态，而且表示使它成为可能的东西的总体"①。

在德里达看来文字对语言的超越早已开始，比如手势语可以用来表示行为、情绪、思想、反省、意识、无意识、经验、激情等（显然手势语也包含在德里达的文字学的范围之中），长期以来人们没有认识到这一点的原因就在于旧的逻各斯中心主义的长期蒙蔽。

德里达虽然试图推倒逻各斯——语言统一体的神话，但他仍然逃脱不了另一个神话的支配，即理性的神话，不管怎么说文字（不管是传统意义上还是德里达意义上的文字）总是在理性的支配之下，当然这一理性已不是西方传统意义上的被追逐

① 雅克·德里达．论文字学［M］．上海：上海译文出版社，1999：11.

和无限趋近的逻各斯之图。德里达写道：

“理性支配着大大推广和极端化的文字，它不再源于逻各斯——也许正因为如此，它应当被抛弃。它拆毁所有源于逻各斯的意义，但不是毁坏，而是清淤（desedimentation）和解构（deconstruction）。”①

至此德里达的目标和计划已经充分展现给了我们，那就是超越传统的语言文字观念建立一种更适应现代人类理性发展状况的崭新的符号学（本人认为叫做符号学可能更妥帖一些），对与文字一道潜藏在语言（应该是更加广泛意义上的一般语言）之中的旧形而上学残余加以清理，还文字以本来面目，还文字以更广阔的施展空间。

计划宏大，目标深远，但如何实现尚有疑问。文字与观念的结合由来已久，文字与观念的相互外在性几乎是文字的宿命，如何跳脱所指与能指的对立，给文字安放一个恰当的位置，应该是解构主义的一个首要难题。在方法上，德里达确实试图实践一种彻底的解构理想，他不但对以索绪尔、卢梭为代表的传统语言观大加鞭挞，同时对作为解构主义的先驱的海德格尔加以解剖。海德格尔结束了哲学上的柏拉图主义，结束了那种本质神学、理性阐述和二元思路，放弃了存在者，转向对存在本身的意义的追寻，这就意味着传统哲学之中的对象和意义的对立必须被以此在为指归的存在的意义所取代，这是对二元对立

① 雅克·德里达．论文字学［M］．上海：上海译文出版社，1999：13.

的本质哲学第一次沉重有力的打击，但是德里达认为这还远远不够，因为海德格尔虽然试图走出旧形而上学大厦但终究不免重新被它所俘虏，“海德格尔的思想不是否定，而是重新要求将逻各斯和存在的真理作为第一所指：所有范畴或所有规定的意义，所有的词汇或所有的句法，因而所有的语言的能指都蕴含着先验所指。”① 因此海德格尔虽然放弃了存在者，但并未放弃追问，也并没有放弃作为所有能指意义的保证的存在的逻各斯，“思想听从存在的召唤”，乃是符号的第一源泉和最终源泉。这就是德里达深不以为然的解构的不彻底性所在。

如前所述，德里达深知解构的困难，所指与能指的区分深深地隐含在形而上学历史所涵盖的整个漫长时代，并且具有不可还原性，也就是说离开这种等级制划分，符号本身的概念都将不复存在，“符号与神性处于同等地位并且同时诞生。符号的时代本质上是神学的时代”，德里达的所有工作都必须借助于现存的符号才能进行，正如雅各布森所言符号天然地包含两个方面，即可感方面和可知方面，在使用这些符号的同时要摆脱蕴含其中的思维方式无异于提着自己的头发要脱离地球，德里达不失矛盾地意识到这些概念对于动摇“包括这些概念在内的那笔遗产”是必不可少的，因而是不可抛弃的，而解构要做的工作就是“在此范围内通过迂回的、始终危险的行动，不断冒着重蹈它所解构的东西的覆辙的危险，对这些评论的概念进行仔

① 雅克·德里达. 论文字学［M］. 上海：上海译文出版社，1999：26.

细而全面的阐述，指出其有效性的条件、中介和限度，严格确定它们与它们所解构的机体的附属关系，同时表明那难以名状的一线光芒所透过的裂缝。”① 这种方法虽然差强人意，也只能勉力而为，因为除此以外我们不能想象还有什么更高明的举措，也就是说德里达新文字学必须要使用旧的文字来表述，并且被人们用旧的文字解读方式来理解、接受，同时如果德里达作为作者并不存在一个所要表达的本意，也就是说在这些文字背后并没有一个所指，那么这种解读又有什么样的必要性呢？

我们无法预知经过解构加工和改造过后的文字或者符号是否能达至德里达的预定目标，但作为一种理论他已经使我们时代的符号大大地膨胀了一把，并且这种膨胀已经大大溢出哲学的框架，成为一种社会思潮，在社会意识的各个层面产生着不大不小的影响，尤其在文学批评方面解构似乎已经成为一种主臬，被广泛奉行，甚而到了无解构就无批评的地步，可见解构主义与文学批评有着天然的姻亲关系，说白了文学批评和解构分享着同样的方法，指向着同样的目的，即对符号与文本的再解释、再创造，所不同的解构主义基于对哲学史的改造，更有一种理论性的状貌，而文学批评则适用于更宽泛的领域，更侧重于解构理论的操作性实施，按解构主义本身的逻辑（解构主义可能并不接受这种说法，因为它属于逻各斯领域）文字符号本身（不知道符号还有没有本身）就是无根的能指，文本的意

① 雅克·德里达．论文字学［M］．上海：上海译文出版社，1999：18.

义（意义是否存在也当置疑，但是如德里达所说我们仍然不得不借用）只是符号的追逐嬉戏，自得其乐，那么自然人类确知或以为确知的一切就都可能是虚无了，唯一实在的就是符号，这样一种超现代的说法自然需要一种超后现代的思维去理解，不知道它是否应该作为我们这个时代的问题而存在。

第四节　解构主义语言学的贡献和缺陷

R. 赖安曾经说过，要想概括地介绍德里达的理论纯粹是“荒谬之举”。说“荒谬”恐怕是语重了些，将“荒谬”换成“困难”，以笔者看来，大概会更恰当些。对其理论的评论就更是如此了。困难主要在于，在对传统哲学、形而上学进行了这样一番惊世骇俗的颠覆之后，德里达却无意自立“正宗”，即他从未打算建立一个一般的体系，因为正像 R. 赖安指出的那样，用一个“封闭的体系”来代替另一个“封闭的体系”，从根本上来说，是与他主要的努力即颠覆“在场的形而上学”的努力相矛盾的。他曾提醒他的著作的读者，写作是某种 pharmakon，它既是毒药又是治疗的药物。在让人们对他的著作保持一种怀疑、批判态度的同时，他对自己的作品也始终保持着一种嘲讽的姿态，加之他那种模糊的、隐喻式的和迂回曲折的写作风格，这就很容易使他的读者怀疑他是否真正说出了他想说的东西。

与此相联系，进一步的困难来自德里达“始终是激烈争论的焦点”，来自他的解释者之间发生的尖锐冲突。对此，美国宾夕法尼亚大学 A. 内哈马斯教授有过一个很好的描述：“一些人认为他是 20 世纪下半叶真正伟大的作家之一，另一些人却把他看作骗子。许多人认为他的著作思想深刻，有革新精神，对我们许多基本的观念和制度提出了也许是建设性的批评。其他人则怀疑他的思想会培育相对主义、非理性主义和虚无主义，这一切都披上了法国讥讽的、博学的和精致的女式服装样式的迷人外衣。”正是上述一系列困难使得德里达的许多研究者得出结论说，现在对德里达的思想来一个总结尚为时过早。

无疑，这种不忙于下结论的谨慎态度是值得肯定的，上述困难对于我们既是一种挑战，同时也是一种机会。正是由于德里达著作的模糊性、多义性以及对德里达理解的分歧的存在为我们的阐释和评论留下了施展的空间。

首先，通过瓦解作为结构主义基石的传统的“结构”概念，解构主义重创了结构主义语言学的根基。在毁掉了结构的确定性、封闭性、中心性、统一性和压迫性之后，解构主义提出了一个几近全新的、开放的、非中心化的、充满差异的、无限流动的结构概念。解构在德里达那里如同社交活动，其结构是开放的，是一种“未完成的运动”。

德里达提醒我们，结构主义滥用结构概念，将结构抬到吓人的高度，已潜伏了致命的危机，实际上是用一种神话来取代另一种神话。因为使用结构概念意味着承认集合物的内在统一性，意味着承认一种构架、一种整体以及一种占统治地位的原则的存在。然而，一旦我们承认了整体性就会不可避免地用目的论和等级制的观点去看待结构关系，并且把结构看作封闭的、自足的、统一的整体。这样，结构主义在将人这个近代哲学的“宠儿”从中心的位置赶走之后，又确立了“结构”这个中心。德里达认为，要把结构主义非中心化的思想贯彻到底，就必须取消共时性和历时性的对立，因为共时性和历时性的区别暗含着逻各斯中心论的前提。德里达主张用生生不息的意指链来代替固定僵死的结构。与此相联，“意义”概念也被德里达赋予了新的内涵，它再也不是单一的、一成不变的，而是多重的、不稳定的和扩张的。因为意义不是隐藏在本文后的某种东西，而是从能指到所指的运动。“意义既不存在于行动之先，也不存在于行动之后”，而是存在于行动过程之中。上述思想对当代西方美学和文学批评理论发生了深刻的影响。结构主义的迅速由盛而衰不能不说解构主义从中起了关键性的作用。此外，解构主义对“结构”和“意义”的全新理解也是极富建设性的。

其次，作为一个激进的颠覆者和破坏者，德里达通过对“在场的形而上学”的谋杀，对西方传统哲学的本体论和形而上学传统进行了富有深度的批判，在此基础上倡导了一种新的思维方式。正像英国学者 R. 赖安指出的那样，德里达对哲学的贡献“在于他动摇了人们通常熟悉的一些概念，对某些假说提出了质疑”。这主要是指德里达对绝对真理、理性、确定性、明晰性和理解等观念所作的猛烈抨击，其中特别是“绝对真理”和“客观真理”概念。德里达曾经说他的解构主要是瞄准“决定性的权威”的，这很大程度上是指“真理”的权威。德里达的解构主义所紧紧抓住不放的“逻各斯中心主义”，实质上是一种主张存在着关于世界的客观真理或绝对真理的观念，它包含一种返回真理，并且一劳永逸地、不作任何歪曲地绝对把握真理的热望。德里达的解构主义表明，这种观念代表着一种没有可能的、自我毁灭的梦想。因为并不存在一种不被曲解的普遍一般的真理概念，也不存在黑格尔所说的那种主体和客体之间的同一。真理并不是先于谬误而存在，并不能够自己把握自己；真理和谬误是同时存在的，没有一方，另一方也不存在。黑格尔的绝对、完整的知识是通过理性对其自身的反思，通过主客体的同一来获得的观点被认为是站不住脚的，因为即使最好的镜子也需要锡箔，一种无光的、看不见的背景，否则反射便是不可能的，而这一点在黑格尔关于反思的思辨中往往遭到遗忘。事实是，一个纯粹肯定的结果（完美的和透明的反思），只有当掩盖、遮蔽其对立面、即那个非反思的、看不见的东西时，才成为可能，正是这个对立面使它得以首先发生。这就将形形色色的“纯而又纯”的“在场”（实体、本质、根据、实在、理性）的合法性否定掉了，从而也就将绝对真理存在的合法性否定掉了。这也就解释了为什么西方的许多哲学家和文学批评家要向德里达表示欢呼，因为他们认为德里达把我们从“西方形而上学的逻各斯中心主义传统”的桎梏中解放了出来。这一否定是颇有深度的，在某种意义上可以看作马克思主义经典作家对形而上学思维方式进行批判的补充和发展。

再次，哲学上的解构主义和解构主义语言学与其说是一种理论，不如说是一种方法。“解构”提供给我们的不是一堆固定的结论而是一种充满生机的思维方式。这一点已被不少西方学者意识到了。新西兰学者 D. 诺维茨尽管对人们对解构主义的狂热表示反感，但仍然承认德里达的著作“尽管冗长难懂，却激起了一新的思考方式”①。依笔者看来，“解构”作为一种思维方式，并不是德里达理论研究工作不自觉的产物，而是他有意为之的结果，这一点从他不仅处处使用而且大肆倡导与二元逻辑对立的、具有不确定性的“增补逻辑”中可以得到证明。

现在看来，他的奇特的写作风格（利用双关语、笑话和不协调等文学手段把不能结合的意义结合起来）并非像有些人浅薄地理解的那样，是为了哗众取宠，刻意地追求标新立异，而是与他的哲学的终极关怀相吻合的，是为他的哲学目的服务的。这一目的不是根据一种包罗万象的框架去提供某种探讨一切问题的统一方法，而是要批判渴望这种方法的西方思维方式。他的批评并非像一些人想象的那样是纯然消极的“破坏”，而是颇有建设性的。

笔者认为，德里达的解构主义在哲学上的最大贡献是通过

---

① D. 诺维茨．对解构的狂热［J］．哲学译丛，1989（2）．

向人们熟悉的一系列哲学和认识论观点的挑战，改变了我们对哲学、哲学对象，特别是哲学的基本问题的原有的、已成定势的认识，促使我们对它们来一番重新的思考和理解。

德里达对哲学与文学对立的解构，拆掉了几千年来哲学家们人为制造的桎梏，使原来作茧自缚式的封闭、僵化、苍白的哲学概念焕发出了勃勃生机，变成一种开放的、不断流动的、多姿多彩的概念。哲学这一形象的改变，并非像有的西方学者狭隘地理解的那样，仅仅使哲学成为文学的“一个部门”，而是一种历史的必然，是哲学顺应多元化的后现代大潮的产物。因为面对时代的巨变和多彩多姿的生活，哲学总板着苍白的面孔，踏着不变的步伐，依然故我，显然是不行的。

而德里达对各式各样“在场”之物的否定则表明，他明确意识到，哲学的对象不应是某种给定物，换言之，不应是某种有限物，而是无限。西方形而上学的错误就在于不是将无限以某种有限的形式给出，就是将某种有限夸大、抬高成无限。这一点德里达也多少意识到了。

那么在思维与存在的关系上，德里达的解构主义对我们有何启迪呢？德里达认为，西方所有的形而上学都将基础建立在这样一种错误的假说之上，即认为意义能够超越其能指产生和存在。而德里达对超级能指的解构表明，能指不再涉及超越它们自身之外的实体或事物；能指只涉及其他的能指，意义是一种特性（quality），而不是实体，它永远无法与“唤起”它的能指相分离。语言是一种自我参照系统，不能指向超越它自身以外的事物。一句话，我们决不能直接通向“外在那儿”的世界。换句话说，我们的认知总是由符号系统，由书写来中介的，任何东西都不能直接地呈现在我们面前。这无异抽走了形形色色“在场的形而上学”大厦的基石。与此同时，哲学的基本问题——思维与存在的关系问题也由于作为中介的语言符号的介入而变得异常复杂了，传统的思维与存在的对立也变得格外模糊了。面对德里达解构主义的挑战，到底应该如何重新科学地理解思维、存在以及二者的关系呢？这恐怕不是斥责一句“德里达是唯心主义的”所能了结的，这需要我们站在时代的高度，结合自然科学和社会科学的最新成果以及哲学的现实使命对之作一番深入的思考，当然是要以一种不同的方式进行这一思考。

解构主义倡导多元性和多样性，而解构主义本身也是多元的。关于解构的多元性，德里达这样讲道：

首先我要说的就是不存在“一个”解构，不存在孤立的解构。解构既不是一门哲学，也不是一种主义，更不是一门科学，它总是多重的。这种多重性以及它在不同国家里表现出的形式的多样性，使它从一开始就是一个世界性的事物，此外，它总是与某种语言联系在一起。另一方面，不仅仅是世界化、全球化，包括解构，都并不是在这个世纪才出现的，它们一直都存在着。今天我们要谈的，不是早就存在的解构或世界化，而是目前存在的一方面叫作解构，另一方面叫作全球化或世界化的这个特殊而尖锐的阶段。我最初的解构实践是对欧洲中心论和西方哲学的界限提出疑问。不是为了质疑它们，而是从逻各斯

(即形而上学的神言，笔者注) 中心主义和语音中心主义出发就它们本身去思考。也就是说从一开始，解构就是面向世界化的，它面向关于世界或地球的思考。此外，西方传统中与文字或文字类型联系的观念，在某种程度上限定了这些思考。这就是为什么我在最初对解构的特征和文字的研究中，对结构上非字母和非语音的文字模式产生了兴趣。当然所有的文字都包含语音因素，但有些文字在结构上是非语音性的，比方说汉字。我对这些超出西方字符范围的文字问题产生了兴趣，并建立了普遍字痕的概念。①

结构主义语言学大师索绪尔认为，语言是一套符号系统。这种符号系统是人为的，是人们为了方便地认识世界而创造出来的"能指"与"所指"的关系。语言的产生是任意的、武断的，而能指与所指的关系一经确定，就要困入"语言的牢狱"，即其意指关系是相对稳定的。德里达则从哲学思想的角度出发，通过对"在场的形而上学"的语言，割裂了能指与所指的关系，认为所有的形式（包括语言）都不能准确清晰地表意，且无特定或唯一的意义。德里达认为语言并不是描述现实和反映经验的有效手段，它不过是能指和所指之间的游戏，因为能指一出现，就开始处在动荡之中，随着一千个读者的出现，一千个歧义就应运而生了。因此，德里达在能指的关系方面，接受了海

① 雅克·德里达. 解构与全球化［J］. 南京大学学报（哲学·人文科学·社会科学），2002：1.

德格尔“无”的思想，发展了拉康关于漂浮的能指和滑动的所指理论，认为人们在陈述的时候，语言中的所指是独一无二的，能指是过剩的，而在话语的层次上，所指则是过剩的，即每个话语都具有包含多层意义的能力。

关于踪迹（trace）。在德里达有关能指与所指关系的研究中有一个非常关键的术语，那就是踪迹（trace）。他认为意义的绝对根源是不存在的，语言符号的物质性是通过踪迹来维持的。一个语言符号在产生之前就已经先于人们的意识而存在，并等待我们的发掘和认知，而且每一个踪迹都在与其他踪迹的区别中而存在，一个踪迹也可能随着时过境迁和人们认识的不同而转变为其他踪迹。因此语言符号所包含的概念是不确定的，是人为的认知心理体验，文本中的符号关系其实就是人们的这种心理体验对踪迹关系的曲解和变形，从这个角度来讲，意义也是不稳定的，是以流动、自我消解的方式存在的。

关于“延异”。德里达十分重视对“延异”的研究，德里达的“延异”概念主要有如下三层含义：第一，差异；第二，时间和空间上的延缓或间隔；第三，事物不会停留在一个封闭的系统当中，它本身蕴含着一种解构系统的破坏力量。

从解构主义语言哲学的来源看，它首先是对现代西方哲学中科学主义思潮的反叛，是对科学的明晰性、确定性要求的拒绝。其次，从思维方式看，解构主义哲学不同于结构主义的崇尚理性和科学主义，它对非同一性、差异性的执着已不再仅仅是对个性和自由价值的强调，也不再仅仅是为了对抗和消解语言和文化的同一性，而是要揭示和暴露西方语言和文化无处不在的形而上学，要揭示和暴露语音中心主义、逻各斯中心主义乃至欧洲中心主义等西方传统的思维定势。

20世纪西方语言哲学史上，解构主义理论有着它独特的贡献。其一，它消除了长期占据人们思想头脑的逻各斯中心论，打破了等级森严的二元对立，并提出概念之间“并无等级和中心，仅有差异”的观点；其二，它发现了能指之间的互指、多义和无限延异的关系，充分认识到文本的开放性和互文性。

事实上，解构主义对教育的影响也是不容忽视的。一是多元性。解构主义反对普遍本质的人性论，强调发展维护个性的多样性和差异性的教育方式；反对从单一理念出发来理解世界、关照世界和阐释世界的做法，宣称所有的方法都有自己的局限性，没有千古不变的教条，教育也没有、或不应该有预设的终极目标。解构主义主张允许任何方法、容纳一切思想，摆脱僵化的形式理性，倡导从个体的差异性出发来建立一个开放的、多元的教育，塑造具有丰富自由个性的主体，使教育成为能动的、解放式的教育，使每一个活生生的个体从桎梏他的严密的知识和社会结构体系中解放出来。二是开放性。解构主义反对科学至上的观念，主张建设开放的课程，因为科学至上是逻各斯中心主义的产物。以科学知识为中心编制课程的结果，必然会使学校课程和相关知识成为忽视“人”（人文、全人、和谐的人）的存在的机械化结构体系训练。深受解构主义影响的后现代课程理论就是对原理、固有结构体系、全部宇宙法则和元叙事的批判和颠覆。三是平等性。解构主义认为教育中不能人为随意对学生划分等类，采取二元逻辑来管理和施教，导致教育中新的不平等的出现。在教学中，教师也不能一直处于中心的位置、作为优势的一方出现，而应该更多地尊重学习者一方，特别是学习者的经验，因为学习取决于学生做了什么而不是教师。课堂不应只是系统知识传授的场所，而应是学生实践的场所。

最后，谈一下解构主义语言学的理论缺陷。

其一，在真理问题上，由于为了彻底与形而上学告别，德里达在否定形而上学的“绝对真理”概念的同时，连同真理本身一同否定掉了。问题是：如果真理不存在，那么每个解释、每种观点是否都与其他解释和观点一样有效呢？如果真理不再作为一种标准或尺度而存在，我们又如何分辨各种解释和观点之间的优劣呢？其结果势必导向相对主义和虚无主义。这种结局其实对德里达的解构主义本身也是有伤害的。这一结果恐怕也不是德里达所愿意看到的。

其二，在语言问题上，德里达割裂了语言与现实的联系，将语言看作一个独立自主的、自我参照的系统，将世间的一切都本文化了，在本体论上有滑向唯心主义的危险。当德里达说我们不能离开语言符号、语言概念去认识事物，事物不会直接呈现在我们面前时，他是对的。但当他说我们这个世界完全是我们现行概念、符号和密码的产物时，他便重蹈了结构主义的覆辙。其实早在100多年前，马克思就已经指出过：“语言是思想的直接现实。像哲学家们把思维变成一种独立力量那样，他们也一定要把语言变成某种独立的特殊的王国。”然而“哲学家们只要把自己的语言还原为它从中抽象出来的普通语言，就可以认清他们的语言是被歪曲了现实世界的语言，就可以懂得，无论思想或语言都不能独立组成特殊的王国，它们只是现实生活的表面”①。需要特别指出的是，解构主义之所以再造了这样一个关于语言符号的“神话”，恰恰是对后工业社会即信息社会的回应。因此可以说解构主义的语言观反映了部分真实的现实（即语言信息在我们的社会中越来越占有重要的地位，且具有自己的相对独立性。）只不过将这一部分无限夸大了，进而否定其他部分的存在。从思想方法上看也是一种形而上学。

其三，解构主义的“自我参照性的悖论”。事实上德里达自己也意识到了，他曾明确谈到：“为了攻击形而上学而不使用形而上学的概念，这样做毫无意义。我们没有任何与这一历史毫无联系的语言、语句和语汇，我们无法说出一个解构性命题而这个命题又没有滑入这个命题想要驳斥的那种形式、逻辑和隐含的假定之中。”我认为，在德里达的解构主义哲学中，与用形而上学克服形而上学、用哲学克服哲学、用理性克服理性这一外在的操作矛盾密切相联系的、也更为深刻的是这样一个矛盾，即一方面毫不留情地对形而上学的逻各斯中心主义传统中的

① 中共中央马克思恩格斯列宁斯大林著作编译局．马克思恩格斯全集（第3卷）［M］．北京：人民出版社，1956：525.

“在场”之物大加砍伐，必欲根除而后快；另一方面则又重新确立“在场”之物，在前面拆除了作为传统形而上学基础（即他所谓在场）的本质、实体、实在、第一原理、绝对真理、理性、终极意义等之后，又将书写、分延、增补、痕迹等作为基础从后面运了进来。

也许解构主义者会反驳说：我们所确立的“基础”已不同于传统形而上学的“基础”，它是以差异而不是同一为根本特征的。这又引来了解构主义的另一个问题，即它对差异的过分强调，这一强调是以压抑、否定同一为前提的。这样一来，解构主义自身也坠入了以压迫性和二元性对立的等级制为特征的逻各斯中心主义的泥潭。

第五章

解构主义语言学思潮下我国语言教育的第二次转向

随着结构主义语言教育自身问题的日益显露和解构主义语言学思潮的涌入，结构主义语言教育观的缺陷被越来越多的关心语言教育的专家学者们所认识。20 世纪 80—90 年代，在解构主义思潮下引发的关于语法教学和语文学科性质的大讨论、大反思中，语言教育的专家、学者们重重地抨击了结构主义语言教育观的缺陷。这也预示着语言教育将迎来一场新的、更大的变革，即我国现代语言教育的第二次转向——由结构主义语言教育观转向解构主义语言教育观。

第一节　西方解构主义语言学影响下中国文化语言学思潮的兴起

在解构主义语言学的影响下，我国学者进行了语言学与其他社会科学的交叉研究，形成了许多语言学的交叉学科，文化语言学便是其中之一。中国文化语言学兴起于20 世纪80 年代中期，其中最有影响的是以申小龙为代表的“全面认同文化语言学”派。

针对中国传统语言学研究的弊病，申小龙在《20世纪中国语言学的历史转折——中国文化语言学论略》一文中尖锐地指出：“中国语言学渐入冷门的原因之一是把自己的范围限于语音、语法和词汇，以致日益孤立于整个学术界。”他基本否定了《马氏文通》以来的汉语研究。他认为“中国语言学的解放在呼唤语言学与人文科学结合”，并把文化语言学看成是一种世界观，认为这才是中国语言学宏富的必由之路。

众所周知，我国传统语言学只有训诂、文字、音韵之学，没有独立的语法之学。直到《马氏文通》（1898年）才把西方语言学引进汉语研究，具有首创之功。但是后来《马氏文通》所引领的中国现代语法研究渐渐陷入西方结构主义语言学的窠臼，不能自拔，必须要用中国文化语言学的观点和方法论来扫除羁绊。申小龙认为：“中国文化语言学在描写主义、科学主义的历史局限加以反思的基础上，提倡一种新人文主义的研究规范。”“它以语言的基本功能——文化功能为研究对象。”“因而它的研究领域要比其他语言学科要宽广得多。同时，在文化语言学中，语法学、修辞学、文字学、音韵学、训诂学、词汇学、语义学、汉语史学、汉语语言学乃至理论语言学和语言哲学的研究都成为揭示语言文化功能的手段，获得了文化语言学的意义。”

申小龙认为《马氏文通》诞生后九十多年的汉语语法研究

都处在被西方解构主义语法学的范畴和概念的束缚中，不能解脱而自立体系，“其根本症结即在于它把汉语仅仅看作一种单纯的符号系统，忽视了汉语的深厚的历史积淀和独特的文化心理特征，而它对这个符号系统的设计，又是基本上仿照印欧语的结构蓝图。”他还批判了中国现代语言学错误的追随西方语言学的描写主义和科学主义，只有中国文化语言学的方法论——文化认同法才能改变这一现状。因为“从汉语语法的特点看到汉族人思维形式的特点，也可以从汉族人思维特点入手认识汉语语法的特征。”他认为“西方民族以自然空间为对象的焦点思维方式……反映在语言上就是以动词为核心控制各种关系的空间型构造。”而中华民族文化的共同心理特征是散点的心理时间流，所以汉语的句子组织绝不同于西方语言的“主—动—宾”结构，而是“以句读段按逻辑事理顺序横向铺排的‘流水句’作为样态的。”所以他提出了“以句读为句子基本活动单位，以句读段适应不同表达功能的铺排律为造句法则的心句型理论和方法。”他进一步指出：汉语语法是东方型的，具有“讲究意合和人治的独特面貌。”“汉语是一种‘形而上’的，‘道’重于‘器’的语言，它的表现形式是‘偏重心理’而‘略于形式’。”他对汉语的这种独特面貌概括为两点：第一是“声气语法”，比如虚词的用或不用都凭语句的节律和语气来决定；第二是“意合语法”，因为“汉语的语词意义往往是发散型的。一个个词像一个个具有多面功能的螺丝钉，可以左转右转，以达意为主，只要语义搭配，事理上明白，就可以粘连一起，不受形态成分的约束。”

申小龙在《历史性的反拨：中国文化语言》一文中系统地论述了汉语的重意合、重虚实、重具象等三个方面的特征。他认为，西方的语言以丰满的形态外露，重形合，句中的各种成分的组合都适当的连词和介词来表示相互关系，形式严谨而缺乏弹性，而汉语的组合往往采取提取意义的支点的方法重意合，语义、语用的因素大于西方语言意义上的“句法”因素。总之，汉语充满感受和体验的精神，是一种“神摄”而非“形摄”的语言。唯其“形摄”，治形之法十分管用；唯其“神摄”，治形之法往往鞭长莫及，如果死死抱住形治之法而彻底否定“神而明之”，忽视语感的培养，往往只能望法兴叹。例如“打”就任性得很，常常一意孤行，“打气”是把气打进去、“打字”是把字打出来；“打鼓”，鼓是打的对象；“打针”，针是打的工具；“打游击”，游击是打的方式。再如，“打油”“打天下”“打前站”“打官腔”“打电话”“打麻将”“打圆场”“打家具”“打敌人”……它说“打”就“打”，它说怎么“打”就怎么“打”，“打听”行，“打看”，行不行？不行！“打坐”行，“打站”行不行？不行！反正它说行就行，它说不行就不行。“打着精神”行，“打着朵儿”也行；“打成一片”这还了得？也行！“介绍”可以说成是“绍平”，“比较”可以说成是“较比”，“海拔”可以说成是“拔海”；但如果“说明”说成“明说”，“科学”说成“学科”就完全成另一码事，无理可说，简直霸道得很。例如“白”字既是名词也是动词、形容词，但不管做名词还是做动词、形容词，“白”还是这个“白”，没有任何标志。与其他词素结合可以构成一长串的新词。头、脸、面、眉、眼、鼻、手都是人身的一个部分，如加上“白”之后，“白头”“白脸”“白面”“白眉”“白眼”“白鼻”“白手”等的意思却毫不相干，而“白拿”“白吃”“白忙”“白打”却又是嫡亲兄弟。它可以放在某些动词之前，又可以置于它们之后，但不管是当状语还是当补语，只是移个位置而已，无须别人配合、帮助，自由得很；而“说白了”又有歧义，它虽然可做动词，但后面只能加时态动词“了”，却一般又不能像动词“红”那样和“着”、‘过’结合，它实在太野了，过于随心所欲，以至语法管不住它，几乎到了无“法”无天的地步。正如洪堡特所说：“汉语的句子里，每个词都排在那儿，要你斟酌，要你从各种不同的关系考虑，然后才能往下读。由于思维的联系是由这些关系产生的，因此，这一纯粹的默想就代替了一部分语法。”① 没有被代替的一部分固然在语法的掌控之下，而那专靠“意合”的一部分还得“循其当然”“神而明之”。

申小龙的这些观点散见于他连续出版的《中国句型文化》（东北师范大学出版社，1988）、《人文精神还是科学主义——20世纪中国语言学思辨录》（学林出版社，1989）、《中国文化语言学》（吉林教育出版社，1990）、《文化语言学》（江西教育出版

① 转引自申小龙．中国语言的结构和人文精神［M］．北京：光明日报出版社，1988：32.

社，1993）等多部专著及多篇论文。这些著作论述了关于语言文化的诸多问题，比如语言的人文性与人的语言性、汉语与中国文化、语言与世界观、语言与哲学、语言与社会、语言与思维等问题。

此外，文化语言学的代表性著作还有：邢福义主编《文化语言学》，湖北教育出版社1990年版；游汝杰《中国文化语言学引论》，上海辞书出版社2003年版；戴昭铭《文化语言学导论》，语文出版社2003年版；张公瑾、丁石庆《文化语言学教程》，教育科学出版社2004年版等。可以说，中国文化语言学思潮有着深刻的西方解构主义语言学的背景。

第二节 我国现代语言教育的第二次转向及其初步成就

20世纪80年代末，随着结构主义语言教育自身问题的日益显露和受西方解构主义语言学和我国文化语言学的影响，结构主义语言教育观的缺陷被越来越多的关心语言教育的专家学者们所认识。包括语法教学在内的语言知识教学被斥为“知识中心论”受到了批判，更是诱发了90年代初全国关于“淡化语法”的讨论和90年代中期语文学科性质的大讨论，此后我国语法教学的力度明显减弱。

20世纪80—90年代，在解构主义思潮下引发的关于语法教学和语文学科性质的大讨论、大反思中，语言教育的专家、学者们重重地抨击了结构主义语言教育观的缺陷。这也预示着我国现代语言教育的第二次转向——由结构主义语言教育观转向解构主义语言教育观。

一、我国现代语言教育的第二次转向

（一）20世纪90年代初“淡化语法”的讨论和90年代中期语文学科性质的大讨论。

“淡化语法”的讨论，是1990年冬至1991年春在《语文学习》杂志开展的。“淡化语法”是在《系统提要》开始实施过程中出现的一种认识倾向。淡化论者认为：

随着形势发展，汉语再搞什么“规范化”已不符合时代要求，话只要说得别人听得懂，“词达而已矣”。尤其是用外国语法规范中国的语言更是开历史的倒车，拿18世纪、19世纪死了的语法来规范20世纪活的中国语言，的确是弊多利少，不切实际。①

我以为，“淡化语法”这一口号的提出并非偶然，一是反映了中学语文课中语法教学的基本失败，其实不仅仅语法，整个

① 钱汉东．语法教学弊多利少［J］．语文学习，1990，（10）．

语言教学都存在着严重的问题，只是语法教学的弊病更为明显突出而已；二是反映了中学语文课程正在探索语言教学改革的新路子，试图以“淡化语法”作为突破口来取得强化语言教学的总体效应。从这个意义上讲，“淡化语法”是历史发展的一种必然，是推动中学语言教学的一种动力。①

讨论中许多同志持不同看法，认为语法教学不能“淡化”，而应“强化”和“优化”，既要“简化”，又要“深化”。他们认为：

不能因此而主张“淡化语法”，甚至要取消语法教学。因为问题不在语法本身，而在我们的语法教学不得法……因此，我们必须尽快改变中学语法教学的状况，提倡“优化语法教学”，而不是简单化地说句“淡化语法”就了事。②

在知识不断更新的今天，教育要三个面向，对语法教学只能强化，不能淡化。这里所说的强化，不是指语法内容的增加，也不是指语法教学时间的增多，而是指语法教学的方法应当改进。

目前语文教改的当务之急，就是要强化语言教学，自然也包括语法教学。不然的话，如果要淡化语法，当然也可以淡化逻辑、修辞、文章学，这样一来，语文课还有什么存在的

---

① 邵敬敏．语法教学非改不可［J］．语文学习，1990，（12）．

② 王兴伟．中学生不喜欢学语法，就该“淡化”吗［J］．语文学习，1990，（12）．

必要？①

我认为，中学语法教学的改革，其要点有二：一要简化——删除或削减那些实用性不大，学生不易发生错误的内容，不要怕损伤了体系的完备；二要深化——增补或强化在语言应用中有用的知识，力求深化理解，全面掌握。②

1991年4月，《语文学习》编辑部以《为什么要组织这场讨论》为题，对这次讨论所达到的5个方面的共识进行了总结。下面是直接谈及“淡化”问题的一段：

无论是提倡“淡化”的，还是反对“淡化”的，都没有全盘否定语法教学的意义和作用，因为那是不应该也不可能否定的。人们清醒地认识到，现代社会讲求效率，到了20世纪90年代，语文教学再不能满足于“书读百遍，其义自见”“只可意会，不可言传”“熟读唐诗三百首，不会做诗也会吟”这些传统经验了。自然，这些传统经验不能摒弃，但是，语法是科学规律。把前人已经总结出来的规律弃之一旁，置之不理，偏要让广大青少年自己去摸索，那又何苦呢？语文教学要现代化、科学化，理应充分利用客观规律，更快更好地培养学生的语文能力。③

这场关于“淡化语法”的讨论，实质上是语言教育继续走

① 赵洪勋．只能强化，不能淡化［J］．语文学习，1990，（12）．
② 俞敦雨．中学语法既要简化，又要深化［J］．语文学习，1990，（12）．
③《语文学习》编辑部．为什么要组织这场讨论［J］．语文学习，1991，（4）．

向科学化还是回归旧的教学传统，是继续坚持语法教学还是回归语感教学的两种语言教育思想的一次交锋。就在讨论进行时，涉及语文教育更根本的关于语文学科性质问题的讨论已经开始了。

20世纪90年代关于语文学科工具性和人文性的讨论，在一定的意义上就是如何认识语言的工具性与人文性的讨论。正如于漪所说："给语文教育定位，先得给语言定位，给汉语定位。""弄清楚语言的特质，语文教育是什么，具有怎样的性质，也就迎刃而解。"① 而90年代之所以会出现这场讨论，之所以语文教育内部会出现人文性对工具性的挑战与批判，可以说这是中国文化语言学思潮和西方解构主义语言学思潮对语文教育直接影响的必然，人文性观点正是中国文化语言学和解构主义语言观在语文教育问题上的反映。李震1996年在对这场讨论所作的综述中谈到了这种内在的联系。文章谈到，80年代中期，以申小龙为代表的一批年轻的语言学家开始用人文主义观点研究语言现象，给语文教育工作者以深刻的启发。如陈钟梁即是从这一批年轻的语言学家用人文主义观点研究语言现象中得到启发，1987年发表了《是人文主义，还是科学主义》。文章还就韩军的《限制科学主义，张扬人文精神——关于中国现代语文教学的思考》一文与申小龙的观点做了对照分析。文章指出：

① 于漪．弘扬人文，改革弊端——关于语文教育性质观的反思［J］．语文学习，1995，(6)：4-5.

但是韩军老师的这种限制科学主义、张扬人文精神的观点，是移用了近年来一批青年语言学家的观点。如申小龙认为："人的语言具有民族文化和民族社会的共同性。它依附于社会而存在，依附于社会而发展，具有人文性——社会的属性。社会性，或者说人文性，是语言的根本属性。"韩军老师则认为"语文教学是一门社会科学，人文精神是它的基本属性"。申小龙认为："中国现代语言学义无反顾地用西方语言研究的科学传统取代了汉语研究的人文传统，用冷漠的知性分析取代了辩证的语言感受。"韩军老师也认为语文教学"用冷漠的知性分析取代辩证的语言感受。"申不龙认为中国人"把人和自然界看成是有机联系，相互作用的，把世界看做是有机联系的整体……由此形成的'天人合一'的思维形式"，"所强调的都是互相融合、沟通的作用"。韩军老师认为"中国文化的根本精神就是生命整体和部分的彼摄互融，'天人合一'，重混茫和会通"。申小龙认为："语言学界这种'科学'的强盛，'人文'的淡化，对于作为历史悠久的中国文化传统的重要部分的汉语语言学来说是一种畸形发展。"韩军老师则信为"几十年语文教学的失误就在于科学主义的泛滥，人文精神的消失"。从上面的比较中，我们可以看出两者的沟通关系。①

于漪的人文观一方面来自对马克思主义有关语言问题论述

① 李震．一场重要的讨论——关于语文学科性质的争鸣综述［J］．语文学习，1996，（10）．

的理解，另一方面同样是吸收了西方语言学尤其是解构主义语言学和中国文化语言学的观点。我们可以在以下的论述中看到这一联系：她在1996年发表的《弘扬人文，改革弊端——关于语文教育性质观的反思》一文中指出：

西方学者把语言看做开启人类社会文化起源和发展的奥秘的钥匙［意大利维柯（1668～1774）］，认为语言是一种创造性的精神活动［德国洪堡特（1767～1835）］，不仅视语言为一种文化现象，称语言基本上是一种文化和社会的产品［美国萨丕尔（1884～1939）］，还把语言看做文化建设中的一种力量［德国魏斯格（1899～1985）］，认为语言和文化相互塑造，相互渗透，相互从属［美国沃尔夫（1897～1941）］。如果说，世界各民族语言都具有人文性，那么，汉语汉字的人文性可说是特别突出。

中国现代学者对于汉语的人文性，也多有创见。80年代后期关于中国文化语言学的理论探索和争鸣，论争双方都为如何理解汉语的人文性提供了丰富的思想资料。汉语言文字不是单纯的符号系统，它有深厚的文化历史积淀和独特的文化特征。汉语和其他民族语言的工具性和人文性，是一个统一体的不可割裂的两个侧面。没有人文，就没有这个工具；舍弃人文，就无法掌握语言这个工具。①

1999年发表《语文是进行素质教育最有效的一门学科》，

① 于漪．弘扬人文，改革弊端——关于语文教育性质观的反思［J］．语文学习，1995，（6）：5.

于漪在文中指出：

20世纪人文学科最大的突破之一是语言学的突破。思想、情感、语言是同时发生的。语言不仅仅翻译思想，不是载体，而就是意识、思维、心灵、人格的组成部分……语文（这里当然指母语）是民族之根。它无声地记载着本民族的物质文明和精神文明，记载着民族文化的地质层，母语教学必须与民族文化紧密相连。①

（二）20世纪末21世纪初“语感的回归”

20世纪末21世纪初，与语法教学的力度明显减弱相反，语感问题却步步升温，逐渐成为语文教育，尤其是语言教育学术讨论的一个热点问题。

1. “语感”概念的提出、发展和进入语文教学大纲/课程标准

其实，关于语感，并不是一个新的研究对象。在我国语言教育史上，最早提出“语感”概念的是我国老一辈语言学家、语文教育家夏丏尊（1886～1946）。他在20世纪20年代写的一篇《我在国文科教授上最近的一个信念——传染语感于学生》文章中指出：

一般作教师的，特别的是国文科教师，对于普通文字应该比学生有正确丰富的了解力。换句话说，对于文字应有灵敏的

① 于漪，唐晓云．语文是进行素质教育最有效的一门学科［J］．学科教育，1999，（6）．

感觉，姑且名这感觉为‘语感’。[①]

夏丏尊对语感的研究首先是从国文教学的实际出发的，由作文成绩的进步不显著而谈论基础的阅读。他认为学生的语感，客观上存在一个转误为正、自偏渐全、由浅入深、不敏到敏的层次和过程。“我现在的见解以为：无论是语是句，凡是文字都不过是一种寄托某若干意义的符号。这符号因读者的经验能力的程度，感受不同：有的所感受只是其百分之一二，有的或者能感受得更多一点，要能感受全体那是难有的事。普通学生在读解正课以及课外读书中，对于一句或一语的误解不必说了，即使正解，也决非全解，其所感受到的程度必是很浅。收得既浅，所发表的也自然不能不简单空虚。这在学生实在是可同情的事。”字里行间，的确是把吸收与发表联系起来，从经验能力上找原因；既对学生表同情，又看到人与语言之间普遍存在的缺憾。“要把一语的含义以及内容充分了解，这在言语的性质上，在人的能力上，原是万难做到的事。因为一事一物的内容本已无限，把这无限的内容用了一文字代替作符号已是无可奈何的办法。要想再从文字上去依样感受他的内容，不用说是至难之事。除了学生自己的经验及能力以外，什么讲解，说明，查字典，都没有大用。夸张点说，这已入了‘言语道断’的境地了！”夏丏尊却并未难至而不事、难言而不语。正如“国文二

① 夏丏尊．夏丏尊文集（文心之辑）［M］．杭州：浙江文艺出版社，1983：117.

字，是无止境的。要谈中学生的国文学习法，先须预定中学生应具的国文程度，然后学习才有目标，也才有学习法可言”一样，语感的培养不是游离国文读写能力目标的又一种，更不是另立山头、特设中心。浙一师《国文教授法大纲》目的中读“能够敏捷、正确、贯通”、写“要自由、明白、普通、迅速”，就包含着语感的要求，这是现代国文学教学的需要，不过未“姑且名这感觉为‘语感’”而已。就经验能力而提出语感来，着眼于形式培养读写能力，借用夏丏尊“觉得从古以来古人所遗留下来的文章的诀窍”评说，也是“一即一切”“一切即一”的话。

语感无止境、有层次、有差距，差距主要表现在作品与读者、教师与学生两方面。就作品与读者，“一部名著，可有种种等级的读者。第一流的读者不消说是和作家有同样心境的人了，这样的读者才是作家的真知己。那么，我们要修养到了和作家同行的心境才去读他的书吗?”夏丏尊自问自答：“这不消说是办不到的事。我们当因了钻研作家的作品，在知的方面、情的方面、意的方面，使自己丰富了解作家的心境，够得上和作家为异世异地的朋友，至少够得上做作家的共鸣者。对于一部名著，初读不感兴味，再读如果觉得感到些兴味了，就是自己已渐在成长的证据。”一本书、一篇文均如此：就教师与学生，“在绝对的境界上，可以说老师对于学生什么都无从帮助。因为教师自身也并未能全体感受任何一文字的内容。其实，世间决没有能全体感受任何一文字的内容的人，所不同的只是程度之差罢了。数学学者对于数理上的用语所感受的当然比普通人多，法律学者对于法律上的用语，其解释当然比普通人来得精密。一般作教师的，特别是国文科教师，对于普通文字应该比学生有正确丰富的了解力。”因而，他激励“自己努力修养，对于文字，在知的方面，情的方面，各具有强烈锐敏的语感，使学生传染了，也感得相当的印象”，确认语感训练“为理解一文字的基础，这是国文科教师的任务。并且在文字的性质上，人间的能力上看来，教师所能援助学生的，只此一事”。这就可做应做、非做不可了。

从知、情两方面着手，是因为夏丏尊知道学生对空间一词“只认为是屋外仰视所及的地方”和“有天文学的常识与否，了解的程度大相径庭”，力的一语“只解作用手打人时的情形”和物理学常识的缺失有关，学生语感素养的整体提高有赖于多学科知识的学习。然而相比之下，他科教师因其专业背景，可使学生有充分的了解，往往专注于知，是丰富趋向于正确；就文体说，科学的文字也“重在诉之于知”。而国文教师重知更重情，所期望学生的了解力，是基于正确的丰富。“在语感锐敏的人的心里，‘赤’不但只解作红色，‘夜’不但只解作昼的反对吧。‘田园’不但只解作种菜的地方，‘春雨’不但只解作春天的雨吧。见了‘新绿’二字，就会感到希望焕然的造化之工、少年的气概等说不尽的情趣。见了‘落叶’二字，就会感到无常、寂寥等说不尽的诗味吧。真的生活在此，真的文学也在此。”语感思维的特征不只是线形的逻辑理性，更多的却是发散的诗性感悟。它需要取艺术的态度如实去观照玩味、凭丰富的经验并借以想象，可以说，灵敏语感的真意在此，国文科的基础性、独特性、优越性也在此。虽说国文不等于国文学，夏丏尊也曾“劝学生不要只将国文当国文学”（意指不应只记诵文字而忽略了思想推理），但若以为他否认文学在国文教材与语感训练中应该有的地位和作用，那只能是误解了。文艺的文字“重在诉之于情”，“好的文艺作品，就是作家高雅的情热，慧敏的美感，真挚的态度等的表现”，自然是语感训练的好材料。从这一视角出发，完整地理解《文心》第15篇《读古书的小风波》里王先生主张：“国文科的教材该以文学作品为范围，一本书，一篇东西，是文学作品才选用，不是文学作品就不选用。……高中的国文教材应该是‘历代文学作品选粹’一类的东西。”也就不至于产生失之偏颇、自相矛盾或和他人观点无二的印象了。他一方面是为了理清国文与国学，更重要的是强化选材与教学的重点——语感。

从知、情两方面着手，是因为夏丏尊意识到学生学习国文“第一是词儿的辨别要清楚，中国的文字是一个个的方块字，本身并无语尾变化，完全由方块的单字拼命起来造出种种的功用。中国文字寻常所有的不过一二千个字，初看起来似乎只要晓得了这一二千个字，就可看得一切文字了，其实这是大错的”，字数有限，拼合起来，“每个词儿意思情味并不一样，老实说每个都是生字”。字典不够，“辞典对于词儿的解释，是用比较意思相像的同义词来凑数的，譬如说‘轻狂’和‘轻薄’两个词儿，明明是有区别的，可是你如果去翻辞典，就会见‘不稳重’或‘不庄重’等类的共通的解释。这不是辞典不好，实在是无可奈何的事，一个词儿的意义是多方面的，辞典当然不能一一列举，只能把大意用别的同义语来表示了。”编字典、辞典的，是对语境中语用的一种压缩；查字典、辞典者须由此再作还原或类比。所以，《文心》第17《语汇与语感》里介绍了一种的收集和比较法，即“每遇一辞，要连同相近的辞作成一个系串，编入胸中的语汇去。用辞的时候，要在同一系串中辨别其语气的强弱与范围的广狭，择最相当的一个来使用”，“辞的情味可以从好几方面辩论，有的应从字面上去推敲，有的应从声音上去吟味”，并认为“要做这步工夫，非对于辞类有锐敏的感觉力不可”。《学习国文的着眼点》中除要求对词儿的意义、情味以及句中的用法有多方面的了解外，还提醒学生“读文字、听谈话，能够留心句式，找出若干有限的格式来，不但在理解上可以省却力气，而且在发表上也可以得到许多便利”。这些文字，不仅令人感觉到陈鹤琴《语体文应用字汇》、郃爽秋《科学化的国文教授法》的若干影响，更可以看出他根据国文学习特点与现有条件、切实训练学生语感的努力。《文章讲话》里又指出：“写作文章，句子的安排是一种值得留意的功夫。要句子安排得适当，第一步是各种句式的熟习。一句句子摆上去，如果觉得不对，就得变更别种样式的句子来试，再不对，就得再变更样式来再试，直到和上下文适合才止。越是熟习句式的人越能应用这方法。犹之下棋的名手能用有限的棋子布出各种各样的阵势，去应付各种各样的局面。”由此可见，无论是自身修养还是传染学生，语感所需绝非知之甚少，而是知之甚多。知包括陈述、程序操作的知，情也不只是言语之情味，还有国文实情、学生学情之理解。

20世纪40年代，叶圣陶在《文艺作品的赏析》中也谈到了语感的重要性及其训练问题。可见，培养语感并不是一个新理念。之所以时隔半个多世纪后培养语感的问题才又被重新提起，一是与我们长期对语感问题的认识不足有关，另一个恐怕也是最重要的原因是长期受结构主义语言学思潮的影响，片面追求语言教育的结构化和科学化，语感问题才遭到冷落。因而当再次倡导培养语感时，有学者形象地称之为“语感的回归”。

对于语感的定义，从20多年的讨论中，学术界可谓众说纷纭。代表性的说法有如下几种：（1）语感是长期的规范的语言运用和语言训练中养成的一种带有浓重经验色彩的比较直接迅速的感悟、领会语言文字的能力。①（2）语感是思维并不直接参与作用而由无意识替代的在感觉层面进行言语活动的能力。②（3）语感是对语言文字或语文现象的敏锐感知和迅速领悟的能力。③（4）语感是一种语文修养，是对一种话语系统的敏锐感觉，是长期规范的语言感受和语言运用中养成的一种带有浓厚

① 李珊林．语感训练的思考和作法［J］．语文学习，1990，（9）．
② 王尚文．语感论［M］．上海：上海教育出版社，2000：35.
③ 韦志成．论语感及其训练［J］．中学语文，1994，（1）．

经验色彩的比较直接迅速地感悟语言的能力。人们在长期语言实践和有意识的语言训练中，词语含义，语法规则，修辞手法，文章图样，文意，文情，文序，文境，文势，文术等等，往往以“格”和形式在头脑中固定下来。“格”（指正确的格）越多，越固定，语感就越强。语感力强的人，看一篇文章，听一番谈话，不仅可以迅速领会其内容，还可以直觉地判断其正误、优劣。与“格”契合者为正，为优；与“格”背谬者为误，为劣。同样，在运用语言时，可以不假思索地（指不必考虑词语含义、语法规则、修辞手法、语言结构等）借助于“格”自由地表情达意，写出“得体”的话。语感的表现形式是感性的、直觉的，它依靠直觉思维而不依赖分析思维；其实质是，感性中暗含着理性，直觉中积淀着思考。①

综上所述，可见与定义密切相关的是对语感特性的认识。上述定义尽管表述不尽相同，但从中可以看出语感一般具有如下的特征，即直觉性、整体性、个体性、情感性。直觉性是指对语言的领悟超越，省略了中间的分析、推断与验证的具体环节；整体性是指主体舍弃了对语言、词汇、语义、语法等具体的条分缕析，对语言现象的全方位的把握；个体性是指不同主体对相同的言语感觉的差别；情感性是指主体对言语内容的是非真伪和言语形式的美丑所表现的情感体验。

---

① 洪镇涛. 积累·语感·语感训练——小学生自发仿写古体诗的启示［J］. 中学语文教学，2004，（1）.

需要强调的是，语感的直觉性是在理性基础上的直觉，不是肤浅的、不成熟的感性认识。正如王尚文教授所说："语感之所以有别于一般的感性认识，就因为它是在长期的潜移默化中积淀了高级的社会生活和文化教养的内容和性质而形成的。语感的直觉性和思维性、理解性不但不是在根本上对立的，而且还是思维性、理解性的结晶，是理性在感性中的积淀，是理性融于其中的感性"①。

在语文教育界有关语感问题讨论的基础上，1988 年《九年义务教育全日制初级中学语文教学大纲（初审稿）》在"教学要求"中首次提出"读一般的现代文，能理解思想内容，分清层次，领会词句的含义，具有一定的语言感受能力……"②（着重号为笔者所加），在此之后颁布的 1990 年《全日制中学语文教学大纲（修订本）》和 1992 年《九年义务教育全日制初级中学语文教学大纲（试用）》均在"教学要求"中对"语言感受能力"的要求作了同样的表述。③

从 2000 年开始，语文教学大纲正式引入"语感"的概念：

2000 年《九年义务教育全日制初级中学语文教学大纲（试

---

① 王尚文．语感论［M］．上海：上海教育出版社，2000：39-40.

② 课程教材研究所编．20 世纪中国中小学课程标准·教学大纲汇编（语文卷）［M］．北京：人民教育出版社，2001：492.

③ 课程教材研究所编．20 世纪中国中小学课程标准·教学大纲汇编（语文卷）［M］．北京：人民教育出版社，2001：503，524.

用修订版）》在“教学目的”里提出要“发展学生的语感”①。

2000年《全日制普通高级中学语文教学大纲（试用修订版）》在“教学中应注意的几个问题”中提出要重视“语感的培养”②。

2001年《全日制义务教育语文课程标准（实验稿）》在“课程的基本理念”里提出要“培养语感”③。

2003年《普通高中语文课程标准（实验）》在继续坚持全日制义务教育语文课程标准“培养语感”基本理念的同时，在“课程目标”里提出要“具有良好的现代汉语语感”④。

2011年《义务教育语文课程标准（2011年版）》更是罕见地多达8次提到了“语感”二字。

在“课程的基本理念”里提出语文课程要“引导学生丰富语言积累，培养语感。”⑤“语文课程应特别关注汉语言文字的特点对学生识字写字、阅读、写作、口语交际和思维发展等方

---

① 课程教材研究所编.20世纪中国中小学课程标准·教学大纲汇编（语文卷）[M].北京：人民教育出版社，2001：541.

② 课程教材研究所编.20世纪中国中小学课程标准·教学大纲汇编（语文卷）[M].北京：人民教育出版社，2001：550.

③ 中华人民共和国教育部制定.全日制义务教育语文课程标准（实验稿）[M].北京：北京师范大学出版社，2001：2.

④ 中华人民共和国教育部制定.普通高中语文课程标准（实验）[M].北京：人民教育出版社，2003：6.

⑤ 中华人民共和国教育部制定.义务教育语文课程标准（2011年版）[M].北京：北京师范大学出版社，2011：2.

面的影响，在教学中尤其要重视培养良好的语感和整体把握的能力”①。

在“课程目标与内容”中提出“有较为丰富的积累和良好的语感，注重情感体验，发展感受和理解的能力”②。

在“学段目标与内容”第四学段（7～9年级）的写作教学中提出“根据表达的需要，借助语感和语文常识，修改自己的作文，做到文从字顺”③。

在“教学建议”中提出“有些诗文应要求学生诵读，以利于丰富积累、增强体验，培养语感”④。“在教学中应根据语文运用的实际需要，从所遇到的具体语言实例出发进行指导和点拨。指导与点拨的目的是为了帮助学生更好地识字、写字、阅读与表达，形成一定的语言应用能力和良好的语感，而不在于对知识系统的记忆。……关于语言结构和运用的规律，须让学生在具有比较丰富的语言积累和良好语感的基础上，在实际运用中逐步体味把握”⑤。

---

① 中华人民共和国教育部制定．义务教育语文课程标准（2011年版）[M]．北京：北京师范大学出版社，2011：3.

② 中华人民共和国教育部制定．义务教育语文课程标准（2011年版）[M]．北京：北京师范大学出版社，2011：7.

③ 中华人民共和国教育部制定．义务教育语文课程标准（2011年版）[M]．北京：北京师范大学出版社，2011：17.

④ 中华人民共和国教育部制定．义务教育语文课程标准（2011年版）[M]．北京：北京师范大学出版社，2011：22-23.

⑤ 中华人民共和国教育部制定．义务教育语文课程标准（2011年版）[M]．北京：北京师范大学出版社，2011：25.

在“评价建议”中提出“诵读的评价，重在提高学生的诵读兴趣，增加积累，发展语感，加深体验和领悟”①。

由20世纪80年代语文教育界对语感问题的重新提出，到1988年后语文教学大纲将“具有一定的语言感受能力”列入“教学要求”，再到21世纪的两部语文课程标准将“培养语感”确立为“课程理念”和“课程目标”，经过近30年的发展，语言教育从过去的重视语言知识教学，尤其是语法教学，到重视语感的培养，标志着我国语言教育的第二次转向，即由结构主义语言教育转向解构主义语言教育。

2. 以洪镇涛为代表的语感教学模式

在教学大纲和课程标准的导向下，在语文教学中语感培养的教学实践也逐渐增强，有许多语感培养的成功经验也得到了很好的总结，如吟诵涵泳法、情境陶冶法等。

作为一种系统的语感训练方法，最为著名的是以洪镇涛为代表的语感派经过不断的改革实验，形成了一套以学习语言为核心，以语感训练为主旨的常规教学模式——“四步语感训练教学法”，即感受语言，触发语感——品味语言，领悟语感——实践语言，习得语感——积累语言，积淀语感。具体地讲，第一步，感受语言，触发语感：就是指让学生通过听（听老师或录音泛读）、看（默读）、读（出声朗读）、说（复述）等途径，

① 中华人民共和国教育部制定．义务教育语文课程标准（2011年版）[M]．北京：北京师范大学出版社，2011：29.

从整体上感受语言材料。在熟悉内容、把握思路、了解主旨的同时，触发语感，即触发对文章的体裁、文章的风格、文章的质地、文章的气势、文章的表达等方面的整体的、笼统的感受。第二步，品味语言，领悟语感：就是让学生在整体感受语言、触发语感的基础上，从运用语言的角度，抓住某些语感因素很强的语句或语段，借助语言知识，联系社会生活体验，深入品味语言，引导学生进一步领悟语感。领悟语感是多角度、全方位的。可以从词语运用的分寸把握，篇章结构的组合是否和谐以及对文情、文质、语味的感受等方面领悟语感。第三步，实践语言，习得语感：就是指导学生反复朗读重点段落，交流语感心得，撰写语感随笔，完成课后有关揣摩语言的练习等活动，让学生进一步感悟语言之神妙，洞察语言之精髓，把握语言之理趣，从语言实践中习得语感。这一步，重点由前面的听、说、读、感受，转移到“写”。通过让学生写随感笔记的形式，把自己品味、感受语言的心得体会表达出来。第四步，积累语言，积淀语感：要求学生坚持多背诵诗文精彩名篇，多作随感笔记，这是一个长期的过程。对于学生来说，积累主要是来自课堂，因此，老师在语文教学中，要求学生在熟读的基础上背诵课文（全文或重点段落），抄写精彩语句，这种做法坚持下去，形成习惯，就能达到积累语言，积淀语感，进而提高语言能力的目的。①

① 张正君．当代语文教学流派概观［M］．北京：中国社会科学出版社，2000：390-397.

关于语感训练，洪镇涛进一步指出：语感训练包括两个方面，一是语感实践，一是语感分析。语感实践，就是指导学生感受语言材料和运用语言，也就是说，让学生多听、多读、多背、多写成套的语言。这是语感形成的基础。但仅有语感实践是不够的，还要有语感分析。语感分析，就是分析语言的运用。它不同于通常说的“语文分析课”的分析，其区别有以下几点：

（1）目的要求不同。“分析课”分析的目的在于使学生理解课文的思想内容和表现形式；语感分析的目的在于提高学生对语言运用的分寸、和谐、情味的感受能力。

（2）角度重点不同。“分析课”着力于语言材料的表面特征，从课文的思想内容到表现形式作修面细致的分析；语感分析则是从语言运用的角度，深入到语言内部，拎出某些语感因素强的地方，作语言例析。

（3）方式方法不同。“分析课”的分析，属于知识传授性质，最简便的方式是老师讲给学生听；语感分析，属于语言感悟性质，其方式只能是学生在老师的指导下，对语言进行比较、推敲和品味，而这些又是同语感紧密结合的。

（4）作用效果不同。“分析课”大都采取一种静态的架空的分析，对提高学生的语文能力作用不大，何况大都不让学生参与分析，只让学生被动接受，效果就更不好了；语感分析是一种紧扣语境的动态的例析，内容比较具体实在，思考性、趣味性都比较强，学生又是参与分析的主体，一般积极性较高，因此对提高学生的语文能力较大，效果较好。①

洪镇涛认为语感训练要把握四个“结合”②：

（1）语感训练与思想教育结合

语文教学的根本任务是组织和指导学生学习语言，而语言是思想的结晶。作为学习语言的范本的语文教材，大都是思想性很强的典范作品。对学生进行思想教育，是语文教学义不容辞的责任。由于语文教材的思想感情内涵极为丰富，语文教学可以相当全面地提高学生的思想认识，非常有力地促进学生正确世界观的形成，极为深入地培养学生高尚的道德情操。但是语文教学中的思想教育，不同于政治课的系统的理论灌输，它是与语言训练密切结合、同步进行的。要在语感训练中，引导学生感受语言描绘的形象，体味语言传递的情感，理解语言表述的道理，从而接受教材中固有的思想教育内容，受到潜移默化的熏陶感染。

（2）语感训练与思维训练结合

语言是思维的外壳，语言离不开思维。语文学科是一门思辨性很强的学科。对学生进行思维训练，也是语文教学义不容辞的责任。但是语文教学中的思维训练，有别于其他学科（如数学）的思维训练，它是与语言训练密切结合、同步进行的。

① 洪镇涛．积累·语感·语感训练——小学生自发仿写古体诗的启示［J］．中学语文教学，2004，（1）．

② http://www.thyuwen.com/apps.php? q=diary&a=detail&did=141&uid=4.

我们在进行语感分析、让学生辨析遣词造句、布局谋篇等语言运用的妙处时，应加大思维的力度，培养学生思维的敏捷性和灵活性，发展学生的创造性思维。

(3) 语感训练与审美陶冶结合

一套语文教材，在学生面前展示了一个璀璨夺目的美丽世界。对学生进行审美陶冶，也是语文教学义不容辞的责任。但是语文教学中的审美陶冶，有别于其他学科（如音乐、美术）的审美陶冶，它是与语言训练密切结合、同步进行的。我们在进行语感训练时，要对学生加强形象感染和情感熏陶，让学生眼中有形，心中有情，在感受形象和激发情感的基础上，逐渐形成正确的审美观。

(4) 语感训练与语文知识传授结合

语文知识（包括语言知识、文字知识、语法知识、修辞知识、文章学知识）虽然不是构建语文能力的主要基础，但它是构建语文能力的必要的辅助手段。掌握一定的语文知识，可以赋予语文能力更多的理性观点。进行语文知识的教学，是语文教学的重要内容之一。语文知识教学要遵以“精要，好懂，有用”的原则，除直接传授必要的概念之外，更为重要的是，要与语感分析结合起来。要使学生不仅能辨认这里用了什么句式，这里用了什么修辞格，这里用了什么论证方法；等等，还能在具体语境中，领悟这里运用这种句式、这种修辞格，这种论证方法的妙处。这就把静态的语文知识学活了，也真正发挥了语文知识对语文能力培养的作用。

洪镇涛认为以“学习语言”为核心的语感教学，可设置以下七种课型①：

（1）语言教读品味课。选择语言典范、语感因素强的重点篇章，指导学生品读、体味。这种课型，虽然也是以学生自读活动为主，但它有“教读”性质，也就是说要更多、更好地发挥教师的主导作用。教师除了精心设计教学过程，还要作示范性的语感分析，还要向学生传授品味语言的方法，等等。（2）语言自读涵咏课。选择语言比较典范而难度不大的篇章，组织学生独立阅读。让学生凭借“教读”所得，讨论问题，品味语言。（3）语言鉴赏陶冶课。选择语言典范的文艺作品，包括诗歌、小说（微型小说、中长篇节录）、散文、剧本，采取多种形式（如听录音、看录像、分角色朗读，分角色表演，组织评论发言等），让学生鉴赏语言，陶冶情感。（4）书面语言实践课。除了课本所列作文训练，还可与课外活动结合，另外设计适应社会需要的书面语言应用训练。（5）口头语言实践课。除了课本所列的听说训练，还可以与“活动课”结合，另外设计创设情境的口语交际训练。（6）语言基础训练课。包括课本所列的语言基础知识的学习及相关的技能训练。（7）语文能力测评课。包括平时的单项测评和阶段性综合测评。测评偏重于语言能力的考查。

洪镇涛的语感教学体系得到了许多著名专家学者的高度评

① http://www.thyuwen.com/apps.php? q=diary&a=detail&did=141&uid=4.

价。饶杰腾教授说："长期以来，洪镇涛老师锲而不舍地汲取现代教育思想，回采传统有益经验，在探求母语教育民族化的过程中，不断开拓语文教学新领域取得新成果。"① 张定远先生称赞道："镇涛先生为构建我国民族化、科学化的语文教学新体系而努力的主张和创见，是在语文教学体系上进行的一次深刻变革，如果这一变革得以在全国范围内实现，语文教学'少、慢、差、费'的现象就会得到根本的改观。从这一点上说，历史将记下洪镇涛先生的业绩。"②

二、解构主义语言教育观下我国语言教学的初步成就

在语文教学中加强语感培养和训练，无疑是对我国传统的语言教育经验的自觉弘扬。总结 10 多年语感教学的研究和实践的经验，主要取得了以下几方面初步成就：

（一）由注重语言知识的传授和静态的语言分析，转变到注重言语能力的培养和动态言语的学习。从以上语感训练的具体方法看，都紧紧围绕学生实际运用言语能力的培养，这是符合现代社会对人才培养的要求的。

（二）由注重篇章结构的详尽剖析，转变到对语言的品味。

① 张正君．当代语文教学流派概观［M］．北京：中国社会科学出版社，2000：362.

② 张正君．当代语文教学流派概观［M］．北京：中国社会科学出版社，2000：362.

品味语言打破了先前一贯的那种将文章肢解的支离破碎的做法，是语言教育的“返璞归真”。

（三）由对语言的一元理解，转变到对语言的多元解读。对文本的多元理解，可以培养学生的发散思维和对多元社会、多元文化的包容与关照。这对于培养学生完整、健全的人格来说是至关重要的。

第三节　解构主义语言教育的问题分析

随着解构主义语言教育的不断发展，其中的一些根本性的问题也逐渐显露了出来。

一、语言知识教学受到严重冲击，学生的语言知识素养明显受到影响

2001版《全日制义务教育语文课程标准（实验稿）》对待语言知识教学的要求是：“不宜刻意追求语文知识的系统和完整，不必进行系统集中的语法修辞知识教学”，其意图在于纠正过去重语言知识而轻能力、轻语感的倾向，但在一定程度上又导致了轻视语言知识教学的倾向。

学校语言教育的目标，就是要使学生的语言更加准确，思维更加严密。只靠传统的经验式的语感教育是低效率的。强调语感训练没有错，但是一旦强调的过头了，就又走向了另一个极端，即不仅是“淡化”，甚至是“淡没”了语言知识的教学。比如在2000年《全日制普通高级中学语文教学大纲（试用修订版）》、2001年《全日制义务教育语文课程标准（实验稿）》和2003年《普通高中语文课程标准（实验）》都没有明确列出对语言知识的要求。

在这种导向下，近年来学生的语言水平出现了下滑。以2005年高考为例，广东考生在一道比喻手法仿写句子的试题中，竟有10多万名（占25%）考生得了0分；上海高考语文阅卷中，考卷出现了大量病句、错别字以及很不规范、不知所云的网络语言，让评卷老师大为吃惊。复旦大学举办的汉语言文字大赛竟让外国留学生拿了冠军，令各位评委大跌眼镜。从这些例子中可见轻视语言知识的教学所产生的负面影响及其弊端正在学生的语言知识素养和语言实际水平上表现出来。

张志公先生也多次批评了“淡化语法论”。20世纪90年代初，语文教学界出现“淡化语法”的说法，张志公先生对此很不以为然。首先，他对“淡化”这一概念提出质疑：“我不明白‘淡化’是什么意思。‘淡化’应当是与‘浓化’对立着说的，这是个什么概念？量？程度？气氛？色彩？不明白。”显然，他不同意用如此模糊的、不严密的术语来对待一门学科。“淡化”量域或阈值比较宽，人们在实践中不好掌握。其次，他明确主张对语法不能“淡化”。他不同意简单的狭隘的对待语法。“一个人能否对语言现象（任何现象）作理性的概括，在理解的质量上大有区别。这通常能反映出一个人的思维能力以至智力水平。我们不能一提语法就只想到语法，一提语文就只想到语文，世界上的一切知识，一切科学，通过智力活动，都是相互联系的。或相辅相成，或相互为用，或相互制约。”① 显然，在他看来，学习语法，其实也是一种思维训练，有利于其他各科的学习。比如学习了词的分类就有利于学习生物的形态分类；学习了逻辑知识就有利于学习数学推理，等等。所以他强调指出：“如果只从很狭隘的实用的角度考虑问题，不但汉语语法，也不只是语法，几乎任何知识都是可以‘淡化’的”。② 再次，他指出，“淡化”的实质就是“取消”。1995 年在一次中学语法教学研讨会上指出：“有的人提出要‘淡化语法’，何为‘淡化’，就是淡一点，再淡一点，直至取消。不仅如此，甚至引起有的人的怒气，要‘扭断语法的脖子’（某位知名作家语）。”③ 最后，在他看来，语法本身的不尽完善与不教语法是两回事。也就是说，前者不能成为后者的理由。他认为，目前的汉语语法学是从西方引进的，不尽适用于汉语，这是事实。学母语，与学习外语比，少学一点语法也是有道理的。正确的态度应该是：

① 张志公．张志公自选集［M］．北京：北京大学出版社，1998：538.
② 张志公．张志公自选集［M］．北京：北京大学出版社，1998：539.
③ 张志公．张志公自选集［M］．北京：北京大学出版社，1998：561.

我们有责任加紧研究符合汉语实际的汉语语法，有责任研究不同对象如何学习汉语语法；而且要实实在在做这方面的工作，而不是简单化的来一个“非学不可”或“不要学”。总之，正确的态度是：加紧研究，敢于创新。

二、滋生了“语法无用论”的错误认识

由于以前语言教育中语法知识分量过大而教学效果又不好，很多人就认为不用讲语法知识，只靠语感培养、言语实践就可以了。目前，许多学校、许多语文教师都深受这一观点的影响。

张志公先生曾多次批驳过“语法无用论”。语法无用论者认为“不学语法也会说话，也会写文章”，张志公先生认为，事实上，每个人都得学语法，也都学了语法，不过是从语言实践中不知不觉地学的，不是从语法书上自觉地、有计划地学的。并且强调“从语言实践中学习语法，这是十分重要的，可以说是根本的。[①] 但是，不能满足于单纯从生活实践中学到的那种只知其然，不知其所以然的知识。从语言实践中，我们可以学会语言的基本内容，可是那是不自觉的，说不出道理的。这样的知识，到要用复杂的语言来表达复杂的思想时是不够用的，因此，我们决不能因为我们本来会说话就否认学习语法的必要性。”甚至举例说“司马迁、李白、杜甫、曹雪芹等都没念过语法书，

① 张志公．张志公自选集［M］．北京：北京大学出版社，1998：388.

可是都成为伟大的作家、语言巨匠”，对此，张老认为，他们确实没有念过像现代语法论著那样的书籍。可是，他们在语言上都下过功夫，而且是非常艰苦的功夫，花费过很多的时间和精力。今天有了语法科学，虽然还不够完善，但比起古人来要容易得多，怎么能用古人的痛苦经验来否认今天的语法学习呢?①再有，“学了语法也不见得能写好文章。”他认为这个问题要具体分析。要文章写好，有好些条件。从根本上说，必须有正确的立场、观点、方法，同时，还要有丰富的生活、斗争经验，一定的科学文化知识，一定的思维能力，等等。可见有些人写不好文章，原因不在他学了语法，而在其他方面。所以，写文章是一种综合性的脑力劳动，要从好些方面勤学苦练，光靠学点语法就想“立竿见影”，马上写出好文章来，确是办不到的。以及，“不学语法还敢写，学了语法反而受了好些拘束，倒不敢写了。”张志公先生举生活中常有这样的例子，“凭感性知识学会了一件事，做起来觉得很自如，里边可能有些毛病，可是自己不觉察；一旦有了关于这件事的理性认识，知道了其中的道理和规矩，做起来反而觉得不自如了；但是经过一段按部就班、循规蹈矩的锻炼之后，又会自如起来，而这一次的自如基本上做到了‘从心所欲，不逾矩’，效率提高了，毛病也减少了。”可见，“要是学语法之后，觉得自己写的话有些地方不对头，因而写起来有点拘束，这不但不必忧虑，而且是好现象，因为表

---

① 张志公．张志公自选集［M］．北京：北京大学出版社，1998：389.

示学的语法管用了。”

尽管汉语的语法体系是在借鉴西方语法体系的基础上建立起来的，并不完全适合汉语的实际情况，但是一种语言总是应该追求其严密性和科学性。事实上，20 世纪经过语法学界几代专家的努力，我们借鉴西方的语法体系对汉语言语法规则进行了大量的研究，已经建立了基本成熟的汉语专家语法体系和汉语教学语法体系，长期的教学实践也证明了汉语语法教学体系对提高学生语言素养是行之有效的。在目前，究竟应当如何正确对待语法教学？我们认为不应该采取消极的态度去“淡化”，甚至抛弃语法教学，而应当采取有效措施提高中学语文教师的素质，加强他们的语言修养，尤其是语法知识修养，进一步开展语法教学方法的研究，使之更切合语法教学的实际情况。

三、语文教材编排和语文考试对语法教学的严重忽视

（一）语文教材中的语法教学内容安排

在语文新课标淡化的背景下，语法教学在中学语文教学中处境尴尬。从教材编排体例上就充分表现出语法备受冷落的地位。2003 年以后初中有两种版本的课本：课改区使用实验教材，取消了语法知识短文；非课改区使用人教版教材，语法知识短文以附录的形式出现在每册课本的后面，有关语法的部分仅仅是被安置在七年级下册到九年级上册四本教材的附录中；课程标准只是以知识要点的形式在最后一部分做了简单说明。具体

内容安排如下：七年级下册的附录中附有“汉语词类表（实词）”，包括名词、动词、形容词、数词、量词、代词这六类词的意义及举例；八年级上册的附录中附有“汉语词类表（虚词）”，包括副词、介词、连词、助词、叹词、拟声词六类词的意义及举例；八年级下册的附录中有“短语结构类型表（主要是并列式、偏正式、主谓式、动宾式、补充式五大类）”和“句子成分简表（明确了主语、谓语、宾语、定语、状语、补语六种句子成分的说明及符号并有例句）”；九年级上册的附录中设有“复句常用关联词语一览表”，其中列举了并列复句、递进复句、选择复句、转折复句、因果复句、假设复句、条件复句等七种类型的复句及其所用的关联词语。

到了高中阶段，学生的逻辑思维能力明显增强，接受能力也有了增强，可高中教材却没有安排语法知识，没有相应的教学内容和要求，但是在高中语文学习过程中，又不可避免地要用到语法知识，而有些教师觉得语法知识从头讲起，太耗时间，而且教学效果和成绩不能立竿见影，所以重新讲语法的积极性总是不高，因此，语法在高中语文教学中仍然是被冷落的角色，讲与不讲，讲多讲少，完全由教师自己掌握，这就使得高中语文的语法教学也基本处于无序状态，“语文教材，文选唱着独角戏”，这势必影响了高中语文教学的进程，这种不良后果正是淡化语法的思想和初高中语法内容的不衔接所造成的。

（二）中高考不考，中学语法教学形同虚设

初中教材中的语法安排，单从学习语法的角度上来看，确实体现了由易到难，循序渐进的特点，便于学生理解和接受。但是“课本将语法知识安排在附录中，课程标准将语法知识安排在最后，明显体现出了淡化语法的倾向”。众所周知，语法知识本身是一个复杂、庞大的抽象概念体系，初中生要全部掌握这样一个抽象的概念体系是不现实和不必要的，教材这样编排根本就没有考虑到初中学生年龄心理发展规律。他们在小学阶段接触的主要是一些具体概念，逻辑思维能力还不强，刚刚上初中就让他们去理解一个复杂而庞大的抽象概念体系，显然是违背青少年成长发展的规律和学习规律的；再者，语法学习必须有一定的语感作为基础，初中一、二年级学生，阅读量还较小，语感还较弱，系统学习语法知识的感性基础还不牢固，因而希望他们将学到的语法知识有效地转化为语言能力，困难是较大的。许多学生只掌握了一些名词术语，却只知其然而不知其所以然，自然就谈不上运用了。况且，编在附录中的语法知识，在实际的语文课堂教学过程中也很难得到落实，甚至可以说是完全被忽略的。主要原因是教师普遍认为附录中的内容不在考试范围之内，教不教都无所谓。曾经有语文教师在网上说过，现在的中学语文教学其实是很功利性的，考就教，不考就不教，中考不考语法，所以初中语文教师就不教，初中教师能顾及好自己的三年就行了，不必承担为高中教师服务的义务；高考涉及一些语法，所以高中教师就得教。另外，语法知识抽象、枯燥，学生也不爱听，于是，教师不重视，学生不主动，语法知识在初中语文教学中就形同虚设。

四、中学生的读、写、听说（口语交际）等语言文字应用能力显著下滑

“淡化语法”的现象对语文 教学的巨大冲击，使学生语言文字运用的能力普遍较低。由于大多数中学语文教师本着“考什么，教什么”极端功利性目的，不再把语法教学纳入教学日程，即使个别语文教师偶尔涉及，也只是蜻蜓点水式的浅尝辄止。所以，学生基本上是糊里糊涂，对语法是敬而远之。从心理状况分析，学生“谈语法色变”，主要有三种心态：一是无用论。认为学语法没什么用，不如多读几篇文章。二是太枯燥。学语法味同嚼蜡，是一件了无趣之事。三是难懂。教师和学生对语法教学的共同排斥，带来的后果就是学生语言文字应用能力显著下滑。这个影响将是非常严重的，短期影响的是学生的语文素养，从长远来看，也会制约学生数理化等其他基础课程的深入学习。

（一）阅读教学

阅读教学一直是语文教学最重要的内容。中学语法教学的缺乏使学生的语法知识严重贫乏，语文能力大大降低，有些学生连基本的词性都分不清，至于不会划分句子成分、不会分析复句的层次关系的更是司空见惯，这种状况直接影响了学生的语文学习，严重阻碍了学生语文能力的提高。高中语文教材选文具有内容复杂性、文本文化多元性、表达手法多样性、语言

运用灵活性等特点。学生要从整体上把握文本内容，理清思路，理解文本所表达的思想、观点和感情，就必须能对文本中的复杂语句进行分析，这就必须具备一定的语法知识。再说，中学语文教材中选入的文言文比现代文作品少而且简单，而高中教材中的文言文与现代文比重均等，而且有一定的难度，要想准确地把握文意，就必须对其中出现的与现代汉语有差异的语法现象进行分析，诸如省略句、倒装句、判断句、被动句等句式及词类活用；等等，要理解这些语法现象，就要首先了解现代汉语中词和句子的有关知识，然后再分析比较古代汉语与现代汉语在这些语法规律方面的差异，通过这样的分析比较，学生对汉语的古今变化和运用规律才会有比较清晰的认识，阅读理解文言文的能力才会提高。可是，现在好多高中学生只知道主谓宾，至于什么是定状补、怎么划分，一概不知，单句复句更不知道是怎么回事，提高阅读能力从何谈起？所以，中学生语法知识的缺乏使高中语文阅读教学处处受挫。

（二）写作

语法是语言文字运用的规则，是语言的结构规律。学习语文最重要的目的就是掌握祖国的语言文字，能够熟练准确地进行口头和书面的交流，因此，作文教学是中学语文教学的又一重要内容。实际上，写作水平是衡量一个学生乃至一个成年人语文水平的高低的一个重要标准。要写出文质兼美的文章，一要有深刻的思想，但一切思想都蕴含于语言之中，思想必须通过语言来表达；二要有深厚的语言文字功底。而要具备深厚的语言文字功底离不开两个条件：进行大量的阅读积累和掌握必要的语法知识。深厚的语言积累主要是使学生的语言更美、更富深意，然而达到这种要求需要一个坚实的基础，那就是运用语言文字的基本规律，这才是能使学生创造优美精练语言的根本。一篇好的习作，一定是文通句顺的。作文中语病百出，必然在很大程度上影响了文章的质量。那些用词不当、病句频出、前言不搭后语，让人读来觉得别扭、吃力、不知所云或哭笑不得的作文，怎么可能得到高分？目前我国中学生作文的突出毛病是错别字连篇，词不达意，病句多，不会使用恰当的修辞格。类似于“通过这次学习，使我的思想发生了很大的改变”这样的病句，在学生的作文中屡见不鲜。另外，英语和网络使学生作文语言出现了西化和网络化倾向。所谓西化，指学生在作文的语言表达中受英语的影响，背离了现代汉语的基本语法规则，或中英杂糅，或生造词语，使作文语言表达不伦不类，令人费解。互联网的普及使网络语言迅速渗入到现实生活中，学生用这些变异的简语和网络术语进行写作，作文中常会出现用语简短、破碎、不合常规等问题。以上种种现象的产生都与语法意识和语法知识的欠缺密切相关。

（三）听说（口语交际）

从社会语言学的角度看，掌握所学语言的语法规则，是培养语言交际能力的基础。随着社会的不断开放，人际交往将越来越频繁，口头语言在人们交往中的作用越来越大。可以毫不夸张地说，具有一定的口语交际能力对于每个人来说都是必要的，有时候，它甚至直接影响一个人事业的成败。因此，越来越多的人强烈地意识到口语交际能力的重要，并自觉地试图通过各种强化训练来提高自己的口语交际能力，但是没有语法理论指导的“说”，避免不了“瞎说”（常常会有语病），这与我们所希望的“口才好”，语言能力强是两码事。我们经常听到周围甚至是电视节目中有些人说话不合逻辑，出现各种各样的语病，其实这都是因为缺少必要的语法知识做支撑。还有些人说普通话时夹杂一些不符合语法规范的方言，比如将“给我一个苹果”说成“给一个苹果我”，这就违背了双宾语的位置安排规则。中学语文教学的主要目标任务是培养学生的听、说、读、写能力。然而长期以来，在具体的教学过程中，往往重读写，轻听说（口语交际）。新世纪的三部语文课程标准都把口语交际训练列入了课程教学主要目标之一，明确指出必须提高学生的口语交际能力。口语是最重要的交际工具，我们每天的工作、学习和生活中都要使用口语进行交流。好的口才能表现一个人良好的文化素养，能提高成功的效率，口齿伶俐还常常被人们视为聪明的表现。对于学生来说，使用口语表达的同时就是在进行思维训练：你想要使用某个词汇，就要在头脑的语言积累库中搜寻；要想把话说得巧，还要动脑筋选用恰当的表达方式和语速语调等。再者，多进行“说”的训练也能提高作文水平，语文教师有时会让学生进行口头作文训练就是这个原因，能出口成章的人才能下笔成文，这就是“说”与“写”的统一。一个有语法基础的人，说话时会不自觉地运用语法规则去寻找合适的词语、组织自己的语言，使之更准确、更严密、更得当，没有语法知识的人则不会这样，所以语法知识的贫乏是制约一个人口语交际水平的主要因素。

（三）应试能力

虽然2001版语文新课标提出“不宜刻意追求语文知识的系统和完整，不必进行系统集中的语法修辞知识教学”，但最近十年的中考、特别是高考中，几乎每年都有要用到语法知识的题目，例如病句辨析题中有六大类语病：语序不当、搭配不当、成分残缺或赘余、结构混乱、表意不明、不合逻辑，要准确地辨析句子是否有语病，是哪一种语病，不外乎语感分析法、结构分析法和逻辑分析法这三种，其中最重要的就是结构分析法，即运用自己掌握的语法知识对句子从词语的搭配、语序的先后、关联词语的组合到句子成分等一一检查，从而判断正误。例如有这样一句话“我们顺利地按照高老头画的那张简图，找到了传说中的那位神猎手”，不少学生就看不出其中的错误，这是因为他们对各种句子成分的作用和特点掌握得不好，不知道“顺利”在这里是作状语，应该放在它所修饰的动词“找到”的前面；又比如这样一句话“在最近报刊上发表的一系列文章里，给了我们一个有益的启示：要形成一个良好的社会风气，就必须加强国民素质教育”，很多学生也看不出这是一个病句，因为他们不会分析句子成分，看不出这个句子是介词短语开头，后面少了一个主语。

总之，很多学生由于对词语的分类和搭配规则等不清楚，不会分析句子成分、不了解复句的类型、不清楚关联词语的搭配，所以连最常用、最容易的结构分析法也不会用，因而也就无法快速、准确地判断句子是否有语病。同样，在语言运用题中，诸如语句衔接题、句式变换题、仿句题、对对联等，都必须借助语法知识的辅助，而学生因为这方面的欠缺，解题时不会从语法角度考虑问题，因而失分较多。更让老师们感到头疼的是，每当从语法角度分析问题的时候，学生常常一筹莫展，让教师觉得无所适从：不讲，学生不明白；讲，就得追本溯源，甚至从词性开始，这是一个浩大工程，实在太麻烦，所以只好简单应付了事。在新的语文高考中，学生的阅读量也大大增加，以江苏卷为例，现代文阅读有“必做题”和“选做题”共两篇，还有一篇文言文阅读，附加题中又有材料归纳分析题，其实就是一篇篇幅较短的现代文阅读题。这些题目考察的范围很广，从思想内容到写作技巧都有涉及，这对中学生的阅读理解能力提出了很高的要求。正如前面所说，语法基础薄弱导致中学生阅读理解能力的低下，解题能力也随之降低，语文成绩自然难以提高。

第六章

语言教育未来走向分析

解构主义语言学的提出和发展并不意味着结构主义语言学的终结。用辩证唯物主义的观点看问题，结构主义语言学和解构主义语言学同为语言学历史发展的产物，它们之间的关系不是有你无我或有我无你的绝对对立排斥的关系。结构主义语言学和解构主义语言学都有其合理性，也都有其缺陷，而各自的缺陷，又恰恰是对立面的优势所在。可见结构主义语言学和解构主义语言学是对立的，又是统一的，是相互联系的，是互补性的。事物的客观辩证法决定了语言学发展的未来趋势必定是结构主义语言学和解构主义语言学的辩证统一。结构—解构—再结构……通过否定之否定，不断推动语言学的向前发展。因此，我们有理由预言，在21世纪，语言学将是“结构—解构”的一个全新的研究时代。基于对语言学未来发展的如此认识，同样，语言教育的未来发展也将必然走向一个“结构—解构”语言观下的结构主义语言教育和解构主义语言教育相统一的全新时代。

第一节　“结构—解构”语言观将成为未来语言教育的主导思想

结构主义语言学和解构主义语言学是对立的，同时又是互补的。我们应该坚持辩证唯物主义和历史唯物主义的认识论和方法论来看待西方的结构主义语言学和解构主义语言学，以及我国的文化语言学等各种哲学思潮。我们承认任何事物都以一定的形式、一定的结构而存在，相对的稳定性、共时性是其典型的特征。同时，任何事物都处于一个发展变化的过程当中，一种相对稳定的结构在发展的过程当中必然会被新的意识形态（先进的认识）所打破和重构，因而事物的发展都表现为“结构—解构—再结构”这样一个对立统一、否定之否定的螺旋式上升的过程。正因为如此，我们应该辩证地分析、合理地吸收结构主义语言学和解构主义语言学的观点，并能以“结构—解构”的语言哲学方法论去认识语言问题。这样才能使我们在看待语言教育的问题上不会发生偏执，既看到语言的工具性，又看到语言的人文性，既重视语言的训练，又重视语言的人文感染，形成健全而科学的语言教育新局面。

由“结构—解构”语言教育观看待语文新课标，我们所持的态度应该是避免走极端，辩证地看待新理念。即积极吸取其合理成分，又不能将其极端化，甚至一味地鼓吹和泛化。对语文新课标主要内含解构主义理念及其语言教育的导向，其实质是对结构主义语言教育的重新审视与突破，可谓合理性与消极性并存。是完全按照解构主义语言教育的新理念去“改革”？还是返回结构主义语言教育的老路？这在语言教育界产生了某种困惑。面对如此处境：我们不得不从辩证唯物主义的认识论和方法论去寻找答案，而不能不加分析地去盲目又茫然地进行所谓的改革，这只能使课程改革误入歧途。

反映着辩证唯物主义认识论和方法论的“结构—解构”语言观，正是批判地继承了结构和解构二者的合理思想，它是认识和处理语言问题的辩证统一观。“结构—解构”语言观和语言教育观将指导我们未来的语言教育沿着正确的方向发展。

第二节　将逐步建立符合“结构—解构”语言观的语言训练新体系

面对21世纪的课程改革，一个殷切的期待就是能够建立一个符合“结构—解构”语言观的语言训练新体系，这个新体系是一个艰巨而复杂的工程，在此只能就其建构的指导思想做一些论述。

一、新体系应以发展言语能力为目标，着眼于学生的言语实践和言语体验

言语能力，是指一个人通过言语实践发展而来的听说读写的能力。索绪尔对语言学的伟大贡献之一，就是对“语言”和“言语”作了明确的区分。尽管他所建立的结构主义语言学是以“语言”为研究对象，以揭示人类语言结构的一般规律，但研究语言规律的目的全在于个体言语的运用，索绪尔本人对此也有着清醒的认识。因此，学校语言教育的目标定位，就不应该以语言规律的学习作为目标，而应以此为手段，以实现发展学生的言语能力为目标。在过去的结构主义语言教育时代，过分地强调了语言规则的机械学习，在一定程度上忽视了学生言语发展的实际，那么新的语言体系的建构首先应该在目标层面上处理好“语言”和“言语”、一般语言规则与学生言语能力之间的关系，将目标定位于言语能力的发展。

新体系应该着眼于学生的言语实践，让学生通过言语实践来学习语言。这是一个传统的言语学习方法，也是为现代语言教育理论所科学证明了的方法。鲁迅先生在《人生识字胡涂始》中即曾说过：孩子们“学话的时候，没有教师，没有语法教科书，没有字典，只是不断的听取，记住，分析，比较，终于懂

得每个词的意义，到得两三岁。普通的简单的大概能够懂，而且能够说了，也不大有错误。小孩子往往喜欢听人谈天。更喜欢陪客，那个目的，固然在于一同吃点心，但也为了爱热闹，尤其是在研究别人的言语，看什么与自己有关系——能懂，该问，或可取的”。如果说鲁迅先生是对儿童言语习得过程的一种形象的描述，而乔姆斯基的转换生成理论则是从语言生理和心理发生、发展的原理上论证了儿童言语习得的过程，论证了儿童言语习得与自我创造的实践性特征。儿童口头语言的学习如此，小学生、中学生书面语言的学习也是如此。有一句常常被称道的话，即“熟读唐诗三百首，不会作诗也会吟。”有的人说得夸张一些，如韩愈曾说：“口不绝吟于六艺之文，手不停披于百家之编”①。万斯同也说：“必尽读天下之书……然后可以放笔为文”②。可见，书面语言的学习，也都强调要从言语实践的范例中去学习语言。正因为如此，在加强课堂言语实践的同时，还应该重视日常生活中的言语实践，尽量给学生创设言语实践的环境，让学生在母语环境中通过自身实践来提高读写听说能力。

新体系应该着眼于学生的言语体验，让学生通过言语体验来学习语言。作为语言的重要构成，言语学习不仅仅是学习掌握言语形式的过程，而且还是体验形式、陶冶情感，接受精神

---

① 引自韩愈《进学解》。
② 引自万斯同《与钱汉臣书》。

文化塑造，以及进行自我教育的过程。语言的本质即是体验，因此，在语言学习中，经受体验是语言学习活动的本质特征。海德格尔指出："经受对某种事物的体验——无论是物、人还是神——都是指这事物落到我们头上，撞击我们，压倒、统治和改变我们。当我们说到'经受'一种体验时，我们尤其是指：这体验并非我们自己的作为；'经受'在这里是指我们经历它，忍受它，当它撞击我们时接受它，服从它。它是某种自行到来、自行产生、自行发生的事物本身。那么经受一种语言之体验，就意味着通过接受和服从语言的要求，让我们与此语言的要求相关联。人如果能在语言中发现它的此在的合适居留，就会触及我们的此在最内在的结构。我们说着语言的人，也就会一天天在时间的进程中被这种体验所改变。"①

二、新体系应体现知识与能力、语法与语感的有机统一

在"结构—解构"语言观下的语言训练新体系应体现知识与能力、语法与语感的有机统一，做到既讲求适合于学生语言水平的语言知识的系统性和完整性，又不狭隘地局限于语言知识体系，而着眼于学生言语能力的形成；既注重符合学生语言实际的语法教学，又注重对学生语言人文性的熏陶感悟，注重

① 海德格尔．诗意地安居［M］．郜元宝译，上海：上海远东出版社，2004：63-64.

语感的培养。

前苏联教育家苏霍姆林斯基指出："有一些'关键'的知识，学生思维和智力的发展，运用知识的能力，就取决于这些'关键'知识是否牢固。"① 一个人的能力的形成和智力的发展，都要以知识为原料。学习知识的每一个过程，同时也都是形成能力和发展智力的过程，人们常说的"无知便无能"正是反映了这个道理，语言知识和言语能力的关系也是如此。正如张志公先生所说：语文知识教育，要着眼于应用，着眼于训练实践；不能为知识而知识，不能把学习停留在名词术语上，仅仅以掌握一般知识为满足，要力求能够运用学得的知识来提高听、说、读、写的语言能力。② 语言知识的学习和言语能力的形成是一个相辅相成的过程，两者并不矛盾，恰恰相反，它们是一个相互促进的关系。正因为如此，新体系的建构如何体现语言知识与言语能力形成的关系，将是一个十分重要的任务。

在语言知识和言语能力的形成上，最为复杂的就是语法知识和语感能力的形成。语法知识学习为语感能力的形成服务，语感能力又为语法知识的学习奠定基础，两者同样是密切相关、相互促进的。吕叔湘先生认为，语感包括语义感、语法感、语音感。而语义、语法和语音正是语言知识教学的内容，学习这

① B. A. 苏霍姆林斯基. 给教师的建议（修订版）[M]. 杜殿坤译，北京：教育科学出版社，1984：15.

② 张志公. 张志公自选集 [M]. 北京：北京大学出版社，1998：464.

些知识，正是为着语义感、语法感、语音感的形成。单就争议最大、也难度最大的语法知识教学而言，新体系只有在以提高学生言语能力为目标的总前提下，能够在语法知识与语感能力两者的结合上有所突破，做到语法知识与学生鲜活的言语材料密切联系而富有针对性、实用性和可操作性，才能真正实现语言教育的科学性和语言训练的高效率。

三、新体系应体现语言教育的学段性和连贯性特点

语言训练的新体系应当安排合理的、科学的训练序列。总体而论，根据学生的语言学习规律和心理发展规律，小学阶段应以语感训练为主，辅之以必要的、浅近的语言基础知识；中学阶段则应逐步加强语法教学，在更高层次上提高学生的语感能力。

六七岁至十二三岁属于小学阶段，按照学生语言学习的规律，在入学前，学生言语发音很不规范、口语词汇也很有限。所以在这一阶段，小学生首先是从按照汉语拼音方案的规定练习字母发音、读写拼音开始的。接着，结合识字教学，让学生以拼音为工具，逐步掌握每个汉字的普通话读音。同时，小学是学生词汇，尤其是口头词汇迅速发展的关键阶段，儿童的口头词汇主要是通过对书面语言的逐步掌握而丰富起来的。小学课文中的词汇基本上属于日常词汇，儿童通过阅读课文，大量的词汇扩充到自己的口头词汇中。小学生不管是学习语音、普

通话，还是词汇的扩充，主要都是通过语感的训练。在普通话和口头与书面语词汇的学习中，语感是一个重要的培养目标，当然，掌握少量的、必要的和浅近的语言基础知识，如发音知识、识字知识、写字知识等，也会促进语感能力的提高，但应以直接的语感训练为主。

在中学阶段，学生的抽象思维，包括形式逻辑思维和辩证逻辑思维都在迅速地发展着。在总的发展趋势上，初中阶段，学生初级的抽象思维即形式逻辑思维已经处于优势地位；到高中阶段，学生辩证逻辑思维迅速发展并基本形成。① 在初中阶段，学生常常需要对较复杂的短语和句子进行语法上的区分与辨析，这些都会为学生的形式逻辑思维发展起到积极的促进作用，而形式逻辑思维的发展又会反过来促进学生言语严密性的提高；在高中阶段，学生辩证思维的迅速发展，使他们的思想日益丰富和复杂化，在语言上常常需要运用比初中更为复杂的复句和句群来表达自己的思想。因此，在语法教学上，要进一步加强多重复句和句群的教学，加强辩证逻辑思维能力的培养，以使语法教学与学生言语能力和思维能力的发展相适应，与日益复杂的思想表达的需要相适应。需要指出的是，“语感中心论”的偏颇，即在于它漠视了语法对语感形成的作用，尤其是语法对复杂思想需借助复杂语言形式表达的指导作用。如果中学阶段不重视语法教学，学生不具备一定的语法知识，就不能

---

① 卫灿金．语文思维培育学［M］．北京：语文出版社，1994：62.

对复杂的语言进行正确的理解，也不会对复杂的思想运用复杂的语言形式去表达，这对学生未来的语言与思维的发展将是极其不利的。大量的有关本科生、研究生论文语句不通的报道，已充分地证实了这一点，对此我们必须有清醒的认识，在中学阶段必须使学生具备现在及将来所必需的语法知识的基本素养。

语言训练的新体系也应当通盘考虑、全面规划，不能忽视高等教育和学前（幼儿）教育阶段的语言教育。建议高等师范院校和教育科研部门尽快抓紧研制高等教育和学前（幼儿）教育阶段的语言教育教学目标和要求的相关国家标准，以做到高等语言教育和高中语言教育、学前儿童语言教育和小学语言教育的有效衔接。

张志公先生早在1979年《中学语文教学》杂志创刊号《向〈中学语文教学〉提点希望》一文中就指出："我看了从大学到中学、小学，直到幼儿园的语言教育。这很少的一点感性认识使我深信，从学前教育直到大学基础教育这全过程的语言教育，必须全面规划，统筹办理，'交通警察，各管一段'的办法，造成很大的重复浪费，甚至会影响到全部普通教育的进程和速度。"①

综上所述，语言训练新体系应从训练学生的言语能力、言语实践入手，把结构主义语言教育观重视语言知识和语法的传

① 张志公．向《中学语文教学》提点希望［J］．中学语文教学，1979，(1)：4.

统和解构主义语言教育观强调语感能力培养的要求结合起来，做到知识与能力、语法与语感的有机统一。此外，新体系还应考虑到基础教育阶段学生的心理和思维发展的特点，针对不同的学段有主有辅地施以语言训练，从而达到语言训练的最优化，最终推动我国语言教育的发展。

第三节　基于“语言训练新体系”下的语法教学改革路径

关于基于“语言训练新体系”下的语法教学改革路径，笔者试图从语法教材的改革、语法教学方法的改革、语文考试的改革等三个方面加以详细阐述。

一、语法教材的改革

初中阶段的语文教学仍然应该把培养语感放在第一位，但也应该适当地引入一些语法知识。初中的语法教学，可以要求学生初步掌握一些语法基础知识，理解语句在语境中的含义，培养在阅读、写作和听说中运用语法知识的能力，养成观察和分析语言的良好习惯，注意语言规范要求，培养识别语句正误的能力。高中阶段，学生语言的“原始积累”已基本完成，对“简单语言”即口语的语感已经具备，而对于“复杂语言”即书面语言，单靠语感来理解和掌握是远远不够的，因此，在语言的学习上，需要科学的指导，也就是要加入语法规则来帮助学生理解和表达。高中语法教学，应该要求在初中的基础上巩固语法基本知识，提高在阅读、写作和听说（口语交际）中运用语法知识的能力，特别是提高理解、运用虚词和长句的能力，提高变换和选择句式的能力，提高辨析语句在语境中含义的能力，提高辨别语句正误优劣的能力，在进行口头和书面交流时，自觉遵守语言规范的要求。

（一）中学语法教材编写的原则

1. 注重实践

1978 年末，制定《全日制十年制学校中学语文教学大纲》时，张志公先生提出了包括语法在内的语文知识教学的六字原则：精要、好懂、有用。今天，这六个字仍然应该是中学语法教学内容编写的总的指导思想。目前的语文教材，只在附录中介绍了一点语法知识，而且把重点放在了解语法体系和名称上，更多的是从语言现象中概括出来的结论，忽视了语法知识的运用，忽视了培养学生运用语言的能力，忽略了引导学生观察、分析语言现象的过程和方法。基于“语言训练新体系”下的新的语法教材，应该吸取以前的经验和教训，应该着眼于“过程与方法”，重在培养学生观察语言现象的习惯，“开发利用这块资源，让学生在语言实践的基础上，理性地分析、探究语言规律，再去指导自己的语文实践，这样的学习过程具有特别强的实践性”①。让学生通过自己的言语活动实践去获得分析语言现象的方法，思考和探索语言运用的规律，最终达到提高自己语言文字运用能力的目的。

2. 有实用价值

语法知识既是语文课程资源，又是语文学习和运用的实践领域，还能为语文学习服务。要让学生掌握最基本的和最实用的语法知识，通过自己的言语活动实践去获得分析语言现象的方法，思考和探索语言文字运用的规律，最终达到提高自己语言文字运用能力的目的。

3. 难易有梯度

语法内容的编排要体现由易到难、由浅入深的特点，体现初高中学生不同年龄阶段的不同的理解和接受能力。

4. 内容科学规范

语法教材上要告诉学生怎样是正确的，怎样是不正确的，什么是合乎语法的，什么是不合乎语法的，因为他们需要按汉语语法规则的运用进行模仿以及类推，所以给的语法规则和例句必须是合乎语法规范的。

5. 稳定性

作为教材的内容，必须在一定的时期内保持相对稳定，否

① 汪嘉宾．坚持“三个有利”编好语法教材［J］．中学语文教学，2002，(7)：5.

则会造成教学的混乱。

6. 便于教学

在没有语法大纲的前提下，我们不能把语法著作的内容全部、原封不动地编进教材，而是要把这些内容根据教学的需要，依据精要、好懂、有用的原则，将语法系统切分成语法项目或语法点，重新进行编排，有计划地安排到课堂中去。应允许有因教学指导思想、教学原则和教学方法的不同而产生的不同做法。语法教材要结合中学语法教学的实际，灵活的对语法体系中的内容加以选择，没有必要刻意追求语法体系的完整性。

此外，中学语法教材的编写还应注意以下几点：一是遵循学生的心理发展与认知规律。现代汉语的五级语言单位对中学生而言，难易程度与语言单位的大小不是成正比的。应该根据学生的心理发展规律和他们的接受能力，把难度较低的、学生容易接受的知识排在低年级，把难度较高的、学生不易接受的知识编在高年级，还应该从整体上考虑知识的系统性，局部则适时适度安排教学内容，这样就可以形成一个螺旋式上升的知识梯度，最终可以达到中学语法教学的目的。二是注重初高中甚至小学与初中语法教学的衔接。要解决初中语法教学任务重，高中阶段语法知识又回生与淡忘的弊端，就必须把语法知识教学放在中学的全过程，而不是只放到初中阶段。早在 1981 年，吕叔湘先生就曾经就中学语法教材的安排问题发表过一个意见，他认为系统地讲语法，可以放到高中去，那时学生年龄大一点，十六七岁，思维能力也较发达，对系统语法比较容易接受。初中讲语法，可以选择一些对提高学生阅读能力，特别是对提高写作能力有用的东西来讲，并且给以充分的练习。的确，把语法知识的教学分成初中、高中两个阶段，而将系统的知识安排在高中，其好处显而易见：对初中而言，可以缓和全部语法知识集中于初中，难教难学的矛盾，减轻师生负担，又可以突出教学的实用性，并且能够赢得时间，让学生扎实地过好文字、词汇关；从高中来看，学生不但逻辑思维能力增强了，而且由于阅读量的增加，语感也随之增强了，系统地学习语法知识的基础已经打下，学习语法就会驾轻就熟。

（二）目前主要的语法体系

1. 词类的划分

当前，在语法学界还是传统的语法体系占主导地位。传统的语法体系虽然不尽如人意，但它也在一定程度上揭示了汉语的结构规律，直到目前，它对指导人们用现代语言理论认识汉语的内部规律，还在发挥着一定的积极作用。各种具体语言的语法既有共同之处，又有这样或那样的差别。汉语和印欧语都存在着词的类别问题和语句构造问题。但是，汉语在词类问题上，实词和虚词相比，虚词占有非常重要的地位；在语句构造问题上，短语和句子的构造规则是基本一致的，因此，中国古代的汉语语法研究是以虚词和句读为重点的。汉语的词类问题一直被认为是个老大难的问题。从 1953 年开始汉语语法学界就针对词类问题展开了热烈的讨论。经过这次讨论，绝大多数人甚至在四十年代主张按意义划分词类的人都有了一个共识，那就是汉语实词可以分类，分类的标准是词的语法特点，至于什么是语法特点，意见就不一致了。20 世纪 60 年代到 80 年代初这一时期里在词类问题上没有展开过集中的讨论，但正是在这一时期内形成了比较一致的意见，并且在相当长的时间内成为一种主流派的观点。20 世纪 80 年代以来在词类问题上的主流派观点是：词类是词的语法分类，区分词类的标准是词的语法功能。当然，也有学者依然主张用意义标准来划分词类，也有学者认为汉语的实词的确很难分类，在语法组合能力和组合状况上，没有严格的界限。吕叔湘 1979 年出版的《汉语语法分析问题》是一部继往开来的重要语法著作，吕老认为“汉语没有严格意义的形态变化，就不能不主要依靠句法功能”①。朱德熙主张区分汉语的词类“不能依据形态，只能根据词的语法功能。一个词的语法功能指的是这个词在句法结构里所能占据的语法位置”②。吕叔湘、朱德熙的意见为大多数人所接受，成为 20 世纪 80 年代以来的主流派观点。划分词类的标准问题可以说是基本上解决了，至于分多少类，给个什么名称，这些都不是原则问题。

2. 教学语法要简单明了

语法学家研究语言中实际存在的语法，目的是了解其中的规律，以便更好地为教学语言和语法规范锦上添花。对当今的中学语文教学而言，选择一套简单实用的语法体系是当务之急。

---

① 吕叔湘．语法分析问题［M］．北京：商务印书馆，1979：107.

② 朱德熙．语法讲义［C］．北京：商务印书馆，2006：25.

教学语法不同于语法研究，但又离不开理论语法研究的成果。它必须尽量吸收理论语法的研究成果，但同时应该具有实用性。在教学语法中，词类划分的标准除主要采用句法功能外，还把词的意义和词的形态标志和形态变化作为词类划分的辅助标准，正如吕叔湘所说："在语法分析上，意义不能作为主要的依据，更不能作为唯一的依据，但是不失为重要的参考项。"① 只要划分词类的标准问题解决了，分多少类，是什么名称完全可以根据具体的语法体系的需要上下浮动，没有绝对正确和绝对错误的区别，只是不同的研究角度罢了。对中学生而言，越是简单明了越好。

（三）语法教学的内容及安排

1. 教学重点

汉语和印欧语都存在着词的类别问题和语句构造问题。印欧语系里的实词（主要是名词、动词、形容词和副词）由于有形态变化，因而在语法中占有非常重要的地位；在语句构造问题上，短语和句子的构造规则是不一致的，因而，印欧语的语法研究是以实词的形态变化和主谓二分的句子构造为重点的，这也是英语语法教学的重点。但是，汉语在词类问题上，实词和虚词相比，虚词占有非常重要的地位。中国古代的汉语语法研究是以虚词和句读为重点的。《马氏文通》第一次建立了汉语的词类性。将汉语的词分为九类，归虚、实两部分，名字、动

① 吕叔湘，朱德熙．语法修辞讲话［M］．沈阳：辽宁教育出版社，2005：78.

字、静字（也当于形容词）、状字（相当于副词）、代字 5 类实字和介字、连字、叹字、助字 4 类虚字，并且建立了汉语的句子成分系统，分起词（主语）、语词（谓语）、止词（宾语）等 7 类。《马氏文通》还建立了我国第一个句子系统，提出了“句”、“读（主谓短语）”、“顿（非主谓短语）”的概念；在语句构造问题上，短语和句子的构造规则是基本一致的。所以，中学生汉语语法教学的重点也就应该是明确各种词类的划分和使用方法、短语和句子的构造规律，具体包括词类的划分、句子成分的分析、单复句的分析三大块内容。

2. 内容安排

中学生学语法应该是一个由浅入深、循序渐进的过程。具体初中阶段要掌握：词类的划分及运用、短语的分类、句子成分的划分、单句的辨析、病句的修改、标点符号的用法、复句辨析、关联词语的运用，复杂单句的分析、多重复句的分析、文言文词类活用和特殊句式、修改病句、变换句式等可以安排在高中阶段进行。语法教材的编写应立足于语法知识是语文课程资源的认识，培养学生利用这个资源为语文学习服务，而不必刻意追求语法知识的系统性和完整性。笔者的教学构想具体安排如下：

初一年级：

（1）词：词的分类①实词：名词、动词、形容词、数词、量词、代词。②虚词：副词、介词、连词、助词、叹词、拟声词

（2）积累和选用词语（一）

（3）短语：短语的结构分类：并列短语、偏正短语、动宾

短语、主谓短语、补充短语（五种最常见的类型）

初二年级：

（1）单句：①单句的分类，按结构分，可分为主谓句和非主谓句；按句子的用途和语气分可分为陈述句、疑问句、祈使句、感叹句。②句子成分和结构分析。③变换句式

（2）理解词句在语境中的语义

（3）修改语病和锤炼词句（一）

初三年级：

（1）复句：①复句的构成。②复句的主要类型：并列复句、递进复句、选择复句、转折复句、因果复句、假设复句、条件复句。③常用的关联词语

（2）分析二重复句

（3）掌握词句的表达效果

（4）修改语病和锤炼词句（一）

高一年级：

（1）语素

（2）词（词的构成）：并列式、偏正式、动宾式、补充式、主谓式、附加式、重叠式

（3）积累词语和选用词语（二）

（4）短语：①短语的结构分类的特殊类型：连动短语、兼语短语、复指短语、的字短语等。②短语的功能分类：名词短语、动词短语、形容词短语

（5）修改语病和锤炼词句（三）

高二年级：

（1）单句：分析复杂单句

（2）分析多重复句（三重及以上的复句）

（3）分析句群

（4）理解词句在语境中的显性语义和隐含语义

高三年级：修改语病和锤炼词句（四）

3. 阅读、语法齐头并进

语法教材的编写应立足于语法知识是语文课程资源的认识，培养学生利用这个资源为语文学习服务，而不必刻意追求知识的系统性和完整性。过去将语法内容放在附录中的做法是不可取的。应该将语法内容按照由浅入深的顺序，适当穿插在阅读教学内容中间，这样就可以改变过去教师和学生对语法内容集体忽视的局面。初中是汉语语法教学的关键期，所以这个阶段一定要抓好。要让语法教学和阅读教学齐头并进，比如在每两个阅读教学单元之后插入一个语法专题学习，并且其中语法分析的材料，就可以来自前面两个阅读教学单元的文章中的词和句。这样，既有利于加深学生对课文的理解，又因为语法材料来源于课文，容易激发学生兴趣，从而有利于学生对语法知识的掌握，进而达到让语法教学和阅读教学互相补充、互相促进、共同提高的效果。还可以印发补充材料（如有必要，可编入校本课程），并精选习题，每 2—3 周开 1—2 节汉语语法课，教学进度可根据学生实际灵活掌握，语文教师应加强指导，并建立科学有效的效果反馈和评估机制，通过扎扎实实、实实在在的工作，为高中语文学习打下坚实的基础。总之，一切以提高中学生语言文字运用能力、提高学生语文水平为目标和准绳。让每一个中学生都能真正掌握和熟练运用我们的母语，这是中学语文教学义不容辞的责任。

二、语法教学方法的改革

吕叔湘先生曾说，“汉语课里语法教学成绩不太好，很可能主要原因不在教材，而在教法，那么应当怎么教呢？应当把语法教活”，“要让学生看到的不是或者不仅仅是标志室里的动物标本，而是动物园里的飞禽走兽，看它们怎样在那里活动”①。叶圣陶提出语法教学“要从实际的听、说、阅读之中多多提出实例，让学生自己去发现种种的法则”②，还强调养成剖析句子的习惯。张志公认为语法教学一定要多练，“语言是工具，人要掌握语言这个工具同掌握其他工具一样，得练”③。“语文教学必须教学生切切实实地在训练中学会操纵和使用语文工具，也就是着眼于掌握字、词句和篇章的运用能力，不容许离开这种训练去空讲大道理”④。另外要“比”，就是多比较。用比较法

---

① 吕叔湘．怎样跟中学生讲语法［J］．中学语文教学，1981，（7）．

② 叶圣陶．叶圣陶语文教育论集［M］．北京：人民教育出版社，1994.

③ 张志公．说工具［A］．张志公文集（3）语文教学论集［M］．广州：广东教育出版社，1991：54.

④ 张志公．说工具［A］．张志公文集（3）语文教学论集［M］．广州：广东教育出版社，1991：54.

可以帮助学生了解得更准确些，更深入些。三是“点”。在关键地方，点拨一下，提醒一下，让学生“领悟”，这是一种很高的教学艺术。仔细分析后不难发现，三老都强调要把语法教活，重点是训练和运用。因此，必须改革教学方法，才能提高学生学习语法的兴趣和效率，具体可以从以下几个方面进行：

（一）科学利用语法教材

教材编得再好，也难免存在一些不足。如，教材内容的滞后性，教材编排的定型化，课程资源的有限性。教师进行语法教学，要做到“用教材教”，而不是“教教材”。教师不必迷信教材，可以对教材进行一些合理的巧妙的处理，在原有基础上对语法知识去粗取精，让语法知识由繁变简、由难变易、由死变活，使学习在一个新的层面上提高。语法教学不必强调面面俱到，而是要“有的放矢”，将教材中相对重要的或学生需要学习的内容筛选出来，而忽略那些旁枝末节的或是学生不一定那么需要的内容，并将筛选出来的基本概念和基本原理按照一定的规则、顺序组织起来，成为简明的结构，便于学生接受和记忆，讲解时要尽量使用简单易懂的语言，并增加真实、形象的范例，找出语法教学中的“通项公式”，使教有所依，学有其恃，达到精要、实效、简便、好懂，有用、有趣的效果。语法教学还要建立除教科书本身外的学习材料的“资源库”。生活中蕴藏着巨大的甚至可以说是无穷无尽的教育资源，注意考虑生活中哪些经验可作为本次教学的铺垫，让学生从事哪些实践活动可以强化对这些知识的掌握，使课程资源变“窄”为“宽”、变“死”为“活”。一旦将生活中的教育资源与书本知识融会贯通，学生就有可能会感受到书本知识学习的意义与作用，就有可能深深意识到自己学习的责任与价值，就有可能增强自己学习的兴趣和动机，学习就不再是以前那种枯燥无味必须完成的义务，而是一种乐在其中的学习活动。

（二）将语法教学与阅读教学紧密结合

课文是语文教材的重要内容，其中的作品大都是名家名作，无论是古代的还是现代的，都应该是成功运用语言的典范。语法教学应该紧扣语文教材，在进行现代文阅读教学时，可以针对其中一些结构复杂、学生难以理解的长句适时进行语法分析，这样既帮助学生理解了文意，又进行了语法知识的教学，还能让学生意识到学习语法对提高阅读理解能力的重要性，从而提高学习语法的热情，可谓是一石三鸟。

文言文教学中，词类活用、文言特殊句式一直是中学生学习的重点也是难点。“不学语法知识，不懂词类，不知词和句的构成形式，文言文的学习变成了照着注释死记硬背的苦差事，提高语文能力，提升语文素养成了无源之水，无本之木”①。在文言文阅读教学中，要充分利用文言材料进行现代汉语语法知识的复习巩固。例如“左右欲刃相如”（《廉颇蔺相如列传》）中的“刃”是名词作动语的活用，意思是“（用刀）杀”。讲解

① 刘淑媛．语法知识是语文教学的有力抓手［J］．中国民族教育，2008（1）：32.

这个知识点的时候，就可以联系到在现代汉语中，谓语一般是由叙述主语动作、行为或变化的动词和描写主语的性质和状态的形容词来承当，或由“是、象”等表示判断的非动作性动词承当，而名词是不能直接充当动作谓语的，所以这里只能活用做动词，才能作谓语。又比如在讲状语后置这种句式时，可以用《醉翁亭记》中“负者歌于途，行者休于树”作为材料来分析，又如“求人可使报秦者”（《廉颇蔺相如列传》），是一个典型的定语后置的句子，分析翻译这些句子时，就可以顺便复习一下现代汉语中定语、状语的有关知识“体词性中心语的前面的修饰语是定语，谓词性中心语前面的修饰语是状语”①。并且又可以学习古文翻译的方法之一“调”，即翻译文言文的特殊句式要调整成现代汉语的顺序。

这种将语法教学与阅读教学联系起来的方法也就是所谓的“随文点拨”的教法。这种教法可以弥补单独讲授汉语知识枯燥乏味、耗时长的不足，在阅读教学中讲授语法，既有利于学生理解文意，又让学生轻松地学习了语法，而且节约了教学时间。当然要做好这项工作对教师也有较高的要求。教师必须具有良好的专业素质，要建立起一张汉语知识的网络结构图，形成一个语法常识的完整系列，这样在教学中才能做到有条不紊、运用自如。如果在教学时没有全局观念、总体把握，势必会产生许多随意的做法，造成语法知识讲授比较零碎，不够全面和系统，难度把握也不是很一致，不利于学

---

① 朱德熙．语法讲义［M］．北京：商务印书馆，2006：40.

生掌握比较基本的、系统的语法知识。

（三）让作文教学和语法教学相得益彰

1. 作文教学的现状

作文教学是中学语文教学的重要组成部分，一个学生作文水平的高低，在一定程度上就反映了他语文水平的高低，因此，教师普遍对作文教学比较重视。然而，教师关注更多的是学生的作文中心是否明确、结构是否完整、材料是否充实典型、语言是否流畅自然，当然如果有些学生的作文中错别字太多，也会将其指出，以引起重视，然而在整个作文教学环节中，有一个问题却没有得到普遍的重视，那就是语法。教师在批改作文时要么是对学生作文中的语病熟视无睹，要么就是仅仅画条线，旁边写上“语句不通”或“搭配不当”之类的评语了事，但是在讲评作文时，对这些问题则基本忽略，因为不少教师认为，在作文评分细则中没有明确病句的扣分要求，只有一个“语句通畅”的笼统的要求，所以出现一些语法上的错误也不会对作文分数有多大影响。教师的疏忽导致学生对自己文章中的病句错在哪里、该怎么改，根本不清楚，也就难免以后再犯同样的错误。其实，语法作为语言的基本规律和法则，只有与具体的言语活动结合起来，才能显示其价值。有了一定的语法规范，按照一定的语言规律写作，写出来的东西才能文通句顺，明白晓畅。很多写出传世佳作的作家们，个个是语言高手，虽然他们没有专门学过语法，但无一例外是有相当丰富的阅读积累的，在长期的、大量的阅读中，他们形成了敏锐的语感，掌握了语言运用的规律与法则，写作时，他们正是将自己潜移默化中掌握的语法规范与自己的创作有机地结合起来，才写出了那些脍炙人口的名篇佳作。而现在的中学生在有限的学习时间里，要学习种类繁多的课程，要应付一场又一场的考试，他们不可能像过去的读书人一样，皓首穷经培养语感，如果没有掌握一定的语法知识，或者是虽然了解了一些名词术语，但缺乏实际的运用训练，写出来的文章自然语病不断：就单个句子看，成分残缺、成分赘余、搭配不当、不合逻辑、结构混乱等语病比比皆是；就句群看，话题不统一、表达不连贯、陈述对象不一致、主动与被动杂糅等问题随处可见，这些情况都使文章的质量大打折扣。

2. 作文教学中的语法教学

无论是写之前的指导还是写之后的批改、讲评，都花费了很多心思，但重点都在审题立意、谋篇布局，而对语法不以为意。有人认为，汉语是我们的母语，我们能自然掌握其使用规则，无须学习语法，其实不然。生活中我们发现人们的口语交际中常常会有语病出现，文化层次越低，这种情况越明显，没有语法基础的人，书面表达的能力会更低。因为“自然状态下的口语是粗糙的，人们在日常交际中对其规则的习得与掌握实在有限，这就是学生作文语病较多的原因所在”①。所以，要提

① 邓木辉．语法教学与阅读写作及相关问题［J］．中学语文教学，2002，(7)：3.

高作文质量，就必须让学生掌握基本的语法规则、语言规范，从而消灭或减少作文中的语法错误，而结合语法开展作文教学，则可以使学生以最经济的方法，达到作文的较高境界。可以说这是一种互利双赢的做法。正像浙江师范大学人文学院的蔡伟所说的“作文教学和语法教学可以通过协同产生一种共振效应，从而获得较高效价”①。

（1）审题指导

语法对作文教学的帮助主要体现在写作前的审题指导和写作后的讲评。先说审题指导。近几年的高考作文中，命题作文重又得到青睐。我们都知道，一篇命题作文的成败与审题准确与否有很大的关系。命题作文从题目的性质来看，可以分成观点式命题和问题式命题。观点式命题即题目就是文章的论点或中心，这类作文只要抓住这个题目，围绕这一预设的中心，联系实际写作就可以了。但问题式命题作文的审题难度就大得多了，尤其是短语性质的题目，就要运用语法知识找准题目中的关键词，即“题眼”，再探明词语间的内在联系，才能明确立意的重点。一般来说，动宾短语的“题眼”在动词上，例如“学会接受”这个题目，重点就应扣住“学会”来写，阐述为什么要“学会”，怎样“学会”，或叙述“学会”的过程、经历等。有些学生抓不住重点，一味谈“接受”，就是偏离了文章的中

① 蔡伟．作文教学与语法教学协同效应研究［J］．课程·教材·教法，2004，（12）：45.

心。再比如“面对苦难和不幸”这个题目，若只谈“苦难和不幸”就是没有准确理解命题的意图。这篇文章应围绕“面对”进行分析和思考，重点论述或叙述个人面对苦难和不幸时的主观认识或行为。而如果作文题目是偏正式短语，“题眼”往往是定语或状语。以 2002 年江苏的高考作文题“心灵的选择”为例，定语“心灵的”应该是审题的重点，它限定了这种“选择”必须是触及灵魂、掀起内心波澜、有着复杂思想活动的行为，不论是曾经选择、正在选择还是将要选择的，都必须在精神层面展开。而不少学生由于不会分析短语，没有把握重点，只在“选择”上做文章，结果写出来的文章往往显得幼稚、肤浅，以至于像中饭吃肯德基还是大娘水饺之类的选择也可以入文，真是让人啼笑皆非。又比如并列短语式的命题，就要会分析并列短语之间的关系，是并列、因果、从属还是选择；等等，然后再生发联想，展开议论或叙述。总之，正确审题是写好作文的第一步，通过语法分析帮助学生抓住写作重点，避免偏题、离题是正确审题的重要方法之一。

（2）作文讲评和修改

“语法知识能够提高学生修改作文的能力”①。在讲评作文时，可以将语法知识巧妙地贯穿其中，最有效的做法是将学生作文中的病句拿来，作为语法教学的材料。要学好语法绝不是

① 叶敬国．语文教学不可忽视的三项内容［J］．现代语文，2008，（10）：103.

靠熟记一些有关语法的名词术语，而是要靠大量的语言运用的训练。但学生往往不喜欢这种训练甚至有抵触情绪，究其原因，很大程度上是因为教师挑选的语言材料都是教材上的，编造的痕迹太重，离学生的写作实践和生活实践都太远，自然引不起学生的兴趣。教师应该设法从学生自己的作文中选择典型的、有代表性的病句作为语法分析的材料，引导学生借助语法知识，查找作文中字词句的毛病，这样，学生由于有在写作中的切身体验，或者因这些病句来自周围同学的作文中，就会对这些语言材料有明显的亲切感，而且还会有一种按捺不住的兴奋：既希望自己的文章被作为正面例子选中，又害怕被作为反面例子展示。这种兴奋很容易让学生进入学习的亢奋状态，学习效果会显著增强。

总之，作文教学和语法教学应该是一个有机的整体，通过语法提高作文水平，通过作文掌握语法知识，让二者相辅相成、互相促进、互利双赢，应该是中学语文教师的明智之举。

（四）通过汉英语法比较学习汉语语法

当前中学阶段各学科知识的互相渗透日益加强，语文教材中科技知识不断增加，传统语文教学单一、封闭性等弊端，已经严重影响了学生各种能力的培养，不能适应时代的要求。中学生进了中学就面临汉英两门语言的学习，其语法有许多相同之处，也存在差异，学生经常混淆。英语里词类和句法成分基本上是一对一的对应关系，而汉语由于缺乏形态标志和形态变化，词类和句法成分是一对多的对应关系，这就造成了汉语名词、动词、形容词的多能现象，以及各种形式的词类活用，这种情况无论是现代汉语还是古代汉语里都有。所以从这个角度上讲，汉语比英语里的语言结构规律更加灵活，学起来也更加困难，学习汉语语法应该比学习英语语法更加需要时间和方法技巧。现在中学生对英语语法的掌握情况普遍比对汉语语法掌握得好。教师在汉语的语法教学中适当进行两种语言语法比较，让学生从教师的分析中得到启示，远比孤立的、纯理论的阐释要透彻得多。

“我们学习古汉语语法，往往比对于现代汉语语法，从中找出的不同点就是古汉语的语法特征。同样，通过英语语法与现代汉语语法的相互参照对比，我们知道了英语的词法规则和语序句法特征，这是教学语法常用的求异性比析”①。换一个视角，我们同样可以通过汉英两种语法的比较，更透彻地掌握汉语的语法规则。运用汉英比较法，不仅能促进英汉两门语言学科的教学，而且能发展学生同中求异、异中求同和类比推理的思维，促进学习。恩格斯曾经指出：“你只有将本族语同其他语言进行比较，你才能真正懂得自己的语言。”我国语言学家吕叔湘也说过，“要认识汉语特点，就要跟非外语比较”②，可见，这是正确理解和使用祖国的语言文字的最好的途径之一。

中学语文教学运用“比较法”，不仅需要，也具有可能性。

---

① 许继康．教学语法应用的一个新视点［J］．现代语文，2005，(3)：7.
② 吕叔湘．语法研究入门［M］．北京：商务印书馆，2003 ：97.

中国近代语法多是模仿西方语法（尤其是英语）的，目前推行新语法系统更接近英语语法，这就为我们运用“比较法”奠定了基础。现在的中青年语文教师，大多都学过英语，这为运用汉英比较法创造了条件。中学初中阶段是汉英两种语言语法的起点，从某种意义上说，英语课实际就是语法课。学生在初学英语时，都在自觉和不自觉对汉英的语法现象进行联想和对比。他们在自由联想容易产生记忆的前摄或倒摄抑制，形成知识负迁移，只要我们了解汉英语法安排程序，从整体上粗略掌握两种语言异同点，运用比较法能将学生盲目比较化为有目的、有系统地比较、归纳、总结、存档，会让学生减少记忆的知识量，使头脑中旧知识因增多提取机会而更加巩固。学生经过多次比较、归纳，能发展思维，提高对汉英的语法现象的识别能力，对语法知识的掌握就会更加牢固。

（五）变静态的知识传授为动态的训练、运用

过去的语法教学之所以受到批判，主要就在于没有联系学生运用语言的实际，不和读写教学相结合，只在名词术语上兜圈子，这种静态的知识传授不能让学生学以致用，所以学生不愿学，教师不愿教。对语法知识的真正掌握，是指能够准确熟练地运用合乎现代汉语语法规则和运用规律的汉语，进行口头或书面的交流，所以内容设置，教学活动安排，教学形式的选择，都要从“应用”出发，又通过一定过程落实在“应用”上。学习语法的目的就是提高语言运用的能力，而这种能力只有通过反复的练习才能得到巩固和强化。生活中处处有语文，

也处处有语法。充分利用生活中的语法材料，借助灵活多样的教学形式，将会产生意想不到的教学效果。“疯狂英语”的李阳曾经说过“脱离实际，孤立地学习和记忆语法规则，条条框框一大堆，忽略实际应用和操练，毫无感情基础，最终肯定是要忘记的，或是糊里糊涂，等于白学”①，学英语语法如此，学汉语语法也是如此。动态的语法教学要把传授知识和提高能力结合起来，重点落在能力的提高上，培养学生观察和分析语言现象的习惯，提高分析和掌握语言内部结构的能力，并主动用来指导自己的语言实践。“人类把自己思维的许多成果都总结在语言当中，所以进行语言的教学，尤其是进行语法知识的教学，正是培养学生思维能力的绝好机会”②。过去的语文课程、教材内容及教学活动很少给学生提供语文实践的机会，现在我们必须引导学生在实践中“学语文，用语文”，在“自主、合作、探究”的学习过程中增长才干。

1. 从生活中选取语法教学的材料

语法本身是从大量的语言实践中提取、抽象出来的，“现实生活是语法教学的源泉和根基”③，所以，尽管语法是以各种规则的形式呈现在教材中，但是教师在进行语法教学时，还是应该将语法回归到现实生活中去，让语法“活”起来。所以，除

① 周莹．著名英语教学方法介绍［J］．中学语文教学，2002，(2)：16．
② 李裕德．语法教学和思维能力的培养［J］．中学语文教学，2002，(7)：5.
③ 秦国芹．如何使语法教学走出平淡［J］．语文教学研究，2005，(9)：64.

了书本上提供的语言材料，教师还可以用一些日常生活中为学生所熟悉的语句作为语法教学的材料。例如，在讲病句修改时，可以先不谈所谓的“搭配不当”“成分残缺”“语序不当”等枯燥乏味的语法概念和理论知识，而是从报纸上、广告中、歌词里、电视里或者是人们日常生活中，选取一些典型的，含有语法错误或不符合语法规范的句子，作为语言分析的材料，和学生一起分析其中的语法错误并进行修改，然后再进行语法知识的小结。

以某个保健品的广告词“今年过节不收礼，收礼只收……”为例，这就是一个明显的自相矛盾的病句，再比如电视上频频听到一些艺人说自己做过某件事时这样说“我有听到……”“我有看过……”“我有说……”，许多年轻人也觉得很时髦，纷纷效仿，殊不知这是一个典型的语法错误：“准谓宾动词能带名词宾语，也能带动词宾语，可是能带的动词宾语是有限制的。以准谓宾动词‘有’为例，不能说‘有看’、‘有写’、‘有去’……”①。又比如一首流行歌曲中有这样的歌词“我摘下一片叶子/让它代替我/观察离开后的变化/曾经狂奔舞蹈贪婪的说话/随着冷的湿的心腐化/带不走的丢不掉的/让大雨侵蚀吧/让他推想我在辩解奋不顾身挣扎/如果有一个怀抱勇敢不计代价/别让我飞/将我温柔环绕 ”，这段歌词反映了时下流行歌曲的一些共同特点：注重押韵，但语言艰涩，完全不考虑语法规则，语意令人费解。

---

① 朱德熙．语法讲义［C］．北京：商务印书馆，2006 ：60.

如果我们将这些最贴近生活、最鲜活有趣的语言材料作为例子，引进课堂，和学生一起分析，就让语法和学生的现实生活、真实体验融合起来，让学生看到了语法与自身语言运用的密切关系，就会觉得语法不再那么枯燥、遥远，学习的兴趣自然就浓厚了，他们就会主动参与到学习活动中来，学习效果也就好了。

2. 开展灵活多样的语法教学活动

比如“对对联”。对联是中国特有的语言文学艺术形式，能反映出一个人对语言规律与法则掌握的程度。对联与其他文学形式最大的不同就是讲究“对仗”。“对仗”是非常有讲究的，不仅要求字数相同，更要句式相同、词性相对，同时还要注意平仄，所以，要写出一副好的对联不仅要有较高的思想境界，更要有深厚的语法功底。张志公先生说过“属对是一种实际的语音、词汇、语法训练，同时也包含着修辞和逻辑训练的因素。可以说是一种综合的语文基础训练”①，“对对子教学的本质是言语实践”，它“走的是知识的运用和言语实践这条路”。所以，在语文实践活动课上，进行对对联的比赛是一种不错的语法教学的形式。教师可以给出几个上联，把学生分成几组，以组为单位进行比赛，然后师生一起对学生给出的不同对句进行分析评价，也可以让学生搜集一些对联，拿到课堂上进行分析，体会经典对联的高明之处。例如“知识海洋勤是岸，科技高峰志为梯”；“室

---

① 张志公．传统语文教育初探［M］．上海：上海教育出版社，1969 ：79.

雅何须大，花香不在多”；“山清水秀风光好，人寿年丰喜事多”，这些对联都是学生非常熟悉的，而且都是非常严密的工对，词性相当、结构相称、平仄相谐，通过分析和学习，让学生在轻松有趣的学习活动中，掌握了汉语的词性、结构、平仄、搭配等语法常识，逐渐摸索出语言运用的基本规律与法则。

又比如“限时限词说话”。在语文高考的语言运用这一大题中，有时也会有扩展语段的题型，所以在复习过程中，必然会做不少这类练习，但由于学生做题目、教学讲题目的这种形式单一老套，学习效果并不理想。其实完全可以采取电视上选拔主持人节目中的一个环节，即给几个词语，让选手在规定时间里，用这几个词语组织一段话。语文课堂上也可以用这种形式激发学生兴趣，提高教学效率。先用抽签的方式确定参加的学生名单，然后给每个学生三到五个词语，要求经过三分钟的思考后说一段 100 字左右的话。其他学生作评委，给他们打分。这种教学活动，形式新颖、目标明确，学生参与度高，但对学生的要求也很高。它要求学生不仅有丰富的想象力，而且要有扎实的语言功底，掌握必要的语法知识，有较强的语言表达能力，同时，它也是对学生的心理素质和临场发挥能力的一种考验。这种教学活动体现了新课标以学生为主体的指导思想，而且真正是让学生在玩中学、乐中学，在让学生掌握语法知识的同时，也提高了他们的语言表达能力。

3. 在口语交际中讲解语法

（1）新课标的要求

2011年的《义务教育语文课程标准（2011年版）》明确提出了口语交际的任务和要求。要求初中生能“自信、负责地表达自己的观点，做到清楚、连贯、不偏离话题”，“注意表情和语气，根据需要调整自己的表达内容和方式，不断提高应对能力，增强感染力和说服力”，“讲述见闻，内容具体，语言生动”。① 口语交际能力的确是现代公民的必备能力，随着改革开放的深化和经济增长方式的转变，人与人的社会交际变得越来越频繁，越来越具体化，而口语交流作为社会交际的最基本、最便捷的工具日益受到人们的重视，成为现代社会公民必须具备的能力，从某种程度上说，它比写更重要、更实际、更为人们所迫切需要。

（2）口语交际教学的现状

新课标要求培养学生倾听、表达和应对的能力，使学生具有文明和谐地进行人际交流的素养，并且把“口语交际”作为语文课程内容之一，这充分体现了新课程改革着眼于学生的明天，为学生将来的发展着想的指导思想。然而，口语交际教学的实施和落实，并非像人们想象的那么简单。很多学校把它当作教学的附庸、课堂的点缀，它成了语文教学中可有可无的一项内容。走进课堂，依然只有基础知识教学、阅读教学、作文教学，唯独没有口语交际教学的一方天地，因为很多教师认为

① 中华人民共和国教育部制定．义务教育语文课程标准（2011年版）[M]．北京：北京师范大学出版社，2011：17.

口语交际能力在考试中是体现不出来的，而且在教学任务繁重的情况下，也不愿浪费时间去搞这种吃力不讨好的工作。

（3）口语交际中的语法教学

口语交际能力的提高，离不开对语法知识和语言规律的掌握。口语交际教学中不能忽视语法。然而，关于进行口语交际教学，人们更多关注的是让学生说什么，和怎么让学生说起来，而忽视了教师教什么这个环节，似乎只要有一个话题，有一种活动形式，让学生自由去“说”就行了。其实，这种没有理论指导的“说话”和平时的“闲聊”差别并不大，表面上热闹非常，气氛很好，但并不能在让学生掌握语言规则和规范运用语言方面起到很大的作用，因为学生并不知道自己在说话中犯了哪些语法错误，所以这种活动对提高学生口头语言表达的能力并没有多大的意义，只是培养了学生活泼、开朗、大方的性格。

我们知道，语言表达的准确、流畅、生动，离不开思维的活跃，也离不开语法知识的辅助，没有一定的语法基础，是难以说出逻辑严密、结构合理、用词得当的句子的。所以在进行口语交际训练的时候，教师不仅仅是给学生创造“说”的机会，也不仅仅是注意说了什么，还要关注说得准确不准确，因此，在学生进行口语交际练习时，教师针对学生说话中暴露出来的问题，适当穿插语法知识的讲授，会让学生留下更直接、更深刻的印象，并能注意在自己的口语交际中，自觉地遵守语法规则。进行口语交际教学可以采取多种形式。“说新闻”“模拟法庭”“演讲比赛”“辩论赛”“记者访谈”等丰富多彩的形式。

既让学生留心观察生活，深入思考，用心体悟，又容易激发学生兴趣，尤其是通过大量的语言运用的实践，训练学生出口成章的能力，让他们明白词语是经过怎样的搭配组合成为句子，句子又是如何衔接连贯成为句群，并且表达一个中心意思的，这样就将抽象的语法知识化为实际的语言运用的能力，大大提高了学生的语文能力，丰富了学生的语文素养。

三、语文考试的改革

（一）课程标准应为语法教学指明方向

在目前中国的教育体制中，考试始终是教学的指挥棒，这是毋庸讳言的事实。因为在考纲中没有明确对语法知识的考查要求，所以初中教师不愿教，高中教师不知道教什么，怎么教，这就导致了语法教学在中学的混乱情况。所以，要想教师在教学内容和教学方法上有大的改革，必须从根本上对考试进行改革，要在考纲中明确规定语法知识的考查内容及难度，让语法试题指向更加明确。

（二）具体措施

1. 联系学生实际，降低难度

近几年的中考试卷上有了“积累与运用”一大题，就是对学生语言运用能力的考查，但是笔者认为有些题目对初中生而言，难度似乎大了点，也不利于将教师和学生的目光引导到语法这个知识点上。例如，有一份七年级的考卷上就有这么一道对对联的题目，上联是“梁山好汉，杀富济贫，梁山结义”，要求学生用《西游记》的内容拟出下联。其实初中生在做这道题时，大多是根据自己了解的《西游记》的内容瞎蒙，或者说跟着感觉走，只能读读句子顺不顺，因为他们根本不会从词性、短语结构、平仄这些角度考虑问题。另外，修改病句题、仿句题也经常出现在初中语文试卷上，而且难度也不见得比高中试卷上的低。初中生做这类题目，也大多是凭感觉，因为他们没有语法理论的指导。笔者认为，出这种题目的出发点是好的，但有点操之过急，是拔苗助长的做法。考查初中生的语法知识掌握情况，要充分利用阅读单元的文本内容，或者是从生活中选择语言材料，要有语境。“以往的语文考试，尤其是知识性考试往往脱离语境考孤立的知识，所以容易产生偏题、怪题的倾向”①，“结合语境考语文知识，学生获得的知识才是鲜活的”②，而且难度要降低，要有针对性和序列性（针对每册教材中的语法知识点）。例如七年级的教材中涉及了实词和虚词，就可以专门出题考查学生对这些知识点的掌握情况（当然不能用默写概念这种相对低级的形式）。如果学习了复句及关联词语，就可以给出几个单句，让学生用合适的关联词语将这几个句子连接起来，表达某种特定的关系，这种题目切合学生的实际学习情况，让学生真正将语法知识学以致用，虽然难度降低了，但会帮助

① 倪文锦．语文考试改革之我见［J］．语文教学通讯，2004，（2）．
② 倪文锦．语文考试改革之我见［J］．语文教学通讯，2004，（2）．

学生打下扎实的语法基础，三年下来，学生会对整个初中阶段的语法知识有比较清楚和系统的了解，从而为高中的语文学习做好充分的准备。

2. 明确考点，注重语言运用

考试改革是一个漫长而复杂的过程，但就目前而言，对考试内容做些变革还是切实可行的。现在语文高考试卷中对语法知识的考查，相对来说还是比较科学的，它不是考查对名词术语的记忆，而是通过语言运用题、病句辨析题、文言文阅读题、现代文阅读题等灵活多样的形式，考查学生对语法知识的掌握和运用情况，难度适中，赋分比例得当，与高中生的知识储备、能力水平比较吻合。然而，也正由于在这些题目中对语法知识的考查比较灵活（都属于语法知识的运用），题型多样，涉及面又广（分散在各种题目中），所以部分教师和学生对语法还没有一个正确的认识，教师怕烦不愿教，学生怕难不愿学，导致语法知识在平时的语文教学中没有得到很好的落实。笔者认为，为了引起师生的足够重视，语法知识的考查内容及难度等级，要在考试大纲中明确体现出来，让广大师生不仅认识到语法教学的重要性，更对语法知识的考查内容有清楚的了解，从而让语法知识在平时的语文学习中得到更加有效的落实。

第四节　未来语言教育最终取决于语文教师的专业发展

语文教师是语文课程创造性的实践者和生成者，学校未来语言教育的希望最终取决于语文教师的专业发展。

一、语文教师应具备科学的语言教育观

科学的语言教育观是指导教师进行语言教育的总的教育信念。一个语文教师的教育行为总是受其教育观的制约的。有什么样的语言教育观就会有什么样的语言教育。尤其在目前结构主义语言教育观和解构主义语言教育观正处于从相互对立走向相互统一的转型期，每一个语文教师都应该从纷繁芜杂的论争中对语言教育的未来走向有一个自觉的认识和基本的把握。语文教师要具备科学的语言教育观，一是应该对中西方语言学的发展史和我国语言教育发展史有一个宏观的了解，能够从语言哲学的高度分析语言教育的史实，总结语言教育的经验和教训。二是应该运用辩证唯物主义的观点，对结构主义和解构主义的

矛盾对立性，各自的合理性和与片面性，彼此的关联性与统一性，能够做出辩证的分析。由此而确立“结构—解构”的语言观和语言教育观，并能以此去分析、处理当前语言教育中的各种问题，自觉顺应和推进语言教育的历史演进。

二、语文教师应成为语言教育创造性的实践者

教师的创造性是教师在日常教育教学活动中，不断超越自我，逐步形成对教育的科学理解，在此基础上高效地促进学生的学习和发展。语文教师在语言教育的过程中也需要最大限度地发挥自身的创造性，尤其是在实践新课程的过程中，给语文教师提供了更大的创造空间。

语文教师应成为语言教育创造性的实践者，一是在语言教育实践中要善于根据学生的语言学习规律和心理发展规律对学生进行深浅适宜、与学习程度相适合的语言教学。在小学阶段应着重训练听说能力，以低年级的拼音、普通话的训练为例，拼音的掌握是学生普通话语感培养的前提，当学生具备了良好的普通话语感之后，教师再进行其他语言训练，便有了一个很好的语感基础。那么，如何结合学生的方言实际运用拼音的知识去纠正学生学习普通话过程中的各种实际问题，这就需要教师积极探索方言与普通话的差异，从中总结语言学习的规律，通过自己的创造性实践提高普通话学习的效率。初中阶段，语文教师应着重训练读写能力，读写对语法有较高的要求，因此

语法知识应主要集中在初中阶段学习。初一重点学习实词、虚词和短语，初二重点学习单句和复句，初三重点学习句群，在此基础上，高中再继续巩固所学的语言知识并进行复杂的复句和句群的学习。这就需要语文教师了解学生的语言及心理发展的规律，并大量地积累学生口头和书面的语句方面的病例，灵活地、有针对性地将语法知识教学运用于指导学生纠正语病上来，对学生进行创造性的语言训练，而不受制于语文教材的一般要求。二是语文教师在语言教育过程中要在总结经验的基础上逐步构建适合所教学生语言水平的语言训练体系。这个语言训练体系不是语言知识的堆砌，而是在参照了语言知识本身的语言教学序列的基础上，更适合自己学校和自己所带班级的实际情况的体系。这就首先需要语文教师有丰富的语言教学实践经验，其次还需要语文教师充分发挥主观能动性，成为语言教育创造性的实践者。

三、高等师范院校中文系应加强语言类课程的教学

高等师范院校中文系的学生毕业后大部分会走上中小学语文教师的岗位，因此除了学好语文教学论、教育学、心理学等教师教育类课程外，尤其要加强语言类课程的学习。

鉴于此，高等师范院校语言类课程教学的目的应该有如下几方面：

（一）进一步提高学生运用现代汉语的能力

这一教学的目的包括两方面的内容：第一，进一步提高学生运用母语进行口头和书面交际的能力。这一教学内容本来是上大学之前就应该实现的。在学前期，儿童就具有了一定的口语能力；小学和中学，是提高口语能力并获得书面语能力的阶段。但是，由于我国教育发展的不平衡，也由于不少学校采取“应试教育”这种类似科举考试的教学对策，致使这一教学目的在中小学阶段未能完全达到。把这一目的列入高师院校现代汉语的教学，是补课性质的。第二，培养学生的运用现代汉语的某种或某些特殊能。这一内容在中小学阶段已有所涉及，但是学校语言教学所需要的特殊语言能力，是需要特殊培养的。完成这一教学目的，既需要大量的实践训练，也必须加强语用学的教学。只靠一般的语音、词汇、语法教学和传统的修辞教学，是难以实现这一教学目的的。

（二）加深对语言学理论的理性认识

在我国小学阶段，学生已经具备了一些关于语言学理论的理性知识，但是必然很不系统，很不深入，不大知其所以然。如果说，学生在上大学之前，主要是熟练掌握语言的运用能力、特别是以一般语言运用能力的话，那么，对于语言的理性认识则基本上是在大学期间获得的。对语言学理论的理性认识，主要是关于语言学理论的基础知识和基本理论。只有有了对语言学理论的理性认识，才能进一步发展运用语言的能力，才能为其后的两个教学目的打下坚实的基础。

同时，如前所说，语言学在整个科学体系中占有十分重要的地位。对于学习和研究与之有关的相关学科，语言学具有工具学科的意义。加强学生对语言学理论的理性认识，对于一些相关学科的学习和研究，具有不容忽视的意义。就此而言，这一教学目的如何强调都不过分。

（三）增强对国家语言规划的认识

语言规划是宏观社会语言学的一项主要内容，其中包括一般所讲的国家语言文字政策问题，也包括各职能部门制定的一些关于语言文字应用的法规和细则等。语言规划是建立在语言研究、其中也包括社会语言学研究的基础之上。毫无疑问，要明白这些政策法规，自觉执行这些政策法规，认识其重要意义，必须要有对于这些规划的理性认识。高等师范院校中文系的绝大部分学生毕业之后从事语言教学，都要跟国家语言规划发生关系，这些工作都离不开对国家语言规划的认识，要把它具体落实在自己的工作中，成为宣传推行者，乃至成为他的研究者和修订者。

（四）培养研究现代汉语的初步能力

如果说前三个教学目的在大学阶段之前都有所涉及的话，那么，这一教学目的则是全新的。培养学生对现代汉语的初步能力之所以应成为教学目的之一，是因为：（1）高等师范院校的大部分学生，将来要走向语言教学的岗位。没有初步的科研能力是难以很好地完成教学任务的，而且，随着科研的迅速发展，语言教学体系必然会不断地更新变改，这些未来的教师只有具备了初步的科研能力，才能较快较好地克服知识老化，较迅速地适应不断更新变改的教学体系。（2）语言学是一种介乎社会科学和自然科学之间的学科，语言又是训练文科学生科研能力的较好的材料。因此，在高等师范院校中文系的教学中，培养学生对现代汉语的研究能力，其意义绝不仅仅限于语言学。

四、语文教师要善于锤炼自己的教学语言

教学语言是教师进行教育教学工作的最重要的工具。教师用语言来传授知识，训练学生能力，开发学生智力；用语言来同学生交流思想感情，建立友谊，塑造高尚优美的灵魂。

1. 教学语言的功能

（1）表意功能

叙述、描绘教材的内容，说明、阐述学科的知识，分析、论证科学的原理。教师利用教学语言的表意功能，来讲解教材的内容，传授知识，培养学生的能力。

（2）指示功能

要求学生做什么，指挥学生怎么做，或询问，或暗示，或启发，或命令，或警告，引导学生进入教学过程，激发学生创造的思维和行为。教学语言的指示功能保证教师和学生的和谐合作关系，共同完成教学任务。有一位教师说：“有些同学三扁担也打不出一句话来。今天大家先考虑三分钟。希望大家都争取发言。”结果，学生不举手，教师只得点名。有一位教师这样说：“请大家准备三分钟，把答案写在纸上，不准超过十个字。

谁写好谁举手。老师看看谁思维敏捷。”结果，不到三分钟，同学先后举起手，一个个高高兴兴地发言。

（3）传情功能

表达自己的心理、情绪。教师用语言进行教学，同时，自己的心理、情绪、在教学中自然地流露出来，语言也常带有感情色彩，或蕴蓄平稳，或激昂慷慨，或委婉沉郁，或直抒胸臆。在教学活动中，师生之间既有知识、能力、智力的传递，也有感情的交流；教师对学生晓之以理，动之以情，就能提高教学效率——这种情况在文科教学中尤其突出。

（4）教育功能

在传授学科知识和能力中进行思想教育，熏陶和提高学生的道德情操。教师的语言不仅反映自己的专业和教学的水平，也反映自己的思想、道德、情操的水平，教师要把自己先进的思想、高尚的道德情操融化在自己的教学语言中，用教学语言来“教书育人”。教师既要用学科中的教育成分来教育学生，又要把先进的思想、光辉的理想、奋发的精神、旺盛的求知欲、锲而不舍的意志、毅力和审美情感等融于教育语言中，潜移默化地教育学生。

表意功能、指示功能、传情功能、教育功能，是从教学语言的不同侧面说的，实际是“四合一”，这四种功能构成教学语言的总功能，使得教学语言成为教师进行教育教学的有效工具。

2. 教学语言的基本要求

（1）科学性和教育性，而以科学性为主

教师的语言应该真实地反映客观实际，符合客观规律，表达学科的真理。教师的语言应该准确，用词造句，判断推理，都要准确。教师应该用准确的语言表达科学的教学内容。每一门学科都有特定的科学知识及其能力结构，也有特定的教育内容。教师应该寓语言的教育性于学科知识和能力的教学之中，使教学语言有教育性，但也不要为了片面追求教育性而损害科学性。

（2）规范性和灵活性，而以规范性为主

教师的语言应当符合民族语言的规范。教师应当用普通话进行教学，要符合普通话的规范。教师的语言有示范性，学生有意无意中受教师语言的影响。教师规范、优美的教学语言给学生语言以营养。教师的语言还应该灵活，用词造句要丰富多样，富有独特性和创造性，形成自己的教学语言风格。规范性保证教学语言的健康、纯洁，灵活性则保证教学语言的丰富多彩。灵活性要在规范性的前提下发挥其作用。

（3）针对性和趣味性，而以针对性为主

教师的语言应该符合自己所教授的学生的年龄特征，使得学生能够易于接受（也就是可接受性原则）。对于不同年龄、不同层次学生，教师的语言应当有不同的针对性。教师的语言还应当有趣味，使得学生乐于接受，激发学生学习热情。教师的教学语言激发学生的学习兴趣，这应当是教师追求的一个目标。然而也不能因片面追求趣味性而用语粗俗、怪诞，致使自己的语言滑稽而又失实。

（4）逻辑性和形象性，而以逻辑性为主

教师的语言要反映客观事物的规律，就要符合思维规律。教师使用的概念、判断、推理都要合乎逻辑，要有条理。教师的语言要言之有序，言之有理，言之有力（说服力）。教师的语言还应当具体、形象，有感染力。教师应当抓住教学内容实质，并且赋予实质以完美的外在形式。语言的逻辑性和形象性首先取决于教师的逻辑思维和形象思维，其次才取决于语言艺术，因此教师应当学习思维规律，提高思维能力。语言的逻辑性保证表述的准确性和说服力，语言的形象性使学生加深印象，用感受来促进理解。

安徽省蔡澄清教师教《祝福》，问学生“怎么能说祥林嫂是老死的呢?”学生讨论，教师点拨，最后小结，语言极具逻辑性和形象性：

从祥林嫂临死前的神态、心理活动以及短工的旁证，可见祥林嫂是自然死亡的（老死）的。这是一个畸形的生命。祥林嫂“老死”的结局丰富了人物形象的内涵。她是那样的勤劳，那样的善良，她希望依靠勤劳的双手度过一生。但是，她生活的那个社会不断地摧残她。那一幅“丧夫图”，那一幅“失子图”，那一幅“木偶图”，组成了中国近代末期的一代妇女的悲剧形象，而那一幅“中年老妪图”使被侮辱被损害的形象更具体更丰富了。未老先衰，未到死之年而老死，我实在无话可说！

于漪老师讲《雨中登泰山》，突出课文特点，形象地描写山川，“形”“情”兼备，师生共同进入课堂攀登的教学氛围：

同学们浏览过祖国的名山大川吗？那奔腾咆哮、一泻千里的长江黄河，那千姿百态、气势雄伟的三山五岳，孕育着我们中华民族的古老文明。一想到它们，民族自豪感就会充溢心头。那具有拔地通天之势，攀天捧月之姿的就是这样的一座山。历代多少文人墨客写诗撰文讴歌赞美。杜甫的五律《望岳》就是其中之一，诗中那“一览众山小”的境界是令人神往的，只有攀登到绝顶，才能领略到无限风光。今天，我们学习李健吾同志的《雨中登泰山》一课，请作者作向导，带领我们去攀登、浏览那高耸雄伟的泰山吧！

（5）简明性和丰富性，而以简明性为主

教师的语言应当言简意丰。言简意丰的语言反映教师思维的明晰、深刻。教师的教学语言还应当丰富多彩，例如语言中词汇丰富，句式多样 ，修辞方法灵活多变。教学语言在确保简明性的前提下适当地取得丰富性，以便求得明快而又扎实地教学效果。

（6）启发性的哲理性，而以启发性为主

教师的语言应当引导学生自觉学习，激发学生的主动性和积极性，使学生敏捷地动脑子。启发性的语言一般是激发思维、举一反三的语言，而不是和盘托出、束缚思维的语言。教师的语言还应当画龙点睛、富有哲理，促使学生深思默记，永志不忘。教学语言的启发性是主要的，而哲理这一方面增强启发性——促使学生更深刻地思维，另一方面，强化教学内容。

安徽省陈小平老师教《背影》，问学生“《背影》中作者哭了几次?”学生讨论，指出四次流泪的不同感情。老师归纳：

徐州——难过的泪　　　望父买橘——感激的泪

父子分手——怅惘的泪　北京思父子——辛酸的泪

最后，以缓慢深沉的语调总结，富有启发性：

作者四次流泪，感情是丰富真挚的，“感人心者，莫先乎情”。抒情散文就是要写真情，以情动人。四次“流泪”是作者真情的流露。有至情之人，才有至情之文，这四次流泪，造成感情上的波澜迭起，一次又一次的强烈地撞击着读者的心扉，大大增强了文章的艺术感染力。……现在，让我们透过那晶莹的泪光，去体味儿子对父亲永恒的挚爱吧。

（7）通俗性和典雅性，而以通俗性为主

教师的口头语言是口语和书面语的结合体。因为教学语言具有载负学科知识和教学语言的特殊功能。因此教师的口头语言又有书面语言典雅的特点，如词汇中有学术词语、文言词语和书面上的常用词语，句式比较完整，表意比较严密。教学对象是儿童、少年、青年，而只有通俗明白的语言才能使他们顺利地接受信息。教学语言的通俗性保证信息交流顺利进行，而典雅性使信息交流提高效率，又能丰富学生的语言。于漪教师的教学语言兼有典雅性和通俗性：

红红的火柴头，朱红的印章在一只抖抖索索的手里，犹如跳动的一簇火焰，升起在无边的草地上，划破阴沉沉的天空，横扫荒凉肃杀之气，给人以光明、温暖和力量。（于漪《〈七根火柴〉课堂实录》）

总之，在语言教育的过程中语文教师应当在理解语文课程对语言教育总要求的基础上，不断创新和超越，生成具有独特风格的语言教育，这对广大语文教师是很高的要求，也是一个很大的挑战。

主要参考文献

著作

[1] 中央教育科学研究所编．叶圣陶语文教育论集［M］. 北京：教育科学出版社，1980.

[2] 刘国正．叶圣陶教育文集［M］. 北京：人民教育出版社，1994.

[3] 张志公．张志公文集［M］. 广州：广东教育出版社，1991.

[4] 张志公．张志公自选集［M］. 北京：北京大学出版社，1998.

[5] 张志公．传统语文教育初探［M］. 上海：上海教育出版社，1964.

[6] 吕叔湘．吕叔湘文集［M］. 北京：商务印书馆，1990.

[7] 朱绍禹．中学语文教学法［M］. 北京：高等教育出版社，1988.

[8] 朱绍禹．朱绍禹文存［M］. 长春：吉林人民出版社，2002.

[9] 卫灿金．语文思维培育学［M］. 北京：语文出版社，1994.

[10] 卫灿金．语文教育家思维教育思想与研究［M］. 北京：中国书籍出版社，2004.

[11] 卫灿金，武永明．语文课程与教学论研究［M］. 北京：高等教育出版社，2007.

[12] 毛礼锐等．中国教育通史（第三卷）［M］. 济南：山东教育出版社，1984.

[13] 孟宪承等．中国古代教育文选［M］. 北京：人民教育出版社，1982.

［14］郭家齐．中国教育思想史［M］．北京：教育科学出版社，1979.
［15］张隆华．中国古代语文教育史［M］．成都：四川教育出版社，1995.
［16］李杏保，顾黄初．中国现代语文教育史［M］．成都：四川教育出版社，1997.
［17］王炳照．简明中国教育史［M］．北京：北京师范大学出版社，1994.
［18］郑国民．从文言文教学到白话文教学——我国近现代语文教育的变革历程［M］．北京：北京师范大学出版社，2000.
［19］于漪．于漪语文教育论集［M］．北京：人民教育出版社，1996.
［20］庄文中．中学语言教学研究［M］．广州：广东教育出版社，1999.
［21］董菊初．张志公语文教育思想概说［M］．北京：人民教育出版社，2001.
［22］王尚文．语感论［M］．上海：上海教育出版社，2000.
［23］王松泉．中国语文教育史简编［M］．北京：社会科学文献出版社，2002.
［24］夏丏尊．夏丏尊文集［M］．杭州：浙江文艺出版社，1983.
［25］王建华．语用学与语文教学［M］．杭州：浙江大学出版社，2000.
［26］郑敏．结构——解构视角：语言・文化・评论［M］．北京：清华大学出版社，1998.
［27］巢宗祺等．全日制义务教育语文课程标准解读［M］．武汉：湖北教育出版社，2002.

[28] 巢宗祺等. 普通高中语文课程标准（实验）解读 [M]. 武汉：湖北教育出版社，2004.

[29] 温儒敏，巢宗祺. 义务教育语文课程标准（2011 年版）解读 [M]. 北京：高等教育出版社，2012.

[30] 中华人民共和国教育部制定. 全日制义务教育语文课程标准（实验稿）[M]. 北京：北京师范大学出版社，2001.

[31] 中华人民共和国教育部制定. 普通高中语文课程标准（实验）[M]. 北京：人民教育出版社，2003.

[32] 中华人民共和国教育部制定. 义务教育语文课程标准（2011 年版）[M]. 北京：北京师范大学出版社，2011.

[33] 课程教材研究所编. 20 世纪中国中小学课程标准·教学大纲汇编（语文卷）[M]. 北京：人民教育出版社，2001.

[34] 费尔迪南·德·索绪尔. 普通语言学教程 [M]. 高名凯译，北京：商务印书馆，1980.

[35] 韩雪屏. 语文教育的心理学原理 [M]. 上海：上海教育出版社，2001.

[36] 王松泉等. 语文教学概论 [M]. 北京：高等教育出版社，1999.

[37] 阎立钦. 语文教育学引论 [M]. 北京：高等教育出版社，1996.

[38] 王丽. 中国语文教育忧思录 [M]. 北京：教育科学出版社，1998.

[39] 伍铁平. 普通语言学概要 [M]. 北京：高等教育出版社，1993.

[40] 李海林. 言语教学论 [M]. 上海：上海教育出版社，2000.

[41] 张正君. 当代语文教学流派概观 [M]. 北京：中国社会科学出版社，2000.

期刊

[1] 于漪. 语文教学应以语言训练和思维训练为核心 [J]. 课程·教材·教法，1994，(6).

[2] 于漪. 弘扬人文，改革弊端——关于语文教育性质观的反思 [J]. 语文学习，1995，(6).

[3] 韩雪屏. 审理我国百年语文课程的语言知识 [J]. 语文建设，2010，(8).

[4] 韩雪屏. 审理我国百年语文课程的语用知识 [J]. 课程·教材·教法，2010，(10).

[5] 张志公，王本华. 关于口语研究和口语教学的三个问题 [J]. 语文建设，1994，(10).

[6] 王尚文. 语文教学的错位现象 [J]. 教育研究，1991，(10).

[7] 庄文中. 张志公先生和理论语法、教学语法 [J]. 课程·教材·教法，1997，(8).

[8] 吕叔湘. 中学教师的语法修养 [J]. 中学语文教学，1984，(10).

[9] 雅克·德里达. 解构与全球化 [J]. 南京大学学报（哲学·人文科学·社会科学），2002，(1).

[10] 申小龙. 20世纪中国语言学的历史转折——中国文化语言学论略 [J]. 语文导报，1987，(1).

[11] 桑志军. 语文教育与语言学的发展 [J]. 广州大学学报（综合版），2001，(7).

[12] 李节. 语言观：语文教育的基本理论视域 [J]. 首都师范大学学

报（社会科学版），2001，（1）.
[13] 李珊林. 语感训练的思考和作法［J］. 语文学习，1990，（9）.
[14] 韦志成. 论语感及其训练［J］. 中学语文，1994，（1）.
[15] 杨炳辉. 培养语感是语言教育的核心问题［J］. 德州师专学报，1994，（3）.
[16] 雷良启. 向语言学要答案——建构言语教学知识体系的思考［J］. 中学语文教学，2003，（9）.
[17] 范晓晖. 语文教育主要是语言教育［J］. 南京晓庄学院学报，2001，（6）.
[18] 程晓云. 知识观的演变与教学评价的变革［J］. 太原师范学院学报（人文科学版），2002，（1）.
[19] 韩雪屏. 语言理论与言语教学［J］. 阴山学刊，1997，（6）.
[20] 洪镇涛. 积累·语感·语感训练——小学生自发仿写古体诗的启示［J］. 中学语文教学，2004，（1）.
[21] 胡夏. 八十年代以来语感与语感教学研究述评［J］. 首都师范大学学报（社会科学版），1998，（2）.
[22] 潘涌. 外国教育思潮与汉语文教育的价值嬗变［J］. 比较教育研究，2004，（10）.
[23] 王丽波. 语感培养的反思与启示［J］. 语文建设，2012，（11）.
[24] 王丽波. 结构主义语言学思潮下我国语言教育的转向［J］. 当代教育论坛，2007，（3）.
[25] 王丽波. 试论解构主义语言学思潮下我国语言教育的转向［J］. 晋中学院学报，2009，（6）.

后　记

这是一次艰辛而又令我激动的学术之旅。

2013 年 3 月 6 日，本书的写作基本告一段落，看着这部近 20 万字的书稿，我思绪万千。

这本小书是在我的硕士学位论文的基础上写成的。2006 年我从山西师范大学硕士毕业，到今天已经过去了 7 个年头，直到今天我仍能清晰地记得我的导师卫灿金教授为我批改硕士论文和我毕业论文答辩的场景，彼情彼景，犹如昨日。我的硕士论文从选题到撰写直至最后定稿都凝结了卫老师的大量心血和辛劳！在本书书稿写成后，卫老师 2012 年 12 月又专门为我作序言一篇，对卫老师的感激之情，真的无法用言语表达……

著名语文教育家、首都师范大学教授饶杰腾先生亲自评阅了我的硕士学位论文，且在我答辩时又担任了答辩委员会主席。饶杰腾先生充分肯定了论文的观点和推断，他在论文评议书中写道：

作者尝试用辩证唯物主义和历史唯物主义认识论来反思西方结构主义语言学和解构主义语言学对我国语言教育的影响。文中论及："结构主义语言学和解构主义语言学同为语言学历史发展的产物，它们之间的关系不是有你无我或有我无你的绝对对立排斥的关系。结构主义语言学和解构主义语言学都有其合理性，也都有其缺陷，而各自的缺陷，又恰恰是对立面的优势所在。可见结构主义语言学和解构主义语言学是对立的，又是统一的，是相互联系的，是互补性的。……结构—解构—再结构……通过否定之否定，不断推动语言学的向前发展。”这无疑是中肯的。接着预言：“语言教育的未来发展将必然走向一个‘结构—解构’语言观下二者相统一的全新时代。”其推断也是合乎逻辑的。

此外，临汾一中语文特级教师杨益民老师评阅了我的硕士学位论文并参加了我的论文答辩会；山西师范大学文学院武永明教授和谢志礼教授也参加了我的论文答辩会。

非常幸运的是，2012 年 9 月受教育部资助，使我有机会赴北京师范大学做为期一年的高等学校青年骨干教师国内访问学者，指导教师为博士生导师——郑国民教授。当我向郑老师提出请他为拙著作序时，郑老师慨然应允，令我倍感荣幸！

本书能顺利出版，还要特别感谢语文出版社南宝顺老师和张夏放老师的大力支持和热情帮助！

可以说，没有卫老师等以上诸位老师的辛勤栽培和爱护，就没有我的今天！

本书的体例和框架基本沿用了我的硕士论文的结构框架，又根据匿名评审专家的意见和答辩委员会的意见进行了进一步的修改、完善和丰富。大的方面主要是增设专章深入阐述了结构主义语言学和解构主义语言学的发展史，以及它们对中国语言教育重大而深远的影响。另外，专门设一章对我国传统语言教育进行了概述，目的在于说明“我国传统的语言教育是偏重于多读多写的语感教育”这一观点，比起硕士论文，支撑这一观点的材料更加丰富。最后一章提到了建立符合“结构—解构”语言观的语言训练新体系，在这一新体系的建构中又增加了语言（语法）教学的改革一节内容论述改革的方向和路径。另外，本书的一个亮点是结合教育部2011年12月最新制定和颁布的《义务教育语文课程标准（2011年版）》做了语感教学相关内容的更新和补充，进一步增强了本书的理论意义和现实意义。

2006年我硕士毕业之后到晋中学院文学院工作至今，工作期间，我对语言教育问题的思考从未间断。考虑到我硕士论文的研究基础比较好，又有一定的文献资料积累，于是就决定在我的硕士学位论文的基础上进行专著的写作。这个想法初步定下来是2009年的年底，到2010年初开始着手写作，定提纲、找资料等基础性的工作陆续展开，因为繁重的教学和科研工作的压力，专著写写停停，直到2010年暑假才全身心投入写作，主要利用了2011年寒暑假、2012年寒暑假和2012年9月至2013年2月在北京师范大学做访问学者的时间和机会，经历了3年多的时间和精力的投入，其中甘苦，只有自己知道！

最后，我还想感谢我的家人。在书稿写作的过程中，我的妻子王丽仙女士始终给予了我极大的理解和支持，2010年2月女儿王佳琪的降生给我们的家庭带来了无限的希望和欢乐，同时也给了我写作的灵感和动力，感谢她们！

语言教育是一个很有现实意义的研究课题，我的这本小书的问世，希望能起到抛砖引玉的作用，愿不久的将来能有更多更好的语言教育研究成果出现。

由于自身语言教育理论水平和哲学修养有限，实践经验又不丰富，本书对语言教育的研究肯定有很多让人遗憾的地方，恳切希望得到各位专家、老师和同行的批评指正。

王丽波

2013 年 3 月 6 日于北京师范大学图书馆